北京明长城边墙

建筑形制与材料研究

范磊　王菊琳　著

中国书店

图书在版编目（CIP）数据

北京明长城边墙建筑形制与材料研究 / 范磊，王菊琳著 . — 北京：中国书店，2023.5

ISBN 978-7-5149-3316-1

Ⅰ . ①北… Ⅱ . ①范… ②王… Ⅲ . ①长城—边墙—建筑艺术—研究—北京—明代 ②长城—边墙—建筑材料—研究—北京—明代 Ⅳ . ①K928.77

中国国家版本馆CIP数据核字（2023）第 061428 号

北京明长城边墙建筑形制与材料研究

范 磊 王菊琳 著

摄 影：李思佳

责任编辑：李宏书

出版发行：中国书店

地 址：北京市西城区琉璃厂东街 115 号

邮政编码：100050

印 刷：北京建宏印刷有限公司

开 本：710 mm × 1000 mm 1/16

印 张：25

字 数：35 千

版 次：2023 年 5 月第 1 版

印 次：2023 年 5 月第 1 次印刷

书 号：ISBN 978-7-5149-3316-1

定 价：158.00 元

前　言

　　长城是我国著名的古代军事防御工程，是由中国古代军民无数血汗和智慧凝聚而成，以悠久的历史、雄浑的姿态、丰富的历史文化价值享誉世界。

　　长城大多凭险建造，处于相对严酷的自然环境中。明末以降，长城除个别重要关隘区域，大部分段落未实施任何形式的维修和保护，自然或人为损坏、坍塌现象较为严重。新中国成立后，党和政府高度重视长城的保护修缮工作，进行了三次大规模的全国长城资源调查，丰富了人们对长城的认知，为长城保护提供了宝贵的资料和依据。2005年颁布的《长城保护工程（2005—2014年）总体工作方案》和2006年提出的《长城保护条例》，代表着对半个世纪以来长城保护经验的总结，具有里程碑的意义，使长城保护修缮工作前进了一大步，拉开了全国长城资源大规模勘测的序幕。

　　2017年和2018年两年间，北京市古代建筑研究所（现并入北京市考古研究院）和北京化工大学合作勘查研究明长城（北京段）边墙建筑形制、构造及材料性能。通过选取北京平谷、密云、怀柔、昌平、延庆、门头沟等六区18处长城边墙段落，实地勘测和实验室分析，基本掌握了北京明长城形制、结构、材料等相关信息，主要包括边墙外观尺寸、构筑工艺，以及砌筑材料尺寸、性能、材质等相关内容，同时对勘查地点明长城保存状况和砌筑材料病害予以评估。本次北京明长城勘测工作汇总整理了勘查地段相关图片、文字及勘测、实验检验数据，从而为明长城保护修缮工作提供较为科学的指导依据，以切实保护长城，助力北京长城文化带建设。

目　录

第一章　概　述

第一节　我国长城简介

　　长城是我国古代政权进行国土防御的重要军事设施，一般由呈线状分布的边墙、壕堑、燧墩构成，并与周边点状分布的边堡、城障等形成具有一定纵深的防御体系。我国长城资源主要分布在北京、河北、天津、甘肃、陕西、山西、辽宁、吉林、黑龙江、内蒙古、河南、山东、宁夏、青海、新疆15个省、自治区和直辖市。我国长城或其雏形出现至迟可追溯至西周时期，《诗经·小雅·出车》中即有关于长城类防御设施的修筑描述。春秋战国时期，楚、齐、秦、赵、燕、魏、韩、中山等诸侯国之间，为互相攻伐防守或防备游牧民族侵略，在边境地带都建有长城。秦灭六国统一天下后，秦始皇调动军民维修，接续秦、赵、燕等战国长城，修筑西起古临洮，东至辽东的万里长城。汉代经略西域，使长城烽燧西延至罗布泊一带。西晋时曾修复部分秦汉长城。北魏、北齐、隋代都修筑了规模较大的长城，对国力消耗较多，加速了政权的消亡。唐宋时期，仅在部分边界防守重要地段修筑边墙或烽燧，不曾大规模修筑长城。辽金时期，在国土北部草原地带修筑边壕、界壕以防备北方的游牧部落。明朝为应对蒙古部族的威胁，修筑了西起嘉峪关、东至鸭绿江的九边长城，是历史上大修长城的最后一个朝代，现阶段可看到的长城大多是此时修建。清代在山海关外修筑柳条边，但柳条边主要是配合"满禁""蒙禁"制度，在国土内部设置的不同族群隔离设施，不具备国土防御功能，因此不属于长城范畴。

第二节　长城形制、结构、材料、工艺勘测的必要性

长城目前主要面临四大问题[①]：一是大部分长城仍处于自然存在状态，未实施有效保护，残损较为严重；二是部分经过修缮的长城周边旅游开发较多，破坏了长城应有的历史风貌；三是长城砌筑材料大量流失，一些长城周边的居民和单位擅自拆除长城的砌筑材料，导致长城部分地段砌筑材料严重流失；四是部分修缮的长城与长城原形制、工艺、材料上都存在一定差别，缺少专业检测数据，仅靠设计和施工单位经验进行判断，未能真正履行"不改变原状"的文物保护原则。根据长城所面临的问题及长城自身价值可知，长城保护修缮是必要的，而长城原形制、原结构、原材料、原工艺勘测能为长城修缮工程提供科学的指导依据，切实保护和传承长城的历史、文化、科学等价值。

第三节　长城价值体系评估

长城因其历史地位、军事防御功能、文化底蕴等，在研究中国古代军事、建筑与文化艺术等方面有着很高的史学价值。在古代，长城的价值体系主要体现在三方面[②]：一是军事价值。长城是古代冷兵器和火器并存时代的军事防御工程，其主要作用是防止敌方军队大规模的军事侵袭，体现了"有备则制人，无备则制于人"的长远战略思想。长城的构建，关系到古代统一的多民族国家安全防卫的大事，以及统治者与国之政权的生死存亡。二是经济价值。历代多数王朝修筑长城时，以长城为依凭，实行屯田实边、辟置郡县策略，从而带动了边地的经济开发与发展。长城的修筑与巩固边防、开辟交通、设立互市贸易相辅相成，有效地开发了边疆。三是文化价值。长城的修筑有力地促进了民族文化交流，中国古代北方少数民族在长期的社会发展

① 孙玲.北京市长城保护调查报告[A].万里长城暨中国长城学会优秀文集[C]，2005.
② 屈琳.长城的历史文化价值与视觉艺术表现特征[J].西北大学学报，2013，43（2）：153—156.

过程中，以长城这条军事防御、经济交流、民俗文化融会的界面为纽带，渐渐融入了中华民族的大家庭，为中华民族统一国家的形成奠定了基础。在现代社会中，长城本身也具有良好的历史文化价值与经济价值，长城的修缮对于弘扬民族文化、倡导爱国主义都具有重要意义。

第四节　国内外研究现状

一、国外研究现状

国外的文物保护事业关于砖石结构古建筑保护技术起步较早。20世纪中期，在联合国教科文组织的倡导下，先后成立了国际文物工作者理事会（ICOM）、国际文物保护与修复研究中心（ICCROM）和国际古遗址理事会（ICOMOS）等国际组织[①]。在遗址保护方面，国外的历史文化遗址概念最初是从保护城市建筑演变而来，后经过不断发展，对保护对象、保护概念、保护内容不断深化理解，在国际学术界中，形成了以欧洲为主的较为成熟的文化遗址保护理论与保护原则。目前国外文物保护主要技术已发展得较为充分，其中在砌筑材料及其性能测试的相关标准制定上取得了较为突出的成果，如石、砖、勾缝材料等，主要存在欧洲标准（EN）和美国标准（ASTM），制定有《EN 1926：2006天然石材试验方法——抗压强度的测定》《EN12371：2001天然石材试验方法——冻融强度的测定》《ASTMC 1324硬砌砖灰浆的检测和分析的标准试验方法》等相关标准。国外在文物的实地勘测、形制结构及砌筑材料研究上都取得了较为突出的成果，在文物保护事业上我国需要吸收国外的优秀研究成果，借鉴相关经验，不断创新和发展。

二、国内研究现状

我国历史文化遗产的保护事业起步于民国时期，但由于连年战争和国力贫

---

① 邸玮.汉长城玉门关段遗址保护规划研究[D].西安：西安建筑科技大学，2007.

弱，发展较慢。新中国成立后，国家通过了一系列文件，如《中华人民共和国文物保护法》（1982）、《中华人民共和国文物保护法实施细则》（1992）、《历史名城保护条例》（1993）、《中国文物古迹保护准则》（2000）等，促进了我国历史文化遗产保护事业蓬勃发展，并逐步开始与国际同行学习交流①。

长城作为我国重要的历史文化遗迹之一，长期受到国家文物保护机构与研究学者的重视，但长城的保护事业仍起步较晚。新中国成立后，全国进行了三次大规模的全国文物普查及全国长城资源调查，丰富了对长城的认知。1952年起，新中国组织实施了居庸关、八达岭和山海关等处长城维修工程，这阶段是长城保护的初始阶段，部分长城得到修缮。1979年召开了第一次长城保护和研究工作座谈会，1983年召开了全国长城保护工作会议，两次会议极大地推动了长城保护工作的进行。1987年，长城被列入《世界遗产名录》，长城得到世界上更广泛的关注。20世纪80至90年代，一批重要长城点段得到保护和修缮，如山海关的老龙头、黄崖关长城、司马台长城、居庸关长城、嘉峪关长城等。大量长城保护工程的实施，促进了对长城的研究和保护，较为显著地提升了对长城文物本体的认知和保护水平。2005年，国家文物局制定了《长城保护工程（2005—2014年）总体工作方案》，明确了长城保护工程的总任务与总目标。2006年颁布的《长城保护条例》二十三条明确规定："长城的修缮，应当遵守不改变原状的原则。长城段落已经损毁的，应当实施遗址保护，不得在原址重建。"这是对半个世纪以来长城保护经验的总结，具有里程碑的意义。

目前我国长城研究，多以历史文化、长城地表形态、位置走向等为主，较系统全面的形制、材料、建筑构造研究较少。在建筑材料方面，经过多年的勘测、调查及试验，我国在砌筑材料及其性能检验方法上制定了一系列标准，取得了较为突出的成果，如《GB/T 9966天然饰面石材试验方法》《GB/T 2542—2012砌墙砖试验方法》《GB/T 5101—2003烧结普通

---

① 李柯.榆林明长城波罗堡保护区划研究[D].西安：西安建筑科技大学，2013.

砖》《GB/T 21149—2007烧结瓦》《JC/T 478—2013建筑石灰试验方法》等相关标准，能为长城修缮材料选择和研究提供良好的指导作用，如石、土、石灰、砖等。

第二章 北京明长城保存现状及病害特征

第一节 北京明长城及本次调查长城段所在区域环境概况

一、地理位置

北京地理中心位于北纬39°56′，东经116°20′，西北毗邻山西、内蒙古高原，南与华北大平原相接，东临渤海，市中心海拔约43.71米。北京明长城充分利用周边东部、北部、西部山区及河谷收窄处自然地形，凭险建造。本次勘测所选的长城段分布于平谷、密云、怀柔、昌平、延庆及门头沟等六个区，所在地区分别为平谷区彰作、黄松峪、北寨村，密云区营房台、黄岩口、石城镇，怀柔区撞道口、官地村、大榛峪，昌平区黄楼洼，延庆区八达岭、西拨子、九眼楼、大庄科、花家窑，门头沟区洪水口、梨园岭、黄草梁等十八处地点。

（一）平谷区

平谷区位于北京、天津、河北三省的交界处，南与河北省廊坊市相连，北与密云区接壤，西临顺义区，东南靠近天津市蓟州区，东北与河北省兴隆县相连。平谷区分布有平谷镇、峪口镇、马坊镇、金海湖镇、东高村镇、山东庄镇、南独乐河镇、大华山镇、夏各庄镇、马昌营镇、王辛庄镇、大兴庄镇、刘家店镇、镇罗营镇、熊儿寨乡和黄松峪乡等16个乡镇。其中彰作段长城（勘测段）位于平谷区金海湖镇彰作村，其地理位置约为北纬40°12′~40°14′，东经117°19′~117°22′；黄松峪段长城（勘测段）位于平谷区黄松峪乡，地理位置约北纬40°14′，东经117°20′；北寨村段长城（勘测段）位于平谷区南独乐河镇北寨村，地理位置约北纬40°13′，东经117°12′。

（二）密云区

密云区地处华北平原与内蒙古高原的过渡地带，从东南至西北依次与平谷区、顺义区和怀柔区相连，东部与北部临近河北省兴隆县、承德县和滦平县。密云区分布有密云镇、河南寨镇、十里堡镇、穆家峪镇、溪翁庄镇、西田各庄镇、巨各庄镇、石城镇、大城子镇、北庄镇、太师屯镇、不老屯镇、高岭镇、冯家峪镇、古北口镇、东邵渠镇和新城子镇等17个乡镇。密云区明长城位于该区的东部和北部，蜿蜒起伏于密云区东、北、西三面崇山峻岭的山脊之上。其中营房台段长城（勘测段）位于密云区营房台村，地理位置约为北纬40°23′，东经117°13′；黄岩口段长城（勘测段）位于密云区北庄镇黄岩口村，地理位置约为北纬40°32′，东经117°14′；石城镇段长城（勘测段）位于密云区石城镇，地理位置约为北纬40°32′，东经116°48′。

（三）怀柔区

怀柔区地处燕山南麓，位于北京市东北部，其东部与密云区临近，西部与延庆区搭界，南部连接着顺义区、昌平区，北部与河北省赤城县、丰宁县、滦平县接壤。怀柔区分布有怀柔镇、雁栖镇、北房镇、杨宋镇、庙城镇、桥梓镇、怀北镇、汤河口镇、渤海镇、九渡河镇、琉璃庙镇和宝山镇等12个乡镇。怀柔区明长城自东向西横亘南部群山峻岭的山脊之上，其中撞道口段长城（勘测段）位于怀柔区黄花城乡九渡河镇撞道口村，地理位置约为北纬40°24′，东经116°19′；官地段长城（勘测段）位于怀柔区雁栖镇官地村，地理位置约为北纬40°25′，东经116°37′；大榛峪段长城（勘测段）位于怀柔区渤海镇的北面，地理位置约为北纬40°26′，东经116°26′。

（四）昌平区

昌平区地处北京的西北部，东与顺义区相连，南临近朝阳区、海淀区，西与门头沟区和河北省怀来县毗邻，北与延庆区、怀柔区接壤。昌平区分布有沙河镇、南口镇、延寿镇、马池口镇、阳坊镇、小汤山镇、南邵镇、崔村镇、百善镇、东小口镇、北七家镇、兴寿镇、流村镇和十三陵镇等14个乡镇。昌平区长城蜿蜒起伏于昌平区的西北部，也是北京与河北怀来的分界线，其中勘测的黄楼洼段长城（勘测段）位于北京市昌平区西北部，地理位置约为北纬40°14′，东经115°54′。

（五）延庆区

延庆区位于北京西北远郊山区，北连朔漠，西扼居庸，自古为兵家必争之地。东接怀柔，南临昌平，西与河北省怀来县相连，北与河北省赤城县接壤。延庆区分布有延庆镇、康庄镇、八达岭镇、永宁镇、旧县镇、张山营镇、四海镇、千家店镇、沈家营镇、大榆树镇和井庄镇等11个乡镇。延庆区明长城蜿蜒于各条山脉之中，其中未修缮的八达岭段长城（勘测段）位于延庆区八达岭镇东沟村，地理位置约为北纬40°19′，东经115°58′；西拨子段长城（勘测段）位于延庆区八达岭镇中心，地理位置约为北纬40°21′，东经115°58′；九眼楼段长城（勘测段）位于延庆区四海镇火焰山，地理位置约为北纬40°28′，东经116°30′；大庄科段长城（勘测段）位于延庆区大庄科乡大庄科村，处于延庆区城东南部深山区，地理位置约为北纬40°25′，东经116°13′；花家窑子段长城（勘测段）位于延庆区花家窑子口，与石峡关长城相接，地理位置约为北纬40°18′，东经115°56′。

（六）门头沟区

门头沟区地处华北平原向内蒙古高原过渡地带，地势险要，"东望都邑，西走塞上而通大漠"，自古为兵家必争之地。其东部邻近海淀区、石景山区，南部与房山区、丰台区相连，西部与河北省涿鹿县、涞水县接壤，北部与昌平区、河北省怀来县交界。门头沟区分布有龙泉镇、永定镇、潭柘寺镇、军庄镇、王平镇、雁翅镇、斋堂镇、清水镇和妙峰山镇等9个乡镇。门头沟区明长城主要位于各个山脉之上，其中洪水口段长城（勘测段）位于门头沟区齐家庄乡北10千米处，处在灵山南麓峡谷之中，地理位置约为北纬39°59′，东经115°28′；梨园岭段长城（勘测段）位于门头沟区梨园岭，地理位置约为北纬39°59′，东经115°31′；黄草梁段长城（勘测段）位于门头沟区斋堂镇北面，地理位置约为北纬40°3′，东经115°33′。

二、地势形貌

北京整体形貌是由西、北山地和东南平原两大地貌单元组成，其中西部山地为太行山脉的东北余脉西山，北部山地为燕山山脉西段支脉军都山。东南部的平原地带称之为"北京小平原"，是华北平原的西北边缘区。北京山地主要分布在西北、北部和东北，群峰耸立，山脉绵延，海拔高度约在1000～1500 m之间，而东部平原海拔高度一般为30～50 m。北京总的地势特征为西北高，东南低，由西北向东南方向倾斜，从高空俯视，形成了一个向东南展开的"海湾"之势，故有"北京湾"之称。各区的明长城由于所处的地理位置不同，其海拔、走向、自然形貌都有所不同。

（一）平谷区

平谷区自然形貌主要由东部、北部、南部山地与中部、西南部平原两大地貌组成，东南北三面环山，中部与西南部平原分别为冲积、洪积平原。平谷区地势特征主要是东北高，西南低，由东北向西南倾斜，中间较为平缓。平谷区明长城基本呈东南至西北走向，从地势上看，长城跨越乡镇基本属于中低山地分布区，除上镇、镇罗营、关上、靠山集、将军关谷地较开阔外，其余均为深谷。其中彰作段长城（勘测段）处于半山区，约为东北至西南走向，地势东北高，西南低，海拔高度约390～430 m；黄松峪段长城（勘测段）位于乡域中部山上，约为东西走向，该处地势北高南低，海拔高度约530 m；北寨村段长城（勘测段）约为东北至西南走向，其中东北地势较高，西南较低，海拔高度约300～350 m。

（二）密云区

密云区自然形貌主要由东、北、西三面的山地，中部的密云水库和西南的洪积冲积平原三种地貌所组成。整个密云区地势为东、北、西三面高，中部低缓，西南平缓，组成了一个似簸箕的形状。密云区明长城主要分布在东、北、西三面的崇山峻岭上，很好地利用地形、地势砌筑墙体，重点防御，而在山势险峻、悬崖绝壁处利用山险作为屏障。其中营房台段长城（勘测段）约为东北至西南走向，地势东北高，西南低，海拔高度约525～540m；黄岩口段长城（勘测段）约为西北至东南走向，地势两端高，中间低，海拔高度约430～460m；石城镇段长城（勘测段）约为西北至东南走向，地势西北高，东南低，海拔高度约220m。

（三）怀柔区

怀柔区自然形貌主要为山地，全区山区面积占总面积的89%，境内群山绵延起伏。怀柔区地势特征为北高南低，地形复杂，是守护京城东北部的最佳天然屏障。怀柔区明长城的基本走向为自西向东，主要分布在中南部群山峻岭的山脊之上，主要利用地形、地势，在坡度平缓的山体砌筑墙体，重点防御，而在山势险峻、悬崖绝壁处利用山险作为屏障。其中撞道口段长城（勘测段）走向约为自西向东，地势变化不大，海拔高度约390～420m；官地段长城（勘测段）近似自西向东，地势较为平缓，海拔高度约220～260m；大榛峪段长城（勘测段）约为东北至西南走向，地势东北低，西南高，海拔最高可达980m。

（四）昌平区

昌平区自然形貌主要由西、北部的山区、半山区组成，西部山区统称为西山，属太行山脉，北部山区称为军都山，属燕山山脉，这两大山脉构成了昌平西北的山地屏障。整个昌平区地势为西北高东南低，具有高山、峡谷、悬崖、陡壁等丰富的地貌特征。昌平区明长城主要分布在西北部山区，利用地形、地势，砌筑长城墙体，而在山势险峻、悬崖绝壁处利用山险作为屏障。其中黄楼洼段长城（勘测段）为西北至东南走向，地势变化不大，海拔高度约1250m。

（五）延庆区

延庆区自然形貌主要由北、东、南的山区和西部的盆地两大地貌组成，其山区属于燕山山脉军都山山系，盆地属于八达岭长城小盆地，即延怀盆地。延庆区整个地势特征为东高西低，大致呈东北向西南延伸。延庆区明长城主要利用地形、地势，基本都建于军都山山系的雄关险隘之上，在坡度平缓的山体上砌筑墙体，重点防御，而在山势险峻、悬崖绝壁处利用山险作为屏障。其中八达岭长城未修缮段（勘测段）为西北至东南走向，地势西北高，东南低，海拔高度约750 m；西拨子段长城（勘测段）呈西北至东南走向，地势较为平缓，海拔高度约590 m；九眼楼段长城（勘测段）地势较高，海拔高度约1170 m；大庄科段长城（勘测段）近似东西走向，地势西高东低，海拔高度约440～520 m；花家窑子段长城（勘测段）近似呈西北至东南走向，地势两端高，中间低，海拔高度约1200 m。

（六）门头沟区

门头沟区自然形貌由北、西、南三面的山区组成，属太行山余脉，是华北平原向内蒙古高原的过渡地带。门头沟区整个地势呈现西北高，东南低，群峰巍峨，绵延起伏。门头沟区明长城利用地形、地势，居山设险，筑墙为屏，在坡度平缓的山体处砌筑墙体，重点防御，而在山势险峻、悬崖绝壁处利用山险作为屏障。其中洪水口段长城（勘测段）整个地势较高，海拔高度约1020～1040 m；梨园岭段长城（勘测段）地势也较高，海拔高度约1210～1220 m；黄草梁段长城（勘测段）近似呈东北至西南走向，且整个地势较高，海拔高度约1500～1750 m。

三、气候特征

北京基本属于北温带半湿润大陆性季风气候，四季分明，春季干旱多风，夏季炎热多雨，秋季天高气爽，冬季寒冷干燥。北京各区由于地理位置、地势、地形等原因，可能会出现略微不同的气候特征。平谷区四季分明，冬夏长，春秋短，冬季盛行西北风，夏季盛行西南风，局部山区有地区性小气候；密云区、怀柔区、昌平区冷暖变化明显，冬季受西伯利亚、蒙古高原高压影响，夏季受太平洋高压、大陆低压影响；延庆区处在温带与半温带、半干旱与半湿润带的过渡带，气候冬冷夏凉。门头沟区四季分明，西部山区与东部平原气候差异比较明显。

第二节　北京明长城传承历史

北京境内长城始建于战国时期的燕国，当时为了抵御一些游牧民族的侵扰修建而成。北京长城的修筑历史历经多个朝代，如北魏、北齐、辽、金、明等，都经过不同程度的修筑，现存的长城以明代修筑的长城为主。北京明长城从东到西横跨平谷、密云、怀柔、昌平、延庆和门头沟六个区，其整体方位走向大体为自北京东部、北部山区向西北方向环绕，呈半环形分布[①]。

一、北京平谷区明长城

北京平谷区境内长城基本为明长城，明代时期归蓟州管辖，是蓟镇长城的一部分。据《四镇三关志》等典籍记载：明洪武、永乐年间建关隘，嘉靖三十年（1551年）建造边城，嘉靖三十六年（1557年）、三十八年（1559年）、四十四年（1565年）及隆庆元年（1567年）修缮，隆庆三年（1569年）至万历元年（1573年）建造空心敌台。平谷区明长城整体大致呈东南至西北走向，跨越金海湖镇、黄松峪乡、南独乐河镇、山东庄镇、熊儿寨乡和镇罗营镇等6个乡镇。平谷区现存有将军关、彰作、黄松谷（峪）、南水谷（峪）、北水谷（峪）、峨眉山、镇罗营、黑水湾、熊儿寨等长城段，本次主要现场勘测了未修缮的彰作段、黄松峪段和北寨村段。

---

① 孙玲.北京市长城保护调查报告[A].万里长城暨中国长城学会优秀文集[C]，2005.

图2-1　平谷区明长城分布示意简图

二、北京密云区明长城

北京密云境内明长城较大部分是在北齐长城的基础上修建的，可追溯到明洪武元年（1368年），朱元璋派大将徐达等来修筑居庸关、古北口、喜峰口等处的城关。明洪武十一年（1378年），加修了烽火台、关口及关城等关塞设施，并增修门关。隆庆元年（1567年），任命谭纶为左侍郎兼右金都御史，总督蓟、辽、保定军务；任命戚继光总兵官，镇守蓟州、永平、山海诸处，后晋升为右都督。戚继光、谭纶开始对自山海关到居庸关（见居庸关及云台）的长城进行大规模改建，古北口长城得到修建。现今密云区明长城东起大城子镇下栅子村，西至西田各庄镇西沙地村，依次经过大城子、北庄、太师屯、新城子、古北口、高岭、不老屯、冯家峪、石庄、溪翁庄、西田各庄等11个乡镇。密云区现存有古北口、卧龙山、蟠龙山、金山岭、司马台、墙子路等长城段,本次主要现场勘测了未修缮的黄岩口段、营房台段和石城镇段。

图2-2　密云区明长城分布示意简图

三、北京怀柔区明长城

北京怀柔区境内的明长城是在北齐长城的遗址上修建而成,其中慕田峪长城就是明初大将徐达派遣军民在北齐长城遗址上修建而成。(清同治十二年(1873年)《迁安县志》记载:"明初,徐中山筑边城墙,自山海关西抵慕田峪,一千七百余里,边防可云密矣。")明洪武十四年(1381年)、十五年(1382年)修建部分关隘,加筑边墙和关口。永乐二年(1404年)建

成慕田峪关、撞道口关和南冶口等长城关口,嘉靖十七年(1538年)黄花城
关长城关口建成。隆庆二年(1568年)戚继光调往北方,开始重修怀柔一带
长城。现今怀柔区长城沿途跨越怀北镇、雁栖镇、渤海镇、九渡河镇等4个
乡镇。怀柔区现存有慕田峪、箭扣、神堂峪、黄花城、撞道口等长城段,本
次主要现场勘测了未修缮的官地段、撞道口段和大榛峪段。

图2-3 怀柔区明长城分布示意简图

四、北京昌平区明长城

北京昌平区明长城蜿蜒起伏于昌平区的西北部,是八达岭段长城向西南
延伸的重要组成部分,也是北京与河北怀来的分界线,其中尤为著名的长城

段当属居庸关长城。居庸关城，始建于明洪武元年（1368年），系明朝大将军徐达、副将军常遇春规划创建："跨两山，周一十三里，高四丈二尺。"而后又经明景泰初年（1450年—1454年）不断扩大加固和修缮。居庸关长城自然景观十分壮美，早在金明昌年间（1190年—1196年），"居庸叠翠"之名即已列入"燕京八景"之一。现今昌平区明长城墙体主要地段位于昌平流村镇长峪城村西北，此外，在河谷或峡谷险要位置设置关口，并在关口内侧修建城堡，如长峪城、上关城、南口城、白羊城和居庸关城等。昌平区现存有居庸关、南口、白羊城、长峪城等长城段，本次主要现场勘测了未修缮的黄楼洼段。

图2-4 昌平区明长城分布示意简图

五、北京延庆区明长城

延庆区位于北京西北远郊山区，是中原文化和草原文化的融合地带，历来是兵家必争之地，战略地位十分突出。北京延庆区明长城从明初就开始修建，时间持续近二百年，其中尤为出名的长城段当属八达岭长城。八达岭明长城始建于弘治十八年（1505年），由戚继光指挥长城修建事务，进行了长达八十余年的修建。嘉靖、万历年间曾修缮，关城有东西二门，东门额题"居庸外镇"，刻于嘉靖十八年（1539年）；西门额题"北门锁钥"，刻于万历十年（1582年）。延庆区现存有石峡、八达岭、岔道城、水关、青龙桥等长城段，本次主要现场勘测了八达岭长城的未修缮段、西拨子段、九眼楼段、大庄科段和花家窑子段。

图2-5　延庆区明长城分布示意简图

六、北京门头沟区明长城

北京门头沟区明长城在嘉靖年间隶属于蓟镇下的真保镇，从明代开始大规模修建。门头沟区现存明长城跨越乡镇约三镇十五村，主要分布在三个方向：西北方向以雁翅镇房良村、大村、马套村为一线；西南方向以清水镇洪水口村、小龙门村、燕家台村为一线；中间以斋堂镇柏峪村黄草梁、天津关、沿河口、沿河城、东岭为一线。门头沟区现存沿河城、黄草梁、七座楼等长城段，其中沿河城长城因城靠近永定河，故名"沿河城"，其隶属明代长城内三关之一的紫荆关，是塞外通往北京的要塞之一。据明代天启四年（1624年）守备沿河口地方都指挥张经纬所立《沿河城守备府碑》载，"沿河口守备设于嘉靖三十二年（1553年），城建于万历六年（1578年）"，"沿河以山为城，以河为池，乃京师咽喉之地"。本次主要现场勘测了未修缮的洪水口段、梨园岭段和黄草梁段。

图2-6　门头沟区明长城分布示意简图

第三节　本次勘查明长城段保存现状评估

本次勘查明长城均为未修缮部分，通过对长城边墙整体形貌的详细勘测，和对砌筑材料的病害典型处、特殊病害处等进行布点拍照取样，结合相关病害标准[①]，判断各区长城砌筑材料的具体病害信息，对北京明长城目前的保存状况进行初步评估。

---

① WW/T0002—2007石质文物病害分类与图示，北京：文物出版社，2008.

一、平谷区彰作段长城

图2-7　平谷区彰作段长城宏观形貌

平谷区彰作段长城（勘测段）目前损毁较为严重，存在多处坍塌，顶面上被许多尺寸不一，颜色不同（黑色、白色及青色），形状不规则的毛石覆盖，应为就地取材。顶面局部区域有杂草、杂树及动物粪便，在坍塌处可以看见墙体内部存在黄土与碎石。长城侧面整体较平整，局部缝隙之间可以看见勾缝灰，大部分勾缝灰不存，且长城两侧有杂草、树木生长。平谷区彰作段长城整体受损较为严重，缺乏一定的保护、维护措施。

二、平谷区黄松峪段长城

图2-8　平谷区黄松峪段长城宏观形貌

平谷区黄松峪段长城（勘测段）目前损毁严重，基本完全坍塌。城墙顶面北侧似有垛口设施，但现已无明显痕迹。长城顶面由大量尺寸各异、形状不规则的毛石组成，毛石颜色基本为黄色，且顶面上有许多杂树、杂草生长。侧面存在严重坍塌，且大量杂树、杂草生长在长城两侧，缺乏维护。

三、平谷区北寨村段长城

图2-9　平谷区北寨村段长城宏观形貌

平谷区北寨村段长城（勘测段）长期处于自然环境下，目前损毁较为严重，存在多处坍塌现象。整个墙体几乎都是由许多尺寸不一、形状不规则的毛石所组成，坍塌区域存在较多砌筑毛石的流失，且砌筑毛石面上受植物、微生物病害影响严重。墙体顶面上植物生长茂盛，杂树、杂草数量较多，其根劈作用影响墙体的结构安全。

四、密云区营房台段长城

图2-10　密云区营房台段长城宏观形貌

密云区营房台段长城（勘测段）目前损毁较严重，缺失部位较多，存在一定的坍塌现象，整体缺乏维护，局部区域被杂草覆盖。东侧墙砖风化剥落严重，局部位置的砖呈凹陷状腐蚀，部分砖表壳剥落，表明其烧制质量较差，内部未烧透，强度较低，抵御侵蚀能力较低。墙体顶面砖大量缺失，露出了填芯的黄土和碎石，损毁严重。西侧墙由大量尺寸较大的毛石堆砌，局部出现了坍塌现象。

五、密云区黄岩口段长城

图2-11　密云区黄岩口段长城宏观形貌

密云区黄岩口段长城（勘测段）目前损毁严重，坍塌现象明显，缺乏维护与修缮。该处长城以某一缺口分界，缺口以北青砖砌墙，缺口以南毛石堆砌。长城侧面坍塌严重，露出了填芯的碎石和黄土，并形成了一个较大孔洞，结构安全性堪忧。长城顶面有散落的碎砖、碎石，有许多杂草、树木及苔藓生长。墙体由各种尺寸不一、形状不规则的毛石堆砌而成，应为就地取材，保存较好。靠近城墙的路边有大量拆卸、滚落下来的碎砖、碎石，严重影响周边环境。

六、密云区石城镇段长城

密云区石城镇段长城（勘测段）损毁情况较严重，敌台顶部砖砌部分基本坍塌缺失，只残存下部基础部分，周围散落有许多碎砖和勾缝白灰，且敌台基础条石表面存在一定风化，同时存在局部脱灰现象。整个城墙由许多尺寸较大、形状不规则的毛石砌筑而成，局部位置存在坍塌现象，砌筑毛石流失严重，且城墙顶面和侧面植物生长茂盛，对城墙的美观性和结构安全性都存在一定影响，缺乏合理维护。

图2-12　密云区石城镇段长城宏观形貌

七、怀柔区撞道口段长城

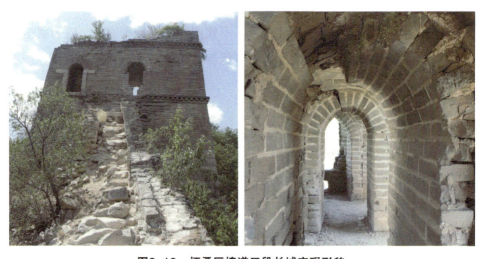

图2-13　怀柔区撞道口段长城宏观形貌

怀柔区撞道口段长城（勘测段）目前缺损严重，结构安全性被破坏，缺乏维护与保护措施。长城敌台内部存在多处缺损与坍塌，局部出现了明显的大裂缝，露出了内部的石灰、黄土及碎石，严重影响建筑的结构安全性。长城墙体严重坍塌，损坏严重，且顶面上有许多形状很不规则的碎石分布，城墙两侧可见许多杂树、杂草生长，植物的根劈作用一定程度上影响了长城的安全保存。

八、怀柔区官地段长城

图2-14　怀柔区官地段长城宏观形貌

怀柔区官地段长城（勘测段）目前损坏严重，存在严重坍塌现象，缺乏保护修缮。长城敌台内部缺损及坍塌严重，局部存在大裂缝，各砖墙面上可见许多溶蚀孔洞，严重影响了长城的结构安全性与美观性。长城边墙保存较好，存在一定的风化，部分砖上有苔藓生长，未有较大影响结构安全的因素。长城城墙顶面缺失大量砖，露出部分碎石，且杂草、树木生长茂盛，对长城的安全保存构成了威胁。

九、怀柔区大榛峪段长城

怀柔区大榛峪段长城（勘测段）损坏较明显，坍塌程度较严重。整个敌台上层铺房已基本坍塌消失，且植物生长茂盛，杂树、杂草较多。敌台下层也存在多处坍塌，露出内部填芯所用的黄土和碎石，但依稀能看出原形制结构。此外，部分区域的砌筑砖风化现象较严重，墙体上存在一定的结构性裂缝，还可发现局部脱灰现象。长城城墙坍塌严重，两侧边墙只存在部分痕迹，只残存下部的条石基础，且整个城墙上杂树、杂草丛生，对长城整体的美观性和结构安全性都存在一定影响。

图2-15　怀柔区大榛峪段长城宏观形貌

十、昌平区黄楼洼段长城

昌平区黄楼洼段长城（勘测段）目前坍塌严重，缺乏修缮及维护，损毁严重。长城圆形敌台顶面坍塌较为严重，难以辨认建筑原有形制，且顶面上砖石杂乱摆放，砖的风化程度较大，存在明显的风化脱壳现象。敌台侧面清晰可见较大结构性裂缝，裂缝长度几乎贯穿整个敌台，存在三条较宽的裂缝，第一条裂缝长3.9 m，宽10 cm，第二条裂缝宽5.5 cm，第三条裂缝长1.85 m，宽3.5 cm，对敌台的结构安全及美观影响很严重。长城墙体顶面被各种尺寸不一、形状不规则的毛石覆盖，部分毛石面上可见地衣、苔藓等微生物，墙体顶面与两侧杂草、杂树丛生，严重破坏了长城的美观性，影响其安全保存。

图2-16　昌平区黄楼洼段长城宏观形貌

十一、延庆区八达岭未修缮段长城

图2-17 延庆区八达岭未修缮段长城宏观形貌

延庆区八达岭未修缮段长城（勘测段）目前损毁较严重，长城敌台整体缺损及坍塌现象较严重，敌台顶面铺房已基本消失，且顶面上方有大量杂草生长，严重破坏了建筑的美观性。敌台内部可见多处缺损和结构性大裂缝，同时砌筑砖表面酥粉严重，部分脱壳，构筑材料风化程度较大，对建筑整体的结构安全性有一定影响。此外，在敌台内部局部区域可见用新的青砖重砌，用青灰进行勾缝修复，与原白灰勾缝不匹配，修缮措施还需改进。

十二、延庆区西拨子段长城

延庆区西拨子段长城（勘测段）目前破坏严重，缺乏一定的保护和维护措施。长城边墙由夯土建造而成，存在坍塌现象，且边墙各面杂草杂树丛生，局部还可见人为挖的洞穴，严重影响了长城的美观性和历史文化价值。

长城墩台破坏尤为严重，墩台顶面建筑全部坍塌，残留少量碎砖瓦，而且顶面上有大量杂草生长。墩台侧面原有外层包砖被人为拆走，四周地面上残留部分碎砖瓦，夯土墙长时间暴露在外，存在明显的雨水冲刷痕迹，同时墙面上可见许多浅裂缝，外层夯土脱落严重。

图2-18　延庆区西拨子段长城宏观形貌

十三、延庆区九眼楼段长城

延庆区九眼楼段长城（勘测段）进行了部分修缮，九眼楼外墙部分区域用新砖重砌，内部通过一定措施加固墙体，加强了墙体的承重能力。此外，九眼楼内部可见多处结构性裂缝，对建筑的结构安全有一定影响。九眼楼砌筑旧砖风化较严重，砖表面明显出现泛盐、酥粉、脱壳等现象，局部位置有人为刻字，对整个建筑的美观性有一定影响。长城墙体顶面用毛石垒砌，修缮处采用的毛石尺寸较为规整，大部分选用中型毛石，而未修缮处由大量尺寸不一、形状不规则的毛石覆盖。城墙顶面有许多杂草生长，侧面有大量树木生长。

图2-19　延庆区九眼楼段长城宏观形貌

十四、延庆区大庄科段长城

图2-20 延庆区大庄科段长城宏观形貌

延庆区大庄科段长城（勘测段）目前坍塌严重，破坏明显，整个长城上层砖砌部分已基本坍塌缺失，只残存下部的条石基础，顶面上杂树、杂草丛生，植物病害严重。对于砌筑材料而言，砖材严重流失，有明显人为破坏的痕迹，将其拆卸用于围护田地。部分条石表面风化较严重，存在片状剥落、风化裂隙、溶蚀等现象，且表面微生物病害较严重，对长城美观性及砌筑材料存在一定程度的影响。

十五、延庆区花家窑子段长城

延庆区花家窑子段长城（勘测段）存在修缮段及未修缮段，修缮段采用新砖与新灰重新补砌，外观整体修缮较好。未修缮段坍塌程度较严重，墙体两侧边墙基本坍塌消失，墙体顶面散落有许多残损的碎砖和部分填芯毛石，砌筑材料流失严重，且顶面上杂草丛生，植物生长茂盛。此外，敌台也存在严重坍塌，只余下两面砌墙，且砌筑砖面上人为刻字较多，对长城美观性有一定影响。

图2-21　延庆区花家窑子段长城宏观形貌

十六、门头沟区洪水口段长城

图2-22　门头沟区洪水口段长城宏观形貌

门头沟区洪水口段长城（勘测段）目前虽然采取了一定的修缮措施，但仍缺乏系统性与规范性，且维护措施也未能有效实施。长城外侧边墙采用原有旧砖掺杂部分新砖重新垒砌，内侧边墙用尺寸相近的毛石砌筑，并采用新的勾缝材料进行嵌缝。长城马道部分区域也采用新的勾缝材料与各种毛石铺成，且马道面上存在许多孔洞，杂草丛生，严重影响长城的美观性。整个长城砌筑砖风化较为明显，部分区域还可见明显的苔藓、地衣等。长城敌台上方原有建筑已完全坍塌，消失不见，剩下原有的条石及基石保存较好。

十七、门头沟区梨园岭段长城

图2-23　门头沟区梨园岭段长城宏观形貌

门头沟区梨园岭段长城（勘测段）目前损毁严重，存在多处坍塌，缺乏保护。长城墙体顶面由许多大小不一、形状不规则的毛石组成，且面上有许多杂草、杂树生长，缺乏维护。长城建造所用毛石风化较为严重，且多处可见苔藓、地衣生长，局部可发现野生动物活动的痕迹，严重破坏了长城的整体安全性。

十八、门头沟区黄草梁段长城

门头沟区黄草梁段长城（勘测段）整体损毁较为严重，城墙顶面由许多尺寸不一、形状不规则的毛石组成，两侧边墙突出部分毛石杂乱无章，且顶面上植物生长茂盛，部分区域坍塌较严重，存在坍塌豁口。敌台坍塌较严重，顶部铺房基本坍塌，且敌台表面存在少量纵向结构性裂缝，敌台内部地面存在严重坍塌，同时植物生长茂盛，对长城整体的美观性和结构安全性都有一定影响。

图2-24　门头沟区黄草梁段长城宏观形貌

第四节　北京明长城砌筑材料具体病害勘测结果

为了解长城砌筑材料的具体病害信息，在其典型病害处、病害严重处进行相关布点，根据拍摄的各布点位置宏观照片，判断其砌筑材料的具体病害。

一、平谷区彰作段长城

平谷区彰作段长城勘测处砌筑材料宏观照片如下（后续章节布点编号同下）。

WQ-1   WQ-2   WQ-3

WQ-4   WQ-5   WQ-6

WQ-7   WQ-8   WQ-9

WQ-10   WQ-11   WQ-12

WQ-13   WQ-14   WQ-15

WQ-16 WQ-17 WQ-18

WQ-19 WQ-20 WQ-21

WQ-22 WQ-23 WQ-24

WQ-25 WQ-26 QD-1

QD-2 QD-3 QD-4

| QD-5 | QD-6 | QD-7 |

图2-25　平谷区彰作段长城砌筑材料宏观形貌

注：图中"WQ"表示长城侧面外墙，"QD"表示长城顶面墙体。

根据上图各位置宏观形貌，初步筛选出砌筑材料病害较为严重的布点处，即WQ-5、WQ-7、WQ-9、WQ-10、WQ-11、WQ-12、WQ-15、WQ-17、WQ-21、WQ-24、QD-1，其具体病害信息如下表所示。

表2-1　平谷区彰作段长城砌筑材料具体病害信息

材料名称	布点编号	病害描述
长城石材	WQ-5	风化浅裂缝、微生物病害
	WQ-7	残缺、结构性裂缝
	WQ-9	微生物病害、表面溶蚀、表面粉化
	WQ-10	风化浅裂缝、微生物病害、表面溶蚀、表面泛盐
	WQ-11	风化浅裂缝、微生物病害、表面溶蚀、表面粉化
	WQ-12	结构性裂缝
	WQ-15	结构性裂缝、微生物病害
	WQ-17	微生物病害、表面溶蚀
	WQ-21	微生物病害、表面溶蚀
	WQ-24	残缺、微生物病害
	QD-1	微生物病害

由上表可知，平谷区彰作段长城砌筑材料（石材）的病害主要有残缺（此外存在勾缝灰缺失现象）、裂缝、表面风化等，且局部位置存在一定的微生物病害，如地衣、藻类、苔藓等。风化主要表现为表面溶蚀、表面泛

盐、表面粉化、风化浅裂缝等。其中，结构性裂缝、勾缝灰缺失及风化在一定程度上会影响材料的承重能力和结构性安全，微生物病害主要影响材料表面形貌，苔藓等微生物在材料表面长期吸收水分，会使得底下的材料长期湿润，导致变质、变色。同时，在生长过程中其根部会分泌微量的H^+离子，这些H^+离子会转换矿物中的金属离子，成为滋生苔藓等微生物的养分。H^+离子转换作用，会使得有机质产生碳酸、腐殖酸及各种有机酸，在表面产生胶质状的黏土膜而破坏材料表面，严重时会影响整个建筑的表面美观性和结构安全。

二、平谷区黄松峪段长城

平谷区黄松峪段长城勘测处砌筑材料宏观照片如下（后续章节布点编号同下）。

NQ-1	NQ-2	NQ-3
NQ-4	NQ-5	QD-1
QD-2	QD-3	QD-4

QD-5　　　　　　　　QD-6　　　　　　　　QD-7

QD-8　　　　　　　　QD-9　　　　　　　　QD-10

QD-11　　　　　　　　QD-12　　　　　　　　QD-13

QD-14　　　　　　　　QD-15　　　　　　　　QD-16

QD-17　　　　　　　　QD-18　　　　　　　　QD-19

QD-20   QD-21   QD-22

图2-26 平谷区黄松峪段长城砌筑材料宏观形貌

注：图中"NQ"表示长城侧面内墙，"QD"表示长城顶面墙体。

根据上图各位置宏观形貌，初步筛选出砌筑材料病害较为严重的布点处，即NQ-2、NQ-3、NQ-5、QD-1、QD-4、QD-8、QD-10、QD-11、QD-13、QD-17、QD-18、QD-20，其具体病害信息如下表所示。

表2-2 平谷区黄松峪段长城砌筑材料具体病害信息

材料名称	布点编号	病害描述
长城石材	NQ-2	风化浅裂缝、水锈结壳
	NQ-3	微生物病害
	NQ-5	表面片状剥落、表面溶蚀
	QD-1	微生物病害
	QD-4	微生物病害、表面片状剥落
	QD-8	微生物病害、结构性裂缝、表面片状剥落
	QD-10	结构性裂缝、表面溶蚀
	QD-11	微生物病害、结构性裂缝、表面溶蚀
	QD-13	表面片状剥落、表面溶蚀
	QD-17	结构性裂缝、微生物病害
	QD-18	微生物病害、表面溶蚀
	QD-20	微生物病害、表面片状剥落、风化浅裂缝

由上表可知，平谷区黄松峪段长城砌筑材料主要为石材，其病害较为严重。主要存在裂缝及表面风化等典型病害，多处可见表面溶蚀、表面片状剥落及风化浅裂缝现象，风化较严重，局部位置也能看见微生物病害，如地衣、苔藓等。结构性裂缝及风化的发展会威胁整个建筑的结构安全，同时，材料表面病害也会影响其表面形貌，破坏整个建筑的美观性。

三、平谷区北寨村段长城

平谷区北寨村段长城勘测处砌筑材料宏观照片如下（后续章节布点编号同下）。

QD-1　　　　　　　QD-2　　　　　　　QD-3

QD-4　　　　　　　QD-5　　　　　　　QD-6

QD-7　　　　　　　QD-8　　　　　　　QD-9

QD-10 QD-11 QD-12

QD-13 QD-14 QD-15

QD-16 QD-17 QD-18

QD-19 QD-20 WQ-1

WQ-2 WQ-3 WQ-4

图2-27　平谷区北寨村段长城砌筑材料宏观形貌

注：图中"WQ"表示长城侧面外墙，"DT"表示长城敌台，"QD"表示长城顶面墙体。

根据上图各位置宏观形貌，初步筛选出砌筑材料病害较为严重的布点处，即QD-2、QD-6、QD-8、QD-9、QD-15、QD-16、QD-17、WQ-3、WQ-4、WQ-6、WQ-8、DT-4，其具体病害信息如下表所示。

表2-3 平谷区北寨村段砌筑材料具体病害信息

材料名称	布点编号	病害描述
长城石材	QD-2	表面溶蚀、微生物病害
	QD-6	表面溶蚀、风化浅裂缝
	QD-8	表面溶蚀、微生物病害
	QD-9	表面溶蚀
	QD-15	表面溶蚀
	QD-16	表面溶蚀、微生物病害
	QD-17	表面溶蚀、风化浅裂缝、表面片状剥落
	WQ-3	风化浅裂缝、微生物病害
	WQ-4	表面溶蚀、微生物病害
	WQ-6	表面溶蚀、风化浅裂缝、表面片状剥落
	WQ-8	表面溶蚀、表面片状剥落
	DT-4	表面溶蚀、结构性裂缝

由上表可知，平谷区北寨村段长城砌筑材料主要为石材，由于风霜、雨雪等自然营造力的作用，部分石材表面风化较为严重，主要表现为表面溶蚀、表面片状剥落及风化浅裂缝等现象，且石材表面微生物病害也较为明显，生长有许多地衣和苔藓。石材病害对整个长城的美观性和结构安全性都存在一定程度的影响。

四、密云区营房台段长城

密云区营房台段长城勘测处砌筑材料宏观照片如下（后续章节布点编号同下）。

| WQ-1 | WQ-2 | WQ-3 |

WQ-4　　　　　　WQ-5　　　　　　WQ-6

WQ-7　　　　　　WQ-8　　　　　　WQ-9

WQ-10　　　　　WQ-11　　　　　WQ-12

WQ-13　　　　　NQ-1　　　　　　NQ-2

NQ-3　　　　　　NQ-4　　　　　　NQ-5

图2-28　密云区营房台段长城砌筑材料宏观形貌

注：图中"WQ"表示长城侧面外墙，"NQ"表示长城侧面内墙，"QD"表示长城顶面墙体。

根据上图各位置宏观形貌，初步筛选出砌筑材料病害较为严重的布点处，即WQ-2、WQ-4、WQ-5、WQ-6、WQ-8、WQ-10、WQ-11、NQ-5、NQ-8、NQ-13、QD-5，其具体病害信息如下表所示。

表2-4 密云区营房台段长城砌筑材料具体病害信息

材料名称	布点编号	病害描述
长城砖材	WQ-2	表面溶蚀、表面粉化、局部脱灰
	WQ-4	表面溶蚀、表面粉化
	WQ-5	残缺、表面粉化、局部脱灰
	WQ-6	表面溶蚀、表面粉化
	WQ-8	表面溶蚀、表面粉化、表面泛盐
	WQ-10	残缺、表面溶蚀、表面粉化
	WQ-11	表面溶蚀、结构性裂缝、局部脱灰
长城石材	NQ-5	结构性裂缝
	NQ-8	微生物病害
	NQ-13	微生物病害、水锈结壳
	QD-5	表面溶蚀

由上表可知，在密云区营房台段长城所用砌筑材料中，砌筑砖的病害较严重，石材保存较好。砖表面主要受酸雨、风蚀等自然营造力影响，病害主要为表面风化，表现为表面溶蚀、粉化、泛盐等几种形式，部分风化严重处砌筑砖呈残缺状。同时，局部位置砖与砖连接处出现了局部脱灰的现象。而石材病害较轻，局部可见少量结构性裂缝与微生物病害，如地衣、苔藓等。其中，风化对于砖的承重能力与表面的美观性都有较大的影响。

五、密云区黄岩口段长城

密云区黄岩口段长城勘测处砌筑材料宏观照片如下（后续章节布点编号同下）。

NQ-1 NQ-2 NQ-3

NQ-4 NQ-5 NQ-6

NQ-7 NQ-8 NQ-9

NQ-10 NQ-11 NQ-12

NQ-13 NQ-14 NQ-15

NQ-16　　　　　　　　　NQ-17　　　　　　　　　NQ-18

NQ-19　　　　　　　　　NQ-20　　　　　　　　　NQ-21

NQ-22　　　　　　　　　NQ-23　　　　　　　　　NQ-24

NQ-25　　　　　　　　　NQ-26　　　　　　　　　NQ-27

NQ-28　　　　　　　　　QD-1　　　　　　　　　QD-2

QD-3 QD-4 QD-5

QD-6 QD-7 QD-8

QD-9 QD-10 QD-11

图2-29 密云区黄岩口段长城砌筑材料宏观形貌

注：图中"NQ"表示长城侧面内墙，"QD"表示长城顶面墙体。

根据上图各位置宏观形貌，初步筛选出砌筑材料病害较严重的布点处，即NQ-1、NQ-2、NQ-3、NQ-4、NQ-5、NQ-9、NQ-10、NQ-12、NQ-14、NQ-16、NQ-19、NQ-20、NQ-21、NQ-24、QD-4、QD-6、QD-11，其具体病害信息如下表所示。

表2-5 密云区黄岩口段长城砌筑材料具体病害信息

材料名称	布点编号	病害描述
	NQ-1	表面溶蚀、结构性裂缝、表面粉化
长城砖材	NQ-2	残缺、表面溶蚀、局部脱灰
	NQ-3	表面溶蚀、风化浅裂缝

（续表）

材料名称	布点编号	病害描述
长城砖材	NQ-4	表面溶蚀、表面粉化、微生物病害
	NQ-5	残缺、表面溶蚀
	NQ-9	残缺、表面溶蚀、微生物病害
	NQ-10	表面溶蚀、结构性裂缝、局部脱灰
	NQ-12	残缺、表面溶蚀、局部脱灰
	NQ-14	表面溶蚀、结构性裂缝
	NQ-16	表面溶蚀、表面粉化
	QD-4	残缺、表面溶蚀、微生物病害
	QD-6	微生物病害、表面溶蚀、局部脱灰
	QD-11	微生物病害、表面溶蚀、局部脱灰
长城石材	NQ-19	残缺、结构性裂缝
	NQ-20	表面溶蚀、水锈结壳
	NQ-21	表面溶蚀
	NQ-24	表面溶蚀、水锈结壳

由上表可知，密云区黄岩口段长城所用砌筑材料中，砌筑砖的病害较为严重，石材病害较轻。砖的主要病害为表面风化，表现为材料表面溶蚀、表面粉化和风化浅裂缝，部分风化严重处砌筑砖呈残缺状，同时伴随着局部脱灰现象，且局部可见结构性裂缝、微生物病害等，这些病害对于砖的自身承重能力和表面美观性都有较大影响。石材病害也主要是表面溶蚀，但风化程度较小，保存较好，部分石材有水锈结壳、结构性裂缝、残缺等病害。

六、密云区石城镇段长城

密云区石城镇段长城勘测处砌筑材料宏观照片如下（后续章节布点编号同下）。

DT-1   DT-2   DT-3

DT-4   DT-5   DT-6

DT-7   DT-8   DT-9

DT-10   DT-11   DT-12

DT-13   DT-14   DT-15

DT-16　　　　　　　　　QD-1　　　　　　　　　QD-2

QD-3　　　　　　　　　QD-4　　　　　　　　　QD-5

QD-6　　　　　　　　　QD-7　　　　　　　　　QD-8

QD-9　　　　　　　　　QD-10　　　　　　　　QD-11

QD-12　　　　　　　　QD-13　　　　　　　　QD-14

QD-15　　　　　　　　QD-16　　　　　　　　QD-17

QD-18　　　　　　　　QD-19　　　　　　　　QD-20

图2-30　密云区石城镇段长城砌筑材料宏观形貌

注：图中"DT"表示长城敌台，"QD"表示长城顶面墙体。

　　根据上图各位置宏观形貌，初步筛选出砌筑材料病害较为严重的布点处，即DT-1、DT-7、DT-8、DT-12、DT-13、QD-4、QD-7、QD-8、QD-13、QD-14、QD-17，其具体病害信息如下表所示。

表2-6　密云区石城镇段长城砌筑材料具体病害信息

材料名称	布点编号	病害描述
	DT-1	表面溶蚀、残缺
	DT-7	表面溶蚀、残缺、微生物病害
长城砖材	DT-8	表面溶蚀、残缺
	DT-12	表面溶蚀、残缺、风化浅裂缝
	DT-13	表面溶蚀、残缺
	QD-4	表面溶蚀、片状剥落、微生物病害
长城石材	QD-7	表面溶蚀、微生物病害
	QD-8	表面溶蚀、片状剥落

（续表）

材料名称	布点编号	病害描述
长城石材	QD-13	表面溶蚀、片状剥落
	QD-14	表面溶蚀、微生物病害、风化浅裂缝
	QD-17	表面溶蚀、微生物病害、水锈结壳

由上表可知，密云区石城镇段长城主要砌筑材料为砖材和石材，尤其砖材的病害较为严重。因上层砖砌部分基本坍塌，散落砖材基本都为残缺的半砖，较难发现整砖，且砖材表面在风霜、雨雪等自然营造力影响下风化较为严重，主要表现为表面溶蚀现象，表面呈坑洼状，砖材表面还受微生物病害的影响，生长有地衣或苔藓等微生物。砖与砖之间的砌筑灰浆脱落、碎裂。相较而言，石材保存较好，部分石材表面存在一定风化，表现为表面溶蚀、片状剥落和风化浅裂缝现象，且存在少量微生物病害、水锈结壳等病害。

七、怀柔区撞道口段长城

怀柔区撞道口段长城勘测处砌筑材料宏观照片如下（后续章节布点编号同下）。

BJC-1　　　　　　BJC-2　　　　　　BJC-3

BJC-4　　　　　　BJC-5　　　　　　BJC-6

BJC-7 BXM-1 BXM-2

BXM-3 BXM-4 DJC-1

DJC-2 DJC-3 DJC-4

DXM-1 DXM-2 DXM-3

DXM-4 DXM-5 DXM-6

DXM-7 DT-1 DT-2

DT-3 DT-4 DT-5

DT-6 NJC-1 NJC-2

NJC-3 NQ-1 NQ-2

NQ-3 NQ-4 NQ-5

NQ-6   QD-1   QD-2

QD-3   QD-4   QD-5

QD-6   XJC-1   XJC-2

XJC-3   XJC-4   XXM-1

XXM-2   XXM-3   XXM-4

XXM-5   XXM-6   XXM-7

XXM-8   XXM-9   ZXM-1

ZXM-2   ZXM-3

图2-31 怀柔区撞道口段长城砌筑材料宏观形貌

注：图中"BJC"表示敌台北面箭窗，"BXM"表示敌台北面券门，"DJC"表示敌台东面箭窗，"DXM"表示敌台东面券门，"NJC"表示敌台南面箭窗，"XJC"表示敌台西面箭窗，"XXM"表示敌台西面券门，"ZXM"表示敌台中部券门，"NQ"表示长城侧面内墙，"QD"表示长城顶面墙体，"DT"表示另一残损敌台。

根据上图各位置宏观形貌，初步筛选出砌筑材料病害较为严重的布点处，即BJC-2、BJC-3、BJC-5、BJC-7、BXM-1、BXM-3、DJC-1、DJC-2、DJC-4、DXM-2、DXM-3、DXM-5、DXM-6、DXM-7、DT-2、DT-3、DT-5、NJC-1、NQ-4、NQ-6、QD-3、XJC-2、XJC-4、XXM-2、XXM-5、XXM-6、XXM-7、XXM-8、XXM-9、ZXM-1、ZXM-2，其具体病害信息如下表所示。

表2-7　怀柔区撞道口段长城砌筑材料具体病害信息

材料名称	布点编号	病害描述
长城砖材	BJC-2	微生物病害、表面粉化
	BJC-3	表面溶蚀
	BJC-5	结构性裂缝、残缺
	BJC-7	结构性裂缝
	BXM-1	表面溶蚀
	BXM-3	表面溶蚀、人为破坏
	DJC-1	结构性裂缝、表面溶蚀、表面粉化
	DJC-2	结构性裂缝
	DJC-4	残缺、表面溶蚀
	DXM-2	残缺、结构性裂缝
	DXM-3	表面溶蚀
	DXM-5	结构性裂缝
	DXM-6	结构性裂缝、表面溶蚀
	DXM-7	结构性裂缝、表面溶蚀
	DT-2	残缺、表面溶蚀、局部脱灰
	DT-3	表面溶蚀、表面泛盐、青灰勾缝
	DT-5	表面溶蚀、青灰勾缝
	NJC-1	残缺、表面溶蚀、局部脱灰
	NQ-4	结构性裂缝、表面溶蚀
	NQ-6	表面溶蚀
	QD-3	表面溶蚀、微生物病害
	XJC-2	表面溶蚀、勾缝灰变色
	XJC-4	残缺

（续表）

材料名称	布点编号	病害描述
长城砖材	XXM-2	残缺、表面溶蚀、局部脱灰
	XXM-5	表面溶蚀、微生物病害
	XXM-6	残缺、结构性裂缝
	XXM-7	表面溶蚀、结构性裂缝
	XXM-8	表面溶蚀、结构性裂缝
	XXM-9	表面溶蚀、结构性裂缝、局部脱灰
	ZXM-1	表面溶蚀、表面粉化
	ZXM-2	表面溶蚀、表面粉化

由上表可知，在怀柔区撞道口段长城所用砌筑材料中，砖的病害较严重，其主要病害为残缺、结构性裂缝及风化。由于主要受酸雨、风蚀等自然营造力影响，风化主要表现为材料表面溶蚀、表面粉化、表面泛盐等形式。此外，在局部区域可见明显的微生物病害、人为破坏、局部脱灰、青灰勾缝等病害。长城石材主要为基础条石，病害较轻，保存较好。其中，裂缝与风化对整个建筑影响较大，会严重危害建筑的结构安全性和表面美观性。

八、怀柔区官地段长城

怀柔区官地段长城勘测处砌筑材料宏观照片如下（后续章节布点编号同下）。

BJC-1

BJC-2

DJC-1

DJC-2   DJC-3   DXM-1

DXM-2   DXM-3   XXM-1

XXM-2   XXM-3   XXM-4

XXM-5   XXM-6   XXM-7

NJC-1   NJC-2   NJC-3

NQ-1　　　　　　NQ-2　　　　　　WQ-1

WQ-2　　　　　　WQ-3　　　　　　WQ-4

WQ-5　　　　　　WQ-6　　　　　　WQ-7

WQ-8　　　　　　WQ-9　　　　　　WQ-10

WQ-11　　　　　　WQ-12　　　　　　WQ-13

WQ-14　　　　　　WQ-15　　　　　　WQ-16

WQ-17　　　　　　WQ-18　　　　　　WQ-19

WQ-20　　　　　　WQ-21　　　　　　WQ-22

WQ-23　　　　　　WQ-24　　　　　　WQ-25

WQ-26　　　　　　WQ-27　　　　　　WQ-28

<table>
<tr><td>WQ-29</td><td>WQ-30</td><td>XJC-1</td></tr>
</table>

| WQ-29 | WQ-30 | XJC-1 |

| XJC-2 | XJC-3 |

图2-32　怀柔区官地段长城砌筑材料宏观形貌

注：图中"BJC"表示敌台北面箭窗，"DJC"表示敌台东面箭窗，"DXM"表示敌台东面券门，"NJC"表示敌台南面箭窗，"XJC"表示敌台西面箭窗，"XXM"表示敌台西面券门，"WQ"表示长城侧面外墙，"NQ"表示长城侧面内墙。

根据上图各位置宏观形貌，初步筛选出砌筑材料病害较严重的布点处，即BJC-2、DJC-1、DJC-3、DXM-2、DXM-3、XXM-2、XXM-4、XXM-6、XXM-7、NJC-1、NJC-2、WQ-2、WQ-3、WQ-6、WQ-7、WQ-8、WQ-13、WQ-14、WQ-16、WQ-22、WQ-23、WQ-25、WQ-26、WQ-27、XJC-1、XJC-3，其具体病害信息如下表所示。

表2-8　怀柔区官地段长城砌筑材料具体病害信息

材料名称	布点编号	病害描述
	BJC-2	表面溶蚀
	DJC-1	表面溶蚀
长城砖材	DJC-3	结构性裂缝、表面溶蚀
	DXM-2	残缺、表面溶蚀

（续表）

材料名称	布点编号	病害描述
长城砖材	DXM-3	残缺
	XXM-2	表面溶蚀
	XXM-4	结构性裂缝、表面溶蚀
	XXM-6	表面溶蚀
	XXM-7	残缺、局部脱灰
	NJC-1	表面溶蚀、结构性裂缝
	NJC-2	表面溶蚀
	WQ-2	残缺、表面溶蚀
	WQ-3	表面溶蚀
	WQ-6	微生物病害、表面溶蚀、局部脱灰
	WQ-7	表面溶蚀
	WQ-8	微生物病害、表面溶蚀
	WQ-13	残缺、微生物病害、局部脱灰
	WQ-14	表面溶蚀
	WQ-16	残缺、表面溶蚀
	WQ-22	结构性裂缝、残缺
	WQ-23	微生物病害、表面溶蚀
	WQ-25	微生物病害、表面溶蚀
	WQ-26	表面溶蚀、局部脱灰
	WQ-27	表面溶蚀
	XJC-1	表面溶蚀、结构性裂缝
	XJC-3	表面溶蚀、结构性裂缝、局部脱灰

由上表可知，在怀柔区官地段长城所用砌筑筑材料中，砌筑砖病害较严重，主要病害是表面风化，其表面受酸雨、风蚀等环境因素影响，故主要表现为表面溶蚀现象，且风化程度较大。同时，局部区域有残缺、结构性裂

缝、微生物病害、局部脱灰等较为严重的病害。而长城石材主要为基础条石，病害较轻，保存较好。这些病害对于建筑自身的结构安全和表面美观都有较大影响，严重破坏了长城的历史文化价值。

九、怀柔区大榛峪段长城

怀柔区大榛峪段长城勘测处砌筑材料宏观照片如下（后续章节布点编号同下）。

XXM-1　　　　　　XXM-2　　　　　　XXM-3

XJC-1　　　　　　XJC-2　　　　　　XJC-3

BJC-2　　　　　　BJC-3　　　　　　BJC-4

BJC-5　　　　　　BJC-6　　　　　　BJC-7

BJC-8   BJC-10   BJC-11

BJC-12   BJC-13   BJC-14

BJC-15   BJC-16   BJC-17

BJC-18   BJC-19   DJC-1

DJC-2   DJC-3   DJC-4

DJC-5

DJC-7

DXM-1

DXM-2

DXM-3

DXM-4

DXM-5

NJC-2

NJC-3

NJC-4

NJC-5

NJC-6

NJC-7

NJC-8

ZXM-1

ZXM-2   ZXM-4   ZXM-6   ZXM-7

图2-33 怀柔区大榛峪段长城砌筑材料宏观形貌

注：图中"BJC"表示敌台北面箭窗，"DJC"表示敌台东面箭窗，"DXM"表示敌台东面券门，"NJC"表示敌台南面箭窗，"XJC"表示敌台西面箭窗，"XXM"表示敌台西面券门，"ZXM"表示敌台中部券门。

根据上图各位置宏观形貌，初步筛选出砌筑材料病害较严重的布点处，即XXM-2、XJC-3、BJC-4、BJC-7、BJC-10、BJC-12、BJC-13、BJC-16、BJC-18、DJC-3、DJC-4、DXM-3、NJC-3、NJC-4、NJC-5、NJC-7、ZXM-7，其具体病害信息如下表所示。

表2-9 怀柔区大榛峪段长城砌筑材料具体病害信息

材料名称	布点编号	病害描述
	XXM-2	残缺、表面溶蚀
	XJC-3	表面溶蚀、表面片状剥落
	BJC-4	残缺、表面溶蚀、微生物病害
	BJC-7	表面溶蚀、结构性裂缝
	BJC-10	残缺、局部脱灰
长城砖材	BJC-12	表面溶蚀、表面片状剥落、风化浅裂缝
	BJC-13	残缺、表面溶蚀
	BJC-16	表面溶蚀、残缺、人为破坏
	BJC-18	表面溶蚀、表面粉化、结构性裂缝
	DJC-3	表面溶蚀、表面粉化、结构性裂缝
	DJC-4	残缺、表面溶蚀

（续表）

材料名称	布点编号	病害描述
长城砖材	DXM-3	残缺、表面溶蚀、结构性裂缝、人为破坏
	NJC-3	残缺、表面溶蚀
	NJC-4	残缺、表面溶蚀
	NJC-5	残缺、表面溶蚀、结构性裂缝
	NJC-7	残缺、表面溶蚀、结构性裂缝、局部脱灰
	ZXM-7	表面粉化、风化浅裂缝

由上表可知，怀柔区大榛峪段长城主要砌筑材料为砖材，其病害程度较严重。受长城坍塌影响，砖材存在多处残缺现象，墙面上还出现了许多结构性大裂缝和局部脱灰现象，对长城的结构安全性影响较为严重。因风霜、雨雪等自然营造力因素，砖材表面风化较严重，主要表现为表面溶蚀、表面片状剥落、表面粉化、风化浅裂缝等现象。此外，部分砖材表面还生长有苔藓、地衣等微生物，在生长过程中以长城砌筑材料为营养来源，并且分泌物腐蚀砌筑材料而破坏材料表面，对长城的表面美观性和结构安全性会产生一定程度的影响。同时，发现明显的人为破坏痕迹，存在人为刻字、绘画等行为。

十、昌平区黄楼洼段长城

昌平区黄楼洼段长城勘测处砌筑材料宏观照片如下（后续章节布点编号同下）。

　　　BDT-1　　　　　　　　　　BDT-2　　　　　　　　　　BDT-3

BDT-4   BDT-5   BDT-6

BDT-7   BDT-8   BDT-9

BDT-10   DDT-1   DDT-2

DDT-3   DDT-4   DDT-5

DDT-6   DDT-7   NDT-1

NDT-2　　　　　　　　NDT-3　　　　　　　　NDT-4

QD-1　　　　　　　　QD-2　　　　　　　　QD-3

QD-4　　　　　　　　QD-5　　　　　　　　QD-6

QD-7　　　　　　　　QD-8　　　　　　　　QD-9

QD-10　　　　　　　　QD-11　　　　　　　　QD-12

<table>
<tr><td>QD-13</td><td>QD-14</td><td>QD-15</td></tr>
<tr><td>QD-16</td><td>XDT-1</td><td>XDT-2</td></tr>
<tr><td>XDT-3</td><td>XDT-4</td><td>XDT-5</td></tr>
<tr><td>XDT-6</td><td>XDT-7</td><td>XDT-8</td><td>XDT-9</td></tr>
</table>

图2-34　昌平黄楼洼段长城砌筑材料宏观形貌

注：图中"BDT"表示敌台北面，"DDT"表示敌台东面，"NDT"表示敌台南面，"QD"表示长城顶面墙体，"XDT"表示敌台西面。

根据上图各位置宏观形貌，初步筛选出砌筑材料病害较严重的布点处，即BDT-2、BDT-3、BDT-8、DDT-2、DDT-5、DDT-6、NDT-2、NDT-3、QD-1、QD-2、QD-3、QD-7、QD-9、QD-12、QD-13、QD-

16、XDT-1、XDT-2、XDT-3、XDT-4、XDT-9，其具体病害信息如下表所示。

表2-10　昌平区黄楼洼段长城砌筑材料具体病害信息

材料名称	布点编号	病害描述
长城砖材	BDT-2	表面溶蚀、结构性裂缝
	BDT-3	表面溶蚀、风化浅裂缝、残缺
	BDT-8	表面溶蚀、结构性裂缝、局部脱灰
	DDT-2	表面溶蚀、结构性裂缝、局部脱灰
	DDT-5	表面片状剥落、表面溶蚀
	DDT-6	残缺、表面溶蚀
	NDT-2	残缺、表面溶蚀、微生物病害、局部脱灰
	NDT-3	残缺、表面溶蚀
	XDT-1	残缺
	XDT-2	表面溶蚀、结构性裂缝、局部脱灰
	XDT-3	表面溶蚀、结构性裂缝
	XDT-4	表面溶蚀、局部脱灰
	XDT-9	残缺、表面溶蚀
长城石材	QD-1	微生物病害
	QD-2	微生物病害
	QD-3	微生物病害、表面溶蚀
	QD-7	微生物病害、表面片状剥落
	QD-9	微生物病害、表面溶蚀、水锈结壳
	QD-12	微生物病害、表面溶蚀
	QD-13	微生物病害、表面片状剥落、表面溶蚀
	QD-16	微生物病害

由上表可知，昌平区黄楼洼段长城所用的砌筑材料中，砌筑砖的主要病害为残缺、结构性裂缝、局部脱灰及表面风化，且风化程度较高，而石材的主要病害有微生物病害（如地衣、苔藓等）和表面风化，局部位置微生物病害较为明显。长城由于长时间暴露在外，受酸雨、风蚀等影响，材料风化主要以表面溶蚀的形式表现。此外，结构性裂缝及风化对材料的承重能力有较大影响，而微生物以长城砌筑材料为营养来源，并且分泌物腐蚀砌筑材料而破坏材料表面，对于材料表面的美观性影响较大。

十一、延庆区八达岭未修缮段长城

延庆区八达岭未修缮段长城勘测处砌筑材料宏观照片如下（后续章节布点编号同下）。

BJC-1	BJC-2	BJC-3
BJC-4	BJC-5	BXM-1
BXM-2	BXM-3	BXM-4

BXM-5　　　　　　　　DB-1　　　　　　　　DB-2

DXM-1　　　　　　　　DXM-2　　　　　　　　DXM-3

DXM-4　　　　　　　　DXM-5　　　　　　　　DXM-6

DXM-7　　　　　　　　DXM-8　　　　　　　　DXM-9

DXM-10　　　　　　　　DXM-11　　　　　　　　DXM-12

NJC-1 NJC-2 NJC-3

NJC-4 NJC-5 NXM-1

NXM-2 NXM-3 NXM-4

NXM-5 NXM-6 NXM-7

NXM-8 NXM-9 NXM-10

NXM-11　　　　　　　　NXM-12　　　　　　　　NXM-13

XJC-1　　　　　　　　XJC-2　　　　　　　　XJC-3

XJC-4　　　　　　　　XJC-5　　　　　　　　XJC-6

XJC-7　　　　　　　　XJC-8　　　　　　　　XXM-1

XXM-2　　　　　　　　XXM-3　　　　　　　　XXM-4

图2-35　延庆区八达岭未修缮段长城各布点宏观形貌

注：图中"BJC"表示敌台北面箭窗，"BXM"表示敌台北面券门，"DB"表示敌台地面，"DXM"表示敌台东面券门，"NJC"表示敌台南面箭窗，"NXM"表示敌台南面券门，"XJC"表示敌台西面箭窗，"XXM"表示敌台西面券门。

根据上图各位置宏观形貌，初步筛选出砌筑材料病害较严重的布点处，即BJC-1、BJC-2、BJC-3、BXM-3、BXM-4、BXM-5、DXM-1、DXM-2、DXM-3、DXM-4、DXM-10、DXM-11、DXM-12、NJC-3、NXM-5、NXM-6、NXM-8、NXM-9、NXM-10、XJC-1、XJC-2、XJC-3、XJC-4、XJC-8、XXM-1、XXM-7、XXM-8、XXM-9，其具体病害信息如下表所示。

表2-11　延庆区八达岭未修缮段长城砌筑材料具体病害信息

材料名称	布点编号	病害描述
长城砖材	BJC-1	微生物病害、表面溶蚀
	BJC-2	表面粉化、表面溶蚀
	BJC-3	表面粉化、青灰勾缝
	BXM-3	表面溶蚀、表面粉化、青灰勾缝、残缺

（续表）

材料名称	布点编号	病害描述
长城砖材	BXM-4	表面溶蚀、青灰勾缝
	BXM-5	表面溶蚀、青灰勾缝
	DXM-1	表面溶蚀
	DXM-2	表面溶蚀、结构性裂缝
	DXM-3	表面粉化
	DXM-4	残缺、表面粉化
	DXM-10	表面溶蚀、表面粉化、青灰勾缝
	DXM-11	残缺、结构性裂缝、表面粉化
	DXM-12	结构性裂缝、表面溶蚀
	NJC-3	结构性裂缝、表面溶蚀
	NXM-5	表面粉化
	NXM-6	表面溶蚀、表面粉化
	NXM-8	表面粉化、青灰勾缝
	NXM-9	表面溶蚀、表面粉化、青灰勾缝
	NXM-10	微生物病害、表面溶蚀、表面粉化、青灰勾缝
	XJC-1	表面粉化、青灰勾缝
	XJC-2	表面粉化、青灰勾缝
	XJC-3	表面溶蚀、表面粉化、青灰勾缝
	XJC-4	表面溶蚀、表面粉化、青灰勾缝
	XJC-8	结构性裂缝、断裂
	XXM-1	人为破坏、结构性裂缝、表面溶蚀
	XXM-7	结构性裂缝、表面溶蚀
	XXM-8	表面溶蚀、青灰勾缝
	XXM-9	表面溶蚀、表面粉化、残缺

由上表可知，延庆区八达岭未修缮段长城所用砌筑砖风化较为严重。多处可见砖表面溶蚀和表面粉化现象，尤其表面粉化现象十分严重，且局部可见微生物病害（如地衣、苔藓等）、残缺、结构性裂缝、断裂、人为破坏等典型病害。此外，多处存在青灰勾缝现象，与原白灰勾缝不匹配。这些病害对于整个建筑的结构安全性与表面美观性都有影响，严重破坏了长城的历史文化价值和经济价值。

十二、延庆区西拨子段长城

延庆区西拨子段长城勘测处砌筑材料宏观照片如下（后续章节布点编号同下）。

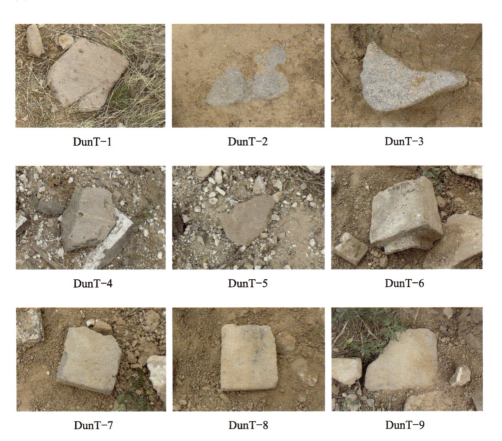

DunT-1　　DunT-2　　DunT-3

DunT-4　　DunT-5　　DunT-6

DunT-7　　DunT-8　　DunT-9

DunT-10	DunT-11	DunT-12
DunT-13	DunT-14	DunT-15
DunT-16	DunT-17	DunT-18
DunT-19	DunT-20	BQ-1
BQ-2	BQ-3	BQ-4

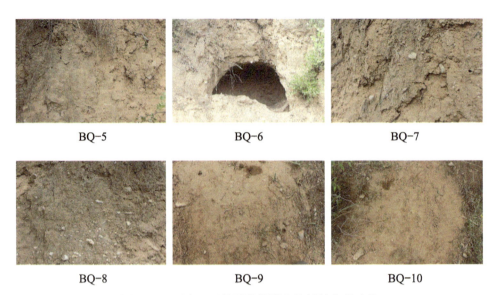

| BQ-5 | BQ-6 | BQ-7 |

| BQ-8 | BQ-9 | BQ-10 |

图2-36　延庆区西拨子段长城砌筑材料宏观形貌

注：图中"DunT"表示长城墩台，"BQ"表示长城边墙。

根据上图各位置宏观形貌，初步筛选出砌筑材料病害较严重的布点处，即DunT-1、DunT-4、DunT-6、DunT-8、DunT-10、DunT-12、DunT-14、DunT-15、DunT-16、DunT-19、DunT-20、BQ-2、BQ-4、BQ-6、BQ-7、BQ-8，其具体病害信息如下表所示。

表2-12　延庆区西拨子段长城砌筑材料具体病害信息

材料名称	布点编号	病害描述
长城石材	DunT-1	表面溶蚀、风化浅裂缝
	DunT-4	表面溶蚀
长城砖材	DunT-6	残缺、表面溶蚀、微生物病害
	DunT-8	残缺、表面溶蚀
	DunT-10	残缺、表面溶蚀
长城夯土	DunT-12	结构性裂缝、表面泛盐
	DunT-14	微生物病害、结构性裂缝、表面泛盐、表面剥落
	DunT-15	结构性裂缝、表面泛盐、表面剥落

（续表）

材料名称	布点编号	病害描述
长城夯土	DunT-16	表面泛盐、植物病害、浅裂缝
	DunT-19	结构性裂缝
	DunT-20	结构性裂缝、表面泛盐、表面剥落
	BQ-2	结构性裂缝、表面泛盐、微生物病害
	BQ-4	表面泛盐、浅裂缝、表面剥落
	BQ-6	人为破坏
	BQ-7	表面泛盐、浅裂缝、表面剥落
	BQ-8	表面泛盐、浅裂缝

由上表可知，在延庆区西拨子段长城所用的砌筑材料中，砖石的病害主要以残缺和表面风化为主，且风化主要表现为材料表面溶蚀现象；夯土的病害主要以结构性裂缝和表面剥落为主，由于夯土长时间暴露在外，受雨水冲刷，土体中的盐溶解在水中被蒸发至土体表面，不断析出，形成严重的泛盐现象。此外，裂缝、表面剥落与表面泛盐也对土体建筑的结构安全产生较大影响，需要及时修缮与保护。

十三、延庆区九眼楼段长城

延庆区九眼楼段长城勘测处砌筑材料宏观照片如下（后续章节布点编号同下）。

BBQ-1

BBQ-2

BBQ-3

BBQ-4   BBQ-5   BBQ-6

BBQ-7   BBQ-8   BBQ-9

BBQ-10   BBQ-11   BBQ-12

BBQ-13   BBQ-14   BBQ-15

BBQ-16   BBQ-17   BBQ-18

BNQ-1

BNQ-2

BNQ-3

BNQ-4

BNQ-5

BNQ-6

BNQ-7

BNQ-8

BNQ-9

BXM-1

BXM-2

BXM-3

BXM-4

BXM-5

BXM-6

图2-37 延庆区九眼楼段长城砌筑材料宏观形貌

注：图中"BBQ"表示九眼楼北面外部边墙，"BNQ"表示九眼楼北面内部边墙，"BXM"表示九眼楼北面券门，"XXM"表示九眼楼西面券门，"NXM"表示九眼楼南面券门，"QD"表示长城顶面墙体。

根据上图各位置宏观形貌，初步筛选出砌筑材料病害较严重的布点处，即BBQ-2、BBQ-3、BBQ-5、BBQ-6、BBQ-9、BBQ-10、BBQ-12、BBQ-13、BBQ-15、BBQ-17、BBQ-18、BNQ-1、BNQ-5、BNQ-7、BNQ-9、BXM-1、BXM-2、BXM-3、BXM-4、BXM-9、XXM-1、NXM-1、QD-1、QD-4、QD-5，其具体病害信息如下表所示。

表2-13　延庆区九眼楼段长城砌筑材料具体病害信息

材料名称	布点编号	病害描述
长城砖材	BBQ-2	表面溶蚀、残缺
	BBQ-3	残缺、表面溶蚀、局部脱灰
	BBQ-5	表面溶蚀、结构性裂缝、微生物病害
	BBQ-6	残缺、局部脱灰
	BBQ-9	表面溶蚀、微生物病害
	BBQ-10	表面溶蚀、表面粉化
	BBQ-12	表面溶蚀、表面粉化、微生物病害
	BBQ-13	残缺、表面溶蚀、表面粉化
	BBQ-15	表面溶蚀
	BBQ-17	表面溶蚀、结构性裂缝
	BBQ-18	表面溶蚀
	BNQ-1	表面溶蚀、表面粉化
	BNQ-5	残缺、表面溶蚀、表面粉化、局部脱灰
	BNQ-7	表面粉化
	BNQ-9	表面溶蚀、结构性裂缝
	BXM-1	残缺、表面片状剥落、表面溶蚀、风化浅裂缝
	BXM-2	表面溶蚀
	BXM-3	表面溶蚀、表面粉化
	BXM-4	残缺、表面溶蚀、风化浅裂缝
	BXM-9	结构性裂缝
	XXM-1	结构性裂缝
	NXM-1	结构性裂缝

（续表）

材料名称	布点编号	病害描述
长城石材	QD-1	表面溶蚀、水锈结壳
	QD-4	表面溶蚀、微生物病害
	QD-5	水锈结壳

由上表可知，九眼楼段长城所用砌筑砖表面风化较严重，表现为溶蚀、粉化、风化浅裂缝等现象，这些现象导致材料强度降低，影响整个建筑的结构安全。同时，在九眼楼墙体区域可见结构性裂缝、残缺、微生物病害（如地衣、苔藓等）、局部脱灰等病害，尤其结构性裂缝对于建筑结构安全威胁较大。此外，在九眼楼内部局部区域表面被黄土覆盖，可能是这些区域曾经作为修缮处，修缮时做旧所致。而建筑所用石材病害较轻，部分石材可见微生物侵蚀、表面溶蚀、水锈结壳等病害，目前对建筑的结构安全影响不大。

十四、延庆区大庄科段长城

延庆区大庄科段长城勘测处砌筑材料宏观照片如下（后续章节布点编号同下）。

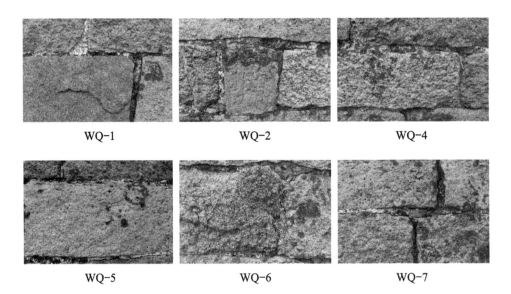

WQ-1   WQ-2   WQ-4

WQ-5   WQ-6   WQ-7

WQ-8　　　　　　　　WQ-10　　　　　　　　WQ-11

WQ-12　　　　　　　　WQ-13　　　　　　　　WQ-14

WQ-15　　　　　　　　WQ-16　　　　　　　　WQ-17

WQ-18　　　　　　　　WQ-20　　　　　　　　WQ-21

WQ-22　　　　　　　　WQ-23　　　　　　　　WQ-24

WQ-25　　　　　　　WQ-26　　　　　　　WQ-27

WQ-28　　　　　　　WQ-29　　　　　　　WQ-30

WQ-31　　　　　　　WQ-32　　　　　　　WQ-33

WQ-34　　　　　　　WQ-35　　　　　　　WQ-36

WQ-37　　　　　　　WQ-38　　　　　　　WQ-39

|WQ-40|WQ-41|WQ-42|

图2-38　延庆区大庄科段长城砌筑材料宏观形貌

注：图中"WQ"表示长城侧面外墙。

　　根据上图各位置宏观形貌，初步筛选出砌筑材料病害较严重的布点处，即WQ-4、WQ-6、WQ-12、WQ-15、WQ-17、WQ-21、WQ-27、WQ-29、WQ-31、WQ-34、WQ-36、WQ-37、WQ-42，其具体病害信息如下表所示。

表2-14　延庆区大庄科段长城砌筑材料具体病害信息

材料名称	布点编号	病害描述
长城石材	WQ-4	表面溶蚀、片状剥落、微生物病害
	WQ-6	表面溶蚀、片状剥落、微生物病害
	WQ-12	表面溶蚀、微生物病害、局部脱灰
	WQ-15	表面溶蚀、片状剥落、微生物病害、风化浅裂缝
	WQ-17	表面溶蚀、微生物病害、局部脱灰
	WQ-21	表面溶蚀、片状剥落、微生物病害
	WQ-27	表面溶蚀、微生物病害
	WQ-29	表面溶蚀、片状剥落
	WQ-31	局部脱灰
长城砖材	WQ-34	残缺、表面溶蚀、片状剥落、微生物病害
	WQ-36	残缺、表面溶蚀、微生物病害
	WQ-37	残缺、表面溶蚀、微生物病害
	WQ-42	表面溶蚀、微生物病害

由上表可知，延庆区大庄科段长城主要砌筑材料是基础条石和砖材。其中，由于上层砖砌部分的坍塌导致砖材严重流失，现存砖材基本为残缺的半砖，损毁严重，且受风霜、雨雪等自然营造力的侵蚀，表面出现溶蚀、片状剥落等风化现象。此外，砖材表面还生长有苔藓等微生物。条石保存较为完整，病害较轻，主要病害为表层风化，表现为表面溶蚀、片状剥落、风化浅裂隙等现象。同时，在基础局部位置有脱灰现象，导致勾缝灰浆的流失，其表面微生物病害也较为严重，会利用、损耗并腐蚀长城砌筑材料，对长城的表面美观性和结构安全有一定影响。

十五、延庆区花家窑子段长城

延庆区花家窑子段长城勘测处砌筑材料宏观照片如下（后续章节布点编号同下）。

DT-1	DT-2	DT-3
DT-4	DT-5	DT-6
DT-7	DT-8	DT-9

DT-10　　　　　　　DT-12　　　　　　　DT-13

DT-14　　　　　　　DT-15　　　　　　　DT-16

DT-17　　　　　　　DT-18　　　　　　　DT-19

DT-20　　　　　　　DT-21　　　　　　　DT-22

DT-23　　　　　　　DT-24　　　　　　　DT-25

DT-26　　　　　　DT-27　　　　　　DT-28

DT-29　　　　　　DT-30　　　　　　DT-31

DT-32　　　　　　DT-33　　　　　　DT-34

DT-35　　　　　　WQ-1　　　　　　WQ-2

WQ-3　　　　　　WQ-4　　　　　　WQ-5

WQ-6　　　　　　　WQ-7　　　　　　　WQ-8

QD-1　　　　　　　QD-2　　　　　　　QD-3

QD-4　　　　　　　QD-5　　　　　　　QD-6

QD-7　　　　　　　QD-8　　　　　　　QD-9

图2-39　延庆区花家窑子段长城砌筑材料宏观形貌

注：图中"WQ"表示长城侧面外墙，"QD"表示长城顶面墙体，"DT"表示长城敌台。

　　根据上图各位置宏观形貌，初步筛选出砌筑材料病害较严重的布点处，即DT-3、DT-6、DT-8、DT-15、DT-19、DT-23、DT-25、DT-27、DT-31、DT-33、DT-35、QD-5、QD-6，其具体病害信息如下表所示。

表2-15 延庆区花家窑子段长城砌筑材料具体病害信息

材料名称	布点编号	病害描述
长城砖材	DT-3	表面溶蚀、结构性裂缝、人为刻字
	DT-6	残缺、局部脱灰
	DT-8	表面溶蚀、表面粉化、表面泛盐
	DT-15	表面溶蚀、人为刻字
	DT-19	残缺、表面溶蚀、局部脱灰
	DT-23	残缺、表面溶蚀、局部脱灰
	DT-25	表面溶蚀、人为刻字
	DT-27	表面溶蚀、表面片状剥落、表面泛盐
	DT-31	残缺、表面溶蚀、局部脱灰
	DT-33	残缺、局部脱灰
	DT-35	残缺、表面溶蚀、局部脱灰
	QD-5	表面溶蚀、表面片状剥落、风化浅裂缝
	QD-6	表面溶蚀、结构性裂缝

由上表可知，延庆区花家窑子段长城主要砌筑材料为砖材，由于长城长期受到自然环境中风霜、雨雪等的侵蚀，砌筑砖表面风化较为严重，表现为溶蚀、片状剥落、粉化、泛盐、风化浅裂缝等现象，风化严重的地方出现脱壳、脱灰现象，呈残缺状。此外，个别砖材出现了贯穿整砖的结构性裂缝，对长城整体的结构安全有很大影响。砌筑砖表面人为破坏严重，有较多人为刻字，严重影响长城表面的美观性。

十六、门头沟区洪水口段长城

门头沟区洪水口段长城勘测处砌筑材料宏观照片如下（后续章节布点编号同下）。

WQ-1　　　　　　　　　　WQ-2　　　　　　　　　　WQ-3

WQ-4　　　　　　　　　　WQ-5　　　　　　　　　　WQ-6

WQ-7　　　　　　　　　　WQ-8　　　　　　　　　　WQ-9

WQ-10　　　　　　　　　WQ-11　　　　　　　　　WQ-12

WQ-13　　　　　　　　　WQ-14　　　　　　　　　WQ-15

WQ-16 　　　　　　WQ-17 　　　　　　WQ-18

WQ-19 　　　　　　WQ-20 　　　　　　WQ-21

WQ-22 　　　　　　WQ-23 　　　　　　QD-1

QD-2 　　　　　　QD-3 　　　　　　QD-4

QD-5 　　　　　　NQ-1 　　　　　　NQ-2

NQ-3 NQ-4 DT-1

DT-2 DT-3 DT-4

DT-5 DT-6 DT-7

DT-8 DT-9 DT-10 DT-11

图2-40 门头沟区洪水口段长城砌筑材料宏观形貌

注：图中"WQ"表示长城侧面外墙，"QD"表示长城顶面墙体，"NQ"表示长城侧面内墙，"DT"表示长城敌台。

根据上图各位置宏观形貌，初步筛选出砌筑材料病害较严重的布点处，即WQ-3、WQ-4、WQ-5、WQ-8、WQ-12、WQ-14、WQ-15、WQ-18、WQ-20、WQ-21、QD-2、QD-4、QD-5、NQ-2、DT-1、DT-3、DT-6、

DT-8、DT-9、DT-10，其具体病害信息如下表所示。

表2-16 门头沟区洪水口段长城砌筑材料具体病害信息

材料名称	布点编号	病害描述
长城砖材	WQ-3	残缺、表面溶蚀、不当修复
	WQ-4	表面溶蚀、不当修复
	WQ-5	表面溶蚀、不当修复
	WQ-8	残缺、表面溶蚀、不当修复
	WQ-12	残缺、表面溶蚀、微生物病害、不当修复
	WQ-14	表面溶蚀、不当修复
	WQ-15	表面溶蚀、微生物病害、不当修复
	WQ-18	残缺、表面溶蚀
	QD-2	结构性裂缝
	QD-4	结构性裂缝、表面溶蚀
	QD-5	残缺、表面溶蚀
长城石材	NQ-2	表面溶蚀
	DT-1	结构性裂缝
	DT-3	水锈结壳
	DT-6	残缺
	DT-8	风化浅裂缝
	DT-9	微生物病害
	DT-10	结构性裂缝
	WQ-20	微生物病害、表面溶蚀
	WQ-21	微生物病害、表面溶蚀

由上表可知，门头沟区洪水口段长城所用砌筑材料主要为砖石，其中原砌筑砖病害较严重，表现为表面风化、溶蚀现象，部分可见残缺、结构性裂缝、微生物病害等典型病害，对长城的结构安全和表面美观都有所影响。

此外，城墙上部分砌筑砖用青灰勾缝，与原白灰勾缝不匹配。而石材保存较好，病害较轻，仅少数区域有裂缝、残缺、微生物病害等。

十七、门头沟区梨园岭段长城

门头沟区梨园岭段长城勘测处砌筑材料宏观照片如下（后续章节布点编号同下）。

QD-1　　　　　QD-2　　　　　QD-3

QD-4　　　　　QD-5　　　　　QD-6

QD-7　　　　　QD-8　　　　　QD-9

QD-10　　　　　QD-11　　　　　QD-12

QD-13 QD-14 QD-15

QD-16 QD-17 QD-18

QD-19 QD-20 QD-21

QD-22 QD-23 QD-24

QD-25 QD-26 QD-27

| QD-28 | QD-29 | QD-30 |

图2-41　门头沟区梨园岭段长城砌筑材料宏观形貌

注：图中"QD"表示长城顶面墙体。

根据上图各位置宏观形貌，初步筛选出砌筑材料病害较严重的布点处，即QD-1、QD-3、QD-4、QD-5、QD-6、QD-7、QD-10、QD-11、QD-13、QD-16、QD-17、QD-18、QD-22、QD-23、QD-24、QD-27、QD-28、QD-30，其具体病害信息如下表所示。

表2-17　门头沟区梨园岭段长城砌筑材料具体病害信息

材料名称	布点编号	病害描述
长城石材	QD-1	微生物病害、风化浅裂缝
	QD-3	微生物病害、表面溶蚀
	QD-4	风化浅裂缝
	QD-5	微生物病害、表面溶蚀
	QD-6	微生物病害、表面溶蚀、风化浅裂缝
	QD-7	微生物病害、表面溶蚀
	QD-10	微生物病害、表面溶蚀、结构性裂缝
	QD-11	微生物病害、表面溶蚀、表面片状剥落
	QD-13	微生物病害、表面溶蚀、表面粉化、风化浅裂缝
	QD-16	表面溶蚀、残缺、风化浅裂缝
	QD-17	微生物病害、表面溶蚀
	QD-18	微生物病害、表面片状剥落、风化浅裂缝
	QD-22	微生物病害、表面溶蚀
	QD-23	表面溶蚀、表面粉化

（续表）

材料名称	布点编号	病害描述
长城石材	QD-24	微生物病害、表面溶蚀、风化浅裂缝
	QD-27	表面溶蚀、结构性裂缝
	QD-28	微生物病害
	QD-30	结构性裂缝

由上表可知，门头沟区梨园岭段长城砌筑所用石材主要病害为表面风化及裂缝，局部位置微生物病害明显。石材由于长时间暴露在外，加上降雨的原因，适于地衣、苔藓等生长。石材主要受酸雨冲刷，所以风化主要以表面溶蚀现象体现，且风化程度较高。此外，在大部分石材表面可见许多风化浅裂缝，少数石材可见较大的结构性裂缝，这些裂缝会对整个建筑的结构安全有所影响。整个建筑无明显的勾缝灰，局部位置存在少量灰土，缺损较大。

十八、门头沟区黄草梁段长城

门头沟区黄草梁段长城勘测处砌筑材料宏观照片如下（后续章节布点编号同下）。

QD-1	QD-2	QD-3
QD-4	QD-5	QD-6

QD-7

QD-8

QD-9

QD-10

QD-11

QD-12

QD-13

QD-14

QD-15

QD-16

QD-17

QD-18

QD-19

QD-20

QD-21

QD-22　　　　　　QD-23　　　　　　QD-24

BXM-1　　　　　　BXM-2　　　　　　BXM-4

BXM-5　　　　　　BXM-6　　　　　　BXM-7

BXM-8　　　　　　BXM-9　　　　　　BJC-2

BJC-3　　　　　　BJC-4　　　　　　BJC-5

BJC-6 DJC-2 DJC-3

DJC-4 DJC-5 DJC-6

DJC-7 DJC-8 DJC-9

NJC-1 NJC-2 NJC-3

NJC-4 NJC-5 NJC-6

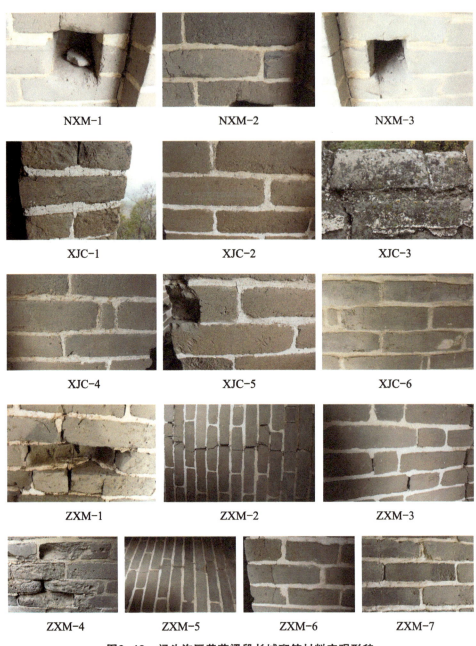

图2-42　门头沟区黄草梁段长城砌筑材料宏观形貌

注：图中"BJC"表示敌台北面箭窗，"DJC"表示敌台东面箭窗，"NJC"表示敌台南面箭窗，"XJC"表示敌台西面箭窗，"BXM"表示敌台北面券门，"NXM"表示敌台南面券门，"ZXM"表示敌台中部券门，"QD"表示长城顶面墙体。

　　根据上图各位置宏观形貌，初步筛选出砌筑材料病害较严重的布点处，即QD-4、QD-6、QD-12、QD-13、QD-16、QD-22、BXM-2、BXM-6、BXM-8、BJC-3、DJC-4、DJC-6、DJC-9、NJC-2、NJC-6、NXM-1、XJC-3、ZXM-1、ZXM-2、ZXM-4、ZXM-5，其具体病害信息如下表所示。

表2-18　门头沟区黄草梁段长城砌筑材料具体病害信息

材料名称	布点编号	病害描述
长城石材	QD-4	表面溶蚀、微生物病害
	QD-6	表面溶蚀、微生物病害
	QD-12	表面溶蚀、微生物病害
	QD-13	表面溶蚀、微生物病害、表面粉化
	QD-16	表面溶蚀、微生物病害
	QD-22	表面溶蚀、微生物病害
长城砖材	BXM-2	表面溶蚀、残缺、人为破坏
	BXM-6	表面溶蚀、残缺、表面粉化
	BXM-8	表面溶蚀、残缺、风化浅裂缝
	BJC-3	残缺
	DJC-4	表面溶蚀、残缺
	DJC-6	表面溶蚀、残缺
	DJC-9	表面溶蚀、残缺、风化浅裂缝
	NJC-2	表面溶蚀、残缺
	NJC-6	残缺
	NXM-1	表面溶蚀、残缺
	XJC-3	表面溶蚀、微生物病害
	ZXM-1	表面溶蚀、残缺、风化浅裂缝
	ZXM-2	表面溶蚀、结构性裂缝
	ZXM-4	表面溶蚀、残缺、表面粉化
	ZXM-5	表面溶蚀、结构性裂缝

由上表可知，门头沟区黄草梁段长城所用砌筑材料主要是砖材和石材，其中砌筑石材受风霜、雨雪等侵蚀，表面呈一定风化现象，主要表现为表面溶蚀，又由于长城地理位置海拔较高，湿度较大，石材表面微生物病害较为严重。长城砌筑砖长期受到自然环境侵蚀，表面出现溶蚀、粉化、风化浅裂缝等病害，整个敌台坍塌较为严重，局部地区出现残缺或空鼓现象，部分位置还出现了明显的结构性裂缝和人为刻字，对长城的结构安全和表面美观都有较为严重的影响。

第五节　本章小结

本章主要介绍了北京明长城的概况，主要包括长城分布区域、修筑历史、地理位置、海拔高度、地势形貌、气候特征等。同时，根据实地勘测拍摄的宏观照片，结合相关经验和标准，重点对本文所研究的北京明长城目前的整体保存状况和砌筑材料具体病害进行分析与评估，总结如下表。

表2-19　北京明长城（勘测段）保存状况和具体病害

区名	长城段名	地理位置	海拔高度（m）	整体保存状况	砌筑材料主要病害
平谷	彰作	40°12′~40°14′N 117°19′~117°22′E	390~430	损毁严重，多处坍塌	石材：裂缝、风化、微生物病害
	黄松峪	40°14′N 117°20′E	530	损毁严重，基本完全坍塌，杂草丛生	石材：风化严重、裂缝、微生物病害
	北寨村	40°13′N 117°12′E	300~350	损毁严重，多处坍塌，杂树杂草茂盛	石材：风化严重、微生物病害
密云	营房台	40°23′N 117°13′E	525~540	损毁较严重，缺失现象明显，局部坍塌	石材：裂缝、微生物病害 砖：风化严重、局部脱灰明显

（续表）

区名	长城段名	地理位置	海拔高度（m）	整体保存状况	砌筑材料主要病害
密云	黄岩口	40°32′N 117°14′E	430~460	损毁严重，坍塌明显，存在较大孔洞	石材：风化较轻 砖：风化严重、表面溶蚀明显、局部脱灰较多
	石城镇	40°32′N 116°48′E	220	损毁严重，砖砌部分基本坍塌，石墙局部坍塌，杂树杂草茂盛	石材：风化、微生物病害、水锈结壳 砖：风化严重、微生物病害
怀柔	撞道口	40°24′N 116°19′E	390~420	损坏较为严重，多处坍塌，局部裂缝较大	砖：残缺、裂缝、风化严重、局部脱灰、青灰勾缝
	官地	40°25′N 116°37′E	220~260	损坏严重，坍塌严重，杂草丛生，局部大裂缝	砖：风化严重、表面溶蚀明显、局部脱灰
	大榛峪	40°26′N 116°26′E	980	损坏严重，敌台上层铺房坍塌，杂草丛生，两侧边墙基本坍塌消失	砖：残缺、风化严重、结构性裂缝、局部脱灰、微生物病害、人为破坏
昌平	黄楼洼	40°14′N 115°54′E	1250	损毁严重，顶部基本坍塌，侧面裂缝明显	石材：风化、微生物病害严重 砖：残缺、裂缝、风化严重、局部脱灰
延庆	八达岭	40°19′N 115°58′E	750	损毁较为严重，缺失明显，存在坍塌	砖：风化严重、表面粉化严重、青灰勾缝
	西拨子	40°21′N 115°58′E	590	损坏严重，人为破坏和植物破坏严重，坍塌严重	砖：残缺、风化 夯土：裂缝、表面泛盐严重
	九眼楼	40°28′N 116°30′E	1170	损坏较轻，经过一定修缮，局部存在人为污染和裂缝	石材：风化、微生物病害 砖：风化严重，表面溶蚀及粉化现象明显，勾缝处脱灰现象较多

（续表）

区名	长城段名	地理位置	海拔高度（m）	整体保存状况	砌筑材料主要病害
延庆	大庄科	40°25′N 116°13′E	440～520	损坏严重，砖砌部分基本坍塌消失，材料流失严重，有明显人为破坏痕迹	石材：保存较好，风化、微生物病害严重、局部脱灰 砖：残缺、风化严重、微生物病害
	花家窑子	40°18′N 115°56′E	1200	坍塌严重，两侧边墙消失，部分修缮，杂草丛生，人为破坏严重	砖：残缺、结构性裂缝、表面风化严重、人为刻字明显、局部脱灰
门头沟	洪水口	39°59′N 115°28′E	1020～1040	损坏较轻，存在修缮，杂草丛生	石材：裂缝、残缺、微生物病害程度较轻 砖：风化严重，局部存在残缺、裂缝，青灰勾缝
	梨园岭	39°59′N 115°31′E	1210～1220	损毁严重，多处坍塌，杂草丛生	石材：裂缝、风化严重、微生物病害严重
	黄草梁	40°3′N 115°33′E	1500～1750	损毁严重，坍塌严重，植物生长茂盛	石材：风化、微生物病害严重 砖：风化严重、残缺、结构性裂缝、人为破坏

第三章　北京明长城边墙形制研究

第一节　长城修缮原则

　　长城作为我国著名的历史文化遗产及世界文化遗产，具有极高的历史文化价值，因此长城的修缮与保护具有重要意义，且长城修缮需要遵循一定的原则或标准。根据《中国文物古迹保护准则》相关内容，文物修复需遵循修旧如旧，保证文物本体原形制和结构不变、文物本体原材料不变，保持与文物本体相协调的环境风貌等原则。同时，《长城保护条例》中的十九条与二十三条明确指出长城修缮与保护应坚持科学规划、原状保护，不改变原状的原则。此外，《中华人民共和国文物保护法》《北京市长城管理保护办法》也都着重强调文物修缮应当坚持及时保护、不改变文物原状的原则。据此，提出长城修缮原则为原结构、原形制、原材料、原工艺，即"四原原则"。长城修缮需要严格按照原有的结构、形制、材料、工艺进行修缮，尽可能利用原物修缮，最大限度地保存长城的完好部分，不能随意添加或者拆除。本章主要研究北京明长城的原结构和原形制，为后期修缮方案的制定提供一定依据。

第二节　长城原结构勘测

　　长城是由多种构筑设施组成的一个完整的军事防御工程体系，包括城墙、敌台、关城、墩堡、营城、卫所、镇城、烽火台等。其中城墙有多种砌筑方式，包括版筑夯土墙、土坯垒砌墙、青砖砌墙、石砌墙和砖石混合砌筑等五种方式，而长城整体的砌筑方式是通过基础、砌墙、填芯、勾缝等几方面进行。故主要从长城构筑设施和砌筑方式简要介绍北京各区明长城的原结构，具体如下。

一、平谷区彰作段长城

平谷区彰作段长城实地勘测部分主要由敌台和城墙两部分组成，两者均存在一定的坍塌现象，尤其城墙坍塌严重，城墙依山而建，部分区域仍残存宇墙及垛口。结合长城相关宏观照片及建筑知识与经验可初步判断，平谷区彰作段长城主要以初步制作的毛石垒砌砌墙，墙体内部用黄土与碎石填芯，石与石之间的大缝用碎石填筑，小缝处局部残存白色勾缝灰，且侧面毛石码放较整齐，侧面较平整。

图3-1 平谷区彰作段长城原结构宏观照片

二、平谷区黄松峪段长城

图3-2 平谷区黄松峪段长城原结构宏观照片

平谷区黄松峪段长城实地勘测部分只剩下残存的墙体，未发现敌台、烽火台等建筑痕迹，在墙体北侧原来似乎有垛口，但现已无明显痕迹。根据长城相关宏观照片可知，平谷区黄松峪段长城的砌筑方式是使用经过初步制作的毛石垒砌，黄土和碎石为墙体内部填芯材料，石与石之间的大缝用碎石填筑，整个墙体未见白灰勾缝的痕迹。

三、平谷区北寨村段长城

图3-3　平谷区北寨村段长城原结构宏观照片

平谷区北寨村段长城实地勘测部分现存毛石墙体和残缺敌台。敌台砖砌部分已基本坍塌，只余下毛石基础，周围散落部分残砖。根据长城相关宏观照片和实地勘测可初步判断，平谷区北寨村段长城墙身主体是由大中型毛石垒砌，缝隙间填有碎石，未发现白灰勾缝的痕迹。敌台基础是以毛石垒砌而成，缝隙间填有灰土和碎石，基础上部砌筑青砖。

四、密云区营房台段长城

密云区营房台段长城实地勘测部分的构筑设施主要是城墙和残存的敌台，且在城墙顶面上仍能看见外侧边墙，敌台基本完全坍塌，残存的敌台及附近散落的砖瓦是其存在的痕迹。由长城相关宏观照片等初步判断，密云区营房台段长城外檐墙是由条石作为基础，外包青砖的形式砌墙，白灰勾缝，而内檐墙由大中型毛石垒砌，白灰勾缝，长城整个墙体内部以黄土和碎石作为填芯材料。

图3-4　密云区营房台段长城原结构宏观照片

五、密云区黄岩口段长城

图3-5　密云区黄岩口段长城原结构宏观照片

　　密云区黄岩口段长城实地勘测部分构筑设施主要有城墙和敌台。城墙顶面上两侧边墙、宇墙已基本坍塌，城墙周围有许多拆卸、滚落的碎砖，城墙上部分构筑设施如垛口、瞭望孔等都很难找到存在的痕迹。而敌台保存较好，未有严重坍塌。根据长城相关宏观照片及实地勘测可初步判断，密云区黄岩口段长城有两种砌筑方式：以某一缺口为界，缺口以北（与敌台相连段）采用外包砖的形式，即底部以条石为基，外部青砖砌墙，内部黄土、碎石填芯，白灰勾缝；缺口以南主要是中型毛石垒砌，内部填充碎石，局部区域白灰与黄土勾缝。

六、密云区石城镇段长城

图3-6　密云区石城镇段长城原结构宏观照片

　　密云区石城镇段长城实地勘测部分主要构筑设施为城墙和残存敌台。敌台现今上层砖砌建筑已完全坍塌，周围散落较多残砖和白灰。根据长城相关宏观照片和实地勘测可初步判断，密云区石城镇段长城城墙是由大量大中型毛石砌筑而成，顶面多为平毛石，未发现白灰勾缝痕迹。敌台是以条石为基，上层以青砖砌筑，整个敌台白灰勾缝。

七、怀柔区撞道口段长城

　　怀柔区撞道口段长城实地勘测部分存在敌台和城墙等构筑设施。其中城墙上仍清晰可见残留的两侧边墙，敌台存在严重坍塌，部分敌台基本损坏，只残留几个券门。结合长城相关宏观照片及实地勘测可初步判断，怀柔区撞道口长城砌筑方式主要是底部以条石为基，且墙体采用外包砖形式，即外部青砖砌墙，内部黄土、碎石填芯，整个建筑白灰勾缝。

图3-7　怀柔区撞道口段长城原结构宏观照片

八、怀柔区官地段长城

图3-8　怀柔区官地段长城原结构宏观照片

　　怀柔区官地段长城实地勘测部分构筑设施主要有敌台和城墙。其中城墙的外侧边墙保存较好，无严重坍塌，而内侧边墙基本完全坍塌，附近残留部分碎砖。敌台坍塌严重，地面周围存在许多散落的碎砖，此外还发现了排水口的痕迹。根据长城相关宏观照片及实地勘测可初步判断，怀柔区官地段长城主要以条石作为基础，墙体则完全由青砖砌筑，内部填充黄土、碎砖，整个建筑大部分由白灰勾缝，局部用灰土勾缝。

九、怀柔区大榛峪段长城

图3-9　怀柔区大榛峪段长城原结构宏观照片

　　怀柔区大榛峪段长城实地勘测部分现存城墙、敌台等构筑设施。城墙上两侧边墙已基本坍塌，存在残损痕迹。敌台部分券门和箭窗均存在坍塌，处于残损状态。根据长城相关宏观照片和实地勘测可初步判断，城墙是以条石为基，白灰勾缝砌筑，上砌青砖边墙。敌台是以条石为基，青砖砌墙，内填碎石、黄土、碎砖，白灰嵌缝，表面青灰勾缝。

十、昌平区黄楼洼段长城

图3-10　昌平区黄楼洼段长城原结构宏观照片

　　昌平区黄楼洼段长城实地勘测部分主要存在方形敌台、圆形敌台、城墙等构筑设施。其中城墙上未发现两侧边墙存在的痕迹，也未发现垛口、瞭望孔等构筑设施。方形敌台与圆形敌台坍塌较严重，且侧面有多处裂缝，周围存在许多拆卸、散落的碎砖。根据建筑的相关知识和经验，结合相关宏观照片可知，昌平区黄楼洼段长城城墙及敌台采用不同的砌筑方式，城墙主要是由大中型毛石垒砌而成，而敌台是以条石作为基础，青砖砌墙，内部黄土、碎砖、碎石填芯，整个敌台大部分由白灰勾缝，局部存在灰土勾缝的现象。

十一、延庆区八达岭未修缮段长城

　　延庆区八达岭未修缮段长城实地勘测部分存在的构筑设施主要为敌台。整个敌台坍塌较严重，顶部的铺房已基本消失，内部墙体存在多处缺损和裂缝。根据长城相关宏观照片可知，延庆区八达岭未修缮段长城部分坍塌严重区域经过一定修缮，原来长城的砌筑方式主要以条石为基，往上采用外包砖的形式，即外部墙体青砖砌筑，内部黄土、碎砖、碎石填芯，白灰勾缝，而重修区域采用新的青砖对墙体进行重砌，青灰勾缝。

图3-11　延庆区八达岭未修缮段长城原结构宏观照片

十二、延庆区西拨子段长城

延庆区西拨子段长城实地勘测部分主要存在城墙和墩台两种构筑设施。其中墩台坍塌尤为严重，顶部建筑完全坍塌，外部墙体被人为挖掘，完全露出内部夯土。根据长城相关宏观照片，墩台附近有许多散落的砖、白灰等，大致判断延庆区西拨子段长城墩台采用外包砖的方法砌筑，即底部用毛石作为基础，外侧用青砖砌筑墙体，白灰或灰土勾缝，内部用夯土砌筑，而城墙则是基础用毛石混合夯土夯筑，上部由土体夯筑砌成，夯土中加有碎石子，用版筑方式夯筑。

图3-12　延庆区西拨子段长城原结构宏观照片

十三、延庆区九眼楼段长城

图3-13　延庆区九眼楼段长城原结构宏观照片

延庆区九眼楼段长城实地勘测部分主要的构筑设施为敌台（九眼楼）和城墙。九眼楼保存基本较好，券门、箭窗、瞭望孔等构筑设施清晰可见，局部区域经过了适当修缮。城墙部分区段经过重新修缮，部分区段仍为坍塌原样。根据长城相关宏观照片，结合相关知识和经验可知，九眼楼本体的砌筑方式主要为底部以青色条石为基，上方墙体用青砖砌筑，白灰勾缝，局部区域用新的青砖及白灰重新砌筑，敌台内部危险区域用青砖砌筑的方形柱体作为支撑进行加固。城墙分为修缮段和未修缮段，未修缮段由尺寸不一的毛石垒砌，修缮段则大部分采用中型毛石进行比较规整的垒砌，并用新的白灰勾缝，城墙两侧部分区段加装金属护栏。

十四、延庆区大庄科段长城

图3-14　延庆区大庄科段长城原结构宏观照片

延庆区大庄科段长城实地勘测部分主要构筑设施为城墙和敌台。城墙和敌台上层砖砌部分均已坍塌，只余下基础部分，但在基础顶层仍可发现少量砌筑砖的痕迹。根据长城相关宏观照片和实地勘测结果可初步判断，延庆区大庄科段长城城墙和敌台均是以条石作为基础，上层青砖砌筑，整个建筑以白灰勾缝，缝隙间填有碎石。

十五、延庆区花家窑子段长城

延庆区花家窑子段长城主要有城墙和敌台等构筑设施，分为修缮段和未修缮段。未修缮段城墙和敌台坍塌严重，城墙两侧边墙基本不存，城墙顶面上散落较多残砖和白灰。而修缮段采用新的青砖、白灰重新砌筑，较难看出原有形貌。根据长城相关宏观照片和实地勘测结果初步判断，延庆区花家窑子段长城城墙和敌台是以条石为基础，上方采用外包青砖的形式砌墙，内部用灰土、碎石、碎砖填芯，方砖铺墁地面，整个长城用白灰勾缝。

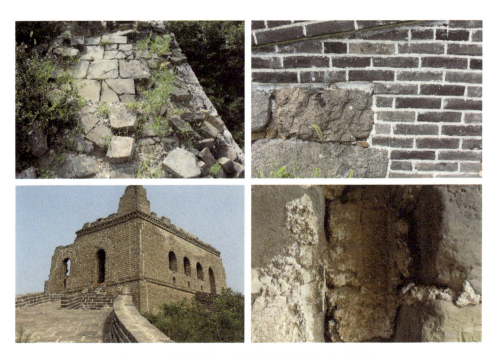

图3-15　延庆区花家窑子段长城原结构宏观照片

十六、门头沟区洪水口段长城

门头沟区洪水口段长城实地勘测部分主要存在敌台和城墙构筑设施，且敌台和城墙都经过大规模修缮，较难看出长城原有形貌，不过修缮所用材料大部分为原有材料。结合相关宏观照片判断，敌台原来的砌筑方式为底部条石为基，顶部的建筑由青砖砌筑，白灰勾缝。城墙原有砌筑方式为底部采用大中型毛石作为基础，灰土勾缝，顶面及边墙采用青砖砌筑，内部填充土、碎石等，白灰勾缝。而修缮后外侧边墙垛口以下区域用毛石砌筑，垛口以上区域用青砖砌筑，采用新的青灰勾缝；内侧边墙用中型毛石砌筑，白灰勾缝和抹面；城墙顶面部分区段采用尺寸不一的毛石砌筑，靠近敌台的区域则留下了原来的形貌，用青砖砌筑。

图3-16　门头沟区洪水口段长城原结构宏观照片

十七、门头沟区梨园岭段长城

图3-17　门头沟区梨园岭段长城原结构宏观照片

门头沟区梨园岭段长城实地勘测部分只残留城墙，未发现敌台、烽火台等构筑设施，且城墙坍塌严重。结合长城相关宏观照片及实地勘测判断，城墙外檐墙是由大型毛石垒砌，灰土勾缝；内檐墙由尺寸不一、形状不规则的毛石垒砌，用灰土进行勾缝。

十八、门头沟区黄草梁段长城

图3-18　门头沟区黄草梁段长城原结构宏观照片

门头沟区黄草梁段长城实地勘测部分主要存在敌台和城墙等构筑设施。敌台和城墙均存在一定坍塌，但其原有形制仍清晰可见。根据长城相关宏观照片和实地勘测结果初步判断，门头沟区黄草梁段长城城墙是由许多尺寸不一、形状不规则的毛石垒砌而成，且缝隙间未见勾缝灰。敌台是以条石为基础，上方采用外包青砖的形式砌墙，内部用黄土、碎石、碎砖填芯，方砖铺墁地面，白灰勾缝。

第三节　明长城边墙形制测绘

古建筑形制主要是指建筑的形式和体裁。形制问题对于后续修缮方案的制定有着十分重要的作用，它能够反映出整体建筑的外观尺寸、形式、用料选择等信息。本节主要从长城整体的走向、方位、外观尺寸及砌筑材料几方面来说明长城原形制问题，从而为修缮方案的制定提供一定依据，避免把长城修成宽、平、直的水泥马路现象的发生。

一、长城边墙整体走向、方位及基本形制

根据《长城资源要素分类、代码及图示》等相关标准，绘制北京地区各区明长城（勘测段）的走势示意简图，描述其走向、方位及外观尺寸，从而充分了解长城形制相关信息，其结果如下。

（一）平谷区彰作段长城

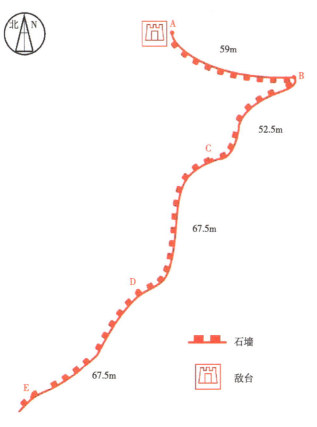

图3-19　平谷区彰作段长城（勘测段）走向示意简图

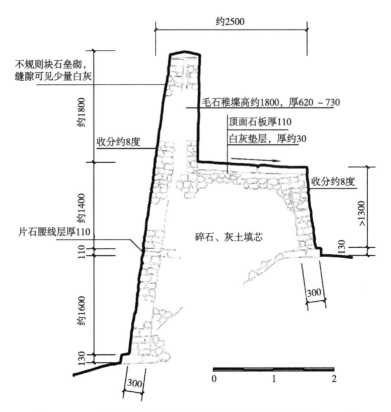

不规则块石垒砌，
缝隙可见少量白灰

约1800
收分约8度
约1400
片石腰线层厚110
110
约1600
130
300

约2500

毛石稚堞高约1800，厚620～730
顶面石板厚110
白灰垫层，厚约30
收分约8度
>1300
130

碎石、灰土填芯

300

0   1   2

图3-19-1　平谷区彰作段长城边墙剖面示意图（单位：mm）

表3-1　平谷区彰作段长城整体形制具体勘测结果

勘测点	城墙顶面宽（cm）	外檐墙高（cm）	内檐墙高（cm）	备注
A	272	—	320	坍塌较轻处
B	240	—	22	坍塌较轻处
C	255	140	—	坍塌严重处
D	260	212	—	坍塌严重处
E	267	—	183	坍塌较轻处

注：表中"—"表示因现场条件限制未能有效测量。

　　由图3-19可知，平谷区彰作段长城实地勘测部分整体约呈东北至西南走向。勘测段总长约为246.5 m，其中材料基本物理性能采集段（BC

段）约52.5 m。结合形制勘测结果表可得，长城顶面墙体的宽度约为250～
300 cm，且墙体呈下宽上窄的收分现象，外檐墙距山坡面高约100～250 cm，
内檐墙距山坡面高约20～350 cm。此外，勘测点B、C、D、E均为城墙走向
的拐点，若从E点到A点观察走向，则E点约向北偏东13°偏转，D点约向北偏
东13°偏转，C点约向北偏东43°偏转，B点约向北偏西17°偏转，说明长城走
向曲线存在多个拐点。

（二）平谷区黄松峪段长城

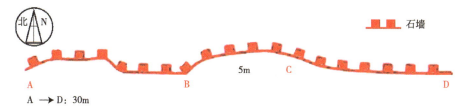

图3-20　平谷区黄松峪段长城（勘测段）走向示意简图

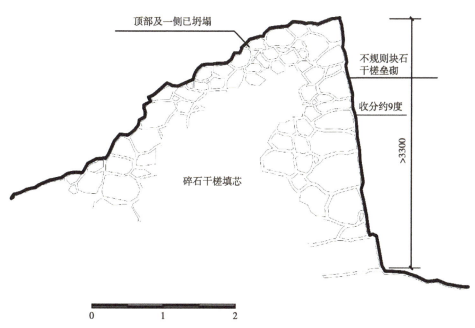

图3-20-1　平谷区黄松峪段长城边墙剖面示意图（单位：mm）

表3-2 平谷区黄松峪段长城整体原形制具体勘测结果

勘测点	城墙顶面宽(cm)	外檐墙高(cm)	内檐墙高(cm)	备注
A	272	357	169	坍塌较轻处
B	288	0	91	坍塌严重处
C	264	259	43	基本完好处
D	260	221	32	坍塌较轻处

由图3-20可知，平谷区黄松峪段长城实地勘测部分整体约为东西走向。测试段整体长度约为30m，其中材料物理性能采集段（BC段）长度约5m。由上表勘测结果可知，长城顶面墙体宽度约250～300cm，由于地势、坍塌等原因，长城内外檐墙距山坡面高度有所不同，外檐墙除坍塌处外，距坡面高度约200～400cm，内檐墙距坡面高度约30～200cm。此外，勘测点B、C为长城走向的拐点，若从A点到D点观察走向，则B点约向北偏东45°偏转，C点约向南偏东67°偏转，说明长城走向曲线仍存在一定拐点。

（三）平谷区北寨村段长城

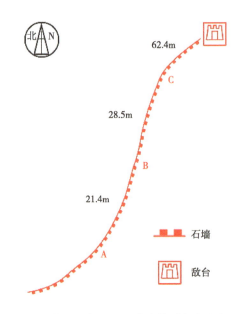

图3-21 平谷区北寨村段长城（勘测段）走向示意简图

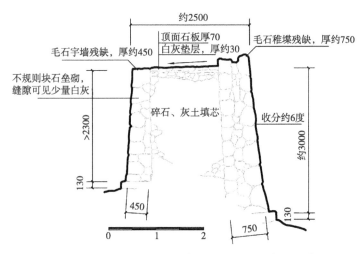

图3-21-1 平谷区北寨村段长城边墙（一）剖面示意图（单位：mm）

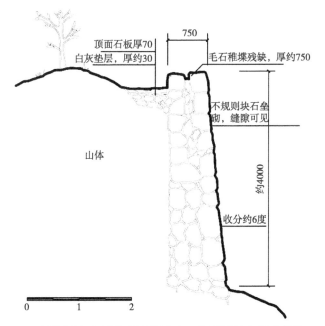

图3-21-2 平谷区北寨村段长城边墙（二）剖面示意图（单位：mm）

表3-3 平谷区北寨村段长城整体原形制具体勘测结果

勘测点	城墙顶面宽（cm）	外檐墙高（cm）	内檐墙高（cm）	备注
A	70	274	80	坍塌较轻处
B	86	215	70	坍塌较轻处

（续表）

勘测点	城墙顶面宽（cm）	外檐墙高（cm）	内檐墙高（cm）	备注
C	—	—	—	坍塌严重处，存在一豁口，长度约240 cm
敌台	顶面残长约620 cm，残宽约740 cm，底面长约840 cm，宽约780 cm，总高度约220 cm			坍塌严重处

注：表中"—"表示因现场条件限制未能有效测量。

由图3-21可知，平谷区北寨村段长城实地勘测部分整体呈东北至西南走向。勘测段的总长约为115 m，其中物理性能采集段（AB段）约21 m。由于长城坍塌残缺严重，其城墙和敌台均处于残损状态，由相关勘测数据可知，除坍塌严重处外，长城顶面墙体残存宽度约70～90 cm，内檐墙距山坡面残存高度约50～100 cm，外檐墙距坡面高度约200～300 cm。敌台顶面的外观尺寸约为620 cm×740 cm（长×宽），底面外观尺寸约为840 cm×780 cm（长×宽），整体残存高度约为220 cm。此外，勘测点A、C为长城走向的拐点，若从A点到敌台观察长城走向，则A点约向北偏东45°偏转，C点约向北偏东60°偏转，说明长城走向曲线存在较多拐点。

（四）密云区营房台段长城

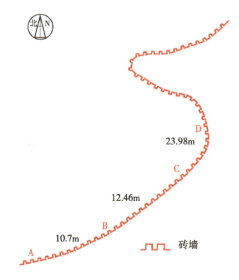

图3-22　密云区营房台段长城（勘测段）走向示意简图

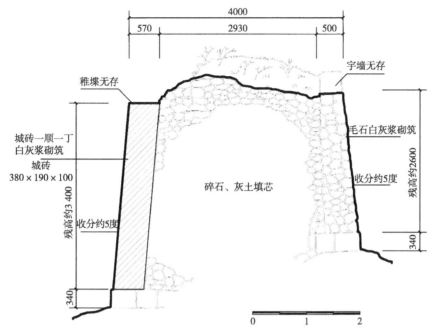

图3-22-1　密云区营房台段长城边墙剖面示意图（单位：mm）

表3-4　密云区营房台段长城整体原形制具体勘测结果

勘测点	城墙顶面宽（cm）	外檐墙高（cm）	内檐墙高（cm）	备注
A	288	464	203	坍塌严重处
B	239	288	45	坍塌较轻处
C	338	99	34	坍塌严重处
D	180	339	195	坍塌严重处

　　由图3-22可知，密云区营房台段长城实地勘测部分整体大致为东北至西南走向。测试段长城总长约为50 m，材料物理性能采集段（CD段）长城约24 m，长城顶面墙体宽度约为180~350 cm，其中内外檐墙由于山体地势和自身坍塌的原因，距离山坡面的高度有所不同，外檐墙距坡面高度约100~500 cm，内檐墙距坡面高度在30~200 cm左右。此外，勘测点A、D为长城走向的拐点，若从A点到D点观察长城走向，则A点约向北偏东30°偏转，D点约向北偏西17°偏转，说明长城走向曲线存在一定拐点。

（五）密云区黄岩口段长城

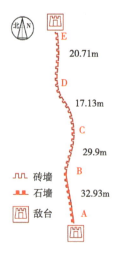

图3-23　密云区黄岩口段长城（勘测段）走向示意简图

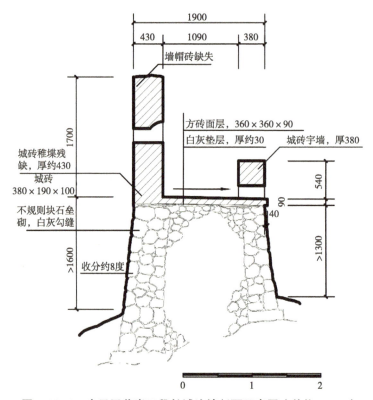

图3-23-1　密云区黄岩口段长城边墙剖面示意图（单位：mm）

表3-5　密云区黄岩口段长城整体原形制具体勘测结果

勘测点	城墙顶面宽（cm）	外檐墙高（cm）	内檐墙高（cm）	备注
A	235	298	109	坍塌较轻处，存在残存女墙，宽度、高度分别约为30 cm和45 cm
B	373	261	24	砖墙、石墙分界缺口处
C	322	216	255	坍塌严重处，存在孔洞
D	382	128	0	坍塌严重处
E	375	342	307	坍塌较轻处

　　由图3-23可知，密云区黄岩口段长城实地勘测部分整体大致为西北至东南走向。且由长城实地勘测结果可得，测试段长城总长约为100 m，材料物理性能采集段（DE段）长城约20 m，且长城顶面墙体的宽度约200～400 cm，长城残存女墙墙体宽度和高度分别约30 cm和45 cm，外檐墙距山坡面高度约100～350 cm，内檐墙高度在0～310 cm左右。此外，勘测点B、C、D为长城走向的拐点，若从A点到E点观察长城走向，则B点约向北偏东15°偏转，C点约向北偏西30°偏转，D点约向北偏西25°偏转，说明长城走向曲线存在多个拐点。

（六）密云区石城镇段长城

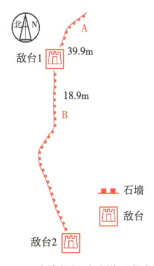

图3-24　密云区石城镇段长城（勘测段）走向示意简图

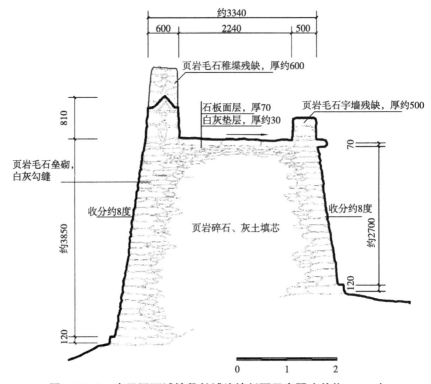

图3-24-1 密云区石城镇段长城边墙剖面示意图（单位：mm）

表3-6 密云区石城镇段长城整体原形制具体勘测结果

勘测点	城墙顶面宽（cm）	外檐墙高（cm）	内檐墙高（cm）	备注
A	260	418	203	坍塌较轻处
B	160	260	130	坍塌严重处
敌台1	顶面残长约840 cm，残宽约920 cm，底面长约950 cm，宽度因条件限制无法测量，高度约300 cm			坍塌严重处

由图3-24可知，密云区石城镇段长城实地勘测部分整体大致呈东北至西南走向。结合勘测结果可知，其勘测段（AB段）总长约60 m，物理性能采集段（敌台1至B段）长约19 m。该处长城由于长期处于自然环境下，坍塌缺失严重，城墙和敌台基本为残损状态，除严重坍塌处，其中城墙顶面

墙体残存宽度约150～300 cm，内檐墙残存高度约100～250 cm，残存高度约250～450 cm，而敌台残存顶面外观尺寸为840 cm×920 cm（长×宽），底面长度约为950 cm，宽度因测试条件限制未能有效测量，敌台高度约300 cm。此外，勘测点A为长城走向的拐点，若从B点到A点观察长城走向，则A点约向北偏东39°偏转，说明长城走向曲线存在一定拐点。

（七）怀柔区撞道口段长城

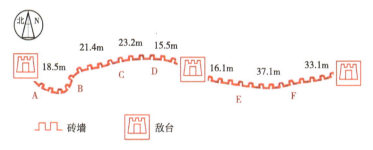

图3-25　怀柔区撞道口段长城（勘测段）走向示意简图

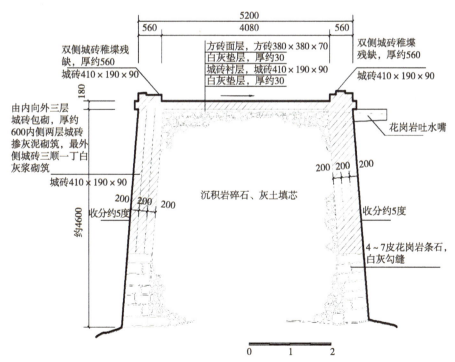

图3-25-1　怀柔区撞道口段长城边墙剖面示意图（单位：mm）

表3-7 怀柔区撞道口段长城整体原形制具体勘测结果

勘测点	城墙顶面宽（cm）	外檐墙高（cm）	内檐墙高（cm）	备注
A	172	613	220	坍塌严重处
B	447	636	465	坍塌较轻处
C	462	434	559	坍塌较轻处
D	416	373	460	坍塌严重处
E	517	479	534	坍塌严重处
F	370	368	370	坍塌严重处

图3-25显示，怀柔区撞道口段长城实地勘测部分整体近似为自西向东走向。结合相关勘测结果可知，长城整体外观尺寸由于坍塌等因素，与原形貌、尺寸有差别，其测试段长城总长约为165 m，材料物理性能采集段（D至从左到右第三座敌台整段）长城约100 m，长城顶面墙体宽度约150～520 cm，且外檐墙顶面距山坡面高度约350～650 cm，内檐墙顶面距山坡面高度约200～560 cm。此外，勘测点A、B、D、F均为长城走向的拐点，若从A点到F点观察长城走向，则A点约向南偏东80°偏转，B点约向北偏东45°偏转，D点约向北偏东90°偏转，F点约向北偏东50°偏转，说明长城走向曲线存在多个拐点。

（八）怀柔区官地段长城

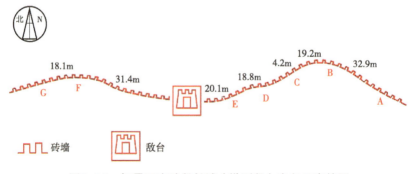

图3-26 怀柔区官地段长城（勘测段）走向示意简图

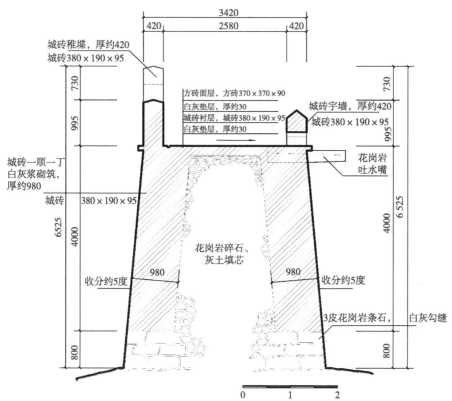

图3-26-1　怀柔区官地段长城边墙剖面示意图（单位：mm）

表3-8　怀柔区官地段长城整体原形制具体勘测结果

勘测点	城墙顶面宽 （cm）	外檐墙高 （cm）	内檐墙高 （cm）	备注
A	418	632	351	坍塌较轻处，外檐墙厚度约 39 cm，内檐墙厚度约38 cm
B	354	626	404	坍塌较轻处，外檐墙厚度约 41.5 cm，内檐墙厚度约42 cm
C	344	603	424	坍塌较轻处，外檐墙厚度约39 cm
D	383	536	289	坍塌较轻处，外檐墙厚度约49 cm
E	416	482	365	坍塌严重处，外檐墙厚度约59 cm
F	317	667	444	坍塌较轻处，外檐墙厚度约50 cm
G	392	588	418	坍塌严重处

由图3-26可知，怀柔区官地段长城实地勘测部分整体约为东西走

向。因为部分区域有残缺、坍塌等现象，所测部分尺寸为残存状态下的尺寸。其中，测试段长城总长约为150 m，物理性能采集段（CF段）长城约75 m，且长城顶面墙体宽度约300～450 cm，外檐墙顶面距山坡面高度约为450～650 cm，内檐墙顶面距坡面高度约280～450 cm，且外檐墙厚度约40～60 cm，内檐墙厚度约40 cm。此外，勘测点B、F为长城走向的拐点，若从A点到G点观察长城走向，则B点约向南偏西80°偏转，F点约向南偏西75°偏转，说明长城走向曲线存在一定拐点。

（九）怀柔区大榛峪段长城

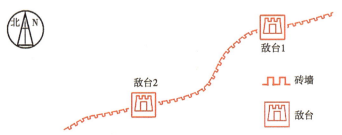

图3-27　怀柔区大榛峪段长城（勘测段）走向示意简图

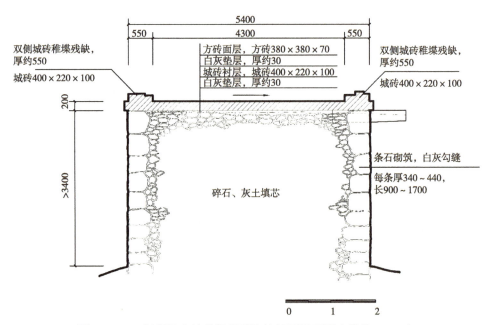

图3-27-1　怀柔区大榛峪段长城边墙剖面示意图（单位：mm）

表3-9　怀柔区大榛峪段长城整体原形制具体勘测结果

勘测点	城墙顶面宽（cm）	外檐墙高（cm）	内檐墙高（cm）	备注
城墙	525	—	—	坍塌严重处
敌台2	条石基础长约1070 cm，宽约1020 cm，高约360 cm；砖砌部分长约1070 cm，宽约1150 cm，高约350 cm；券门宽约98 cm，拱顶高190 cm，除圆弧拱券外高131 cm；箭窗宽约66 cm，拱顶高123 cm，除圆弧拱券外高80 cm			坍塌严重处

注：表中"—"表示因现场条件限制未能有效测量。

　　怀柔区大榛峪段长城重点勘测敌台构筑设施，其城墙与敌台坍塌均较严重，上层砖砌部分坍塌缺失明显，下层基础条石保存较好。通过对相关数据的勘测，得城墙宽度约为525 cm，敌台基础部分平面外观尺寸约为1070 cm×1202 cm（长×宽），高度约360 cm；砖砌部分平面外观尺寸约为1070 cm×1150 cm（长×宽），高度约350 cm；敌台券门拱宽约100 cm，除去圆弧拱券部分的高度约130 cm，拱顶高约190 cm；敌台箭窗拱宽约65 cm，除去圆弧拱券部分的高度约80 cm，拱顶高约125 cm。

　　（十）昌平区黄楼洼段长城

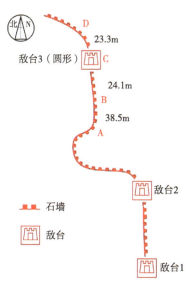

图3-28　昌平区黄楼洼段长城（勘测段）走向示意简图

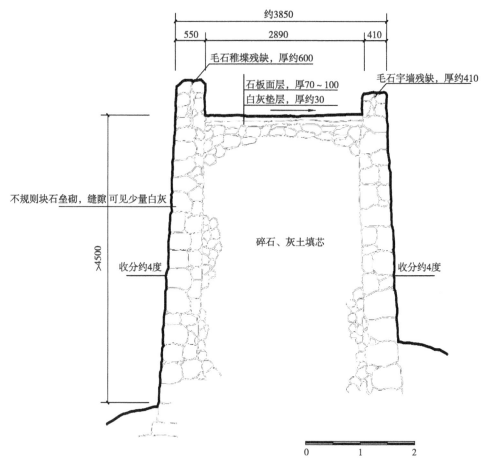

图3-28-1 昌平区黄楼洼段长城边墙剖面示意图（单位：mm）

表3-10 昌平区黄楼洼段长城整体原形制具体勘测结果

勘测点	城墙顶面宽（cm）	外檐墙高（cm）	内檐墙高（cm）	备注
A	300	120	105	坍塌较轻处
B	400	435	408	坍塌较轻处
C（圆形敌台）	南北间直径约1340 cm，东西间直径约1360 cm，外侧高度约700 cm，内侧高度约550 cm			坍塌严重处
D	240	386	342	坍塌较轻处

由图3-28可知，昌平区黄楼洼段长城实地勘测部分整体约为西北至东南走向。整个测试段长城长度约85.9 m，其中材料基本物理性能采集段（BC段）长度约24 m，且长城顶面墙体宽度约200～400 cm，内檐墙顶面距山坡面高度约100～410 cm，外檐墙顶面距坡面高度约100～450 cm。圆形敌台（C点）顶面直径约1300～1400 cm，敌台内侧高度约为550 cm，外侧高度约为700 cm，且内侧有明显坍塌现象。此外，勘测点A、D为长城走向的拐点，若从A点到D点观察长城走向，则A点约向北偏西10°偏转，D点约向北偏西43°偏转，说明长城走向曲线存在一定拐点。

（十一）延庆区八达岭未修缮段长城

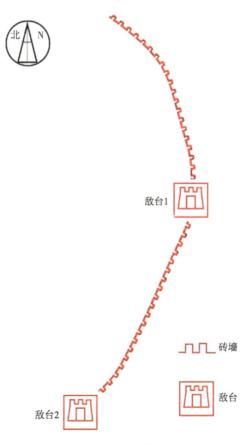

图3-29　延庆区八达岭未修缮段长城（勘测段）走向示意简图

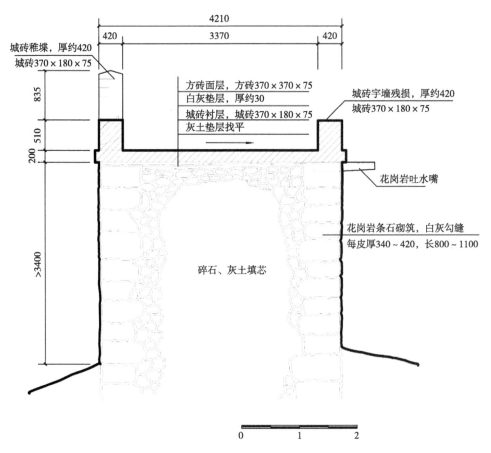

图3-29-1 延庆区八达岭未修缮段长城边墙剖面示意图（单位：mm）

表3-11 延庆区八达岭未修缮段长城整体原形制具体勘测结果

勘测点	勘测结果	备注
敌台1	条石基础底座高度约3.85 m；一层砖砌部分长约9.9 m，宽约9.65 m，高约3.47 m；上层铺房长约8.97 m，宽约8.9 m，残高约1.84 m；箭窗宽约1.38 m，高度约0.99 m，窗口呈方形	坍塌严重处

　　由图3-29可知，延庆区八达岭未修缮段长城实地勘测部分整体约为西北至东南走向。重点对未修缮敌台1进行勘测，得到：敌台1分为三

部分，条石基础底座整体高度约为3.85 m，一层砖砌部分整体外观尺寸
约为9.9 m×9.65 m×3.47 m（长×宽×高），二层铺房整体外观尺寸约
为8.97 m×8.9 m×1.84 m（长×宽×残高），且方形箭窗外观尺寸约为
1.38 m×0.99 m（宽×高）。此外，敌台1为长城走向的拐点，若从敌台2向
敌台1观察长城走向，则敌台1约向北偏西17°偏转，说明长城走向曲线存在
一定拐点。

（十二）延庆区西拨子段长城

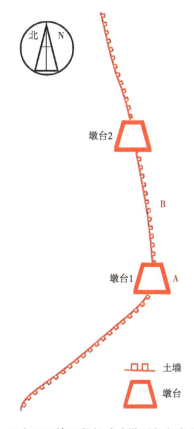

图3-30　延庆区西拨子段长城（勘测段）走向示意简图

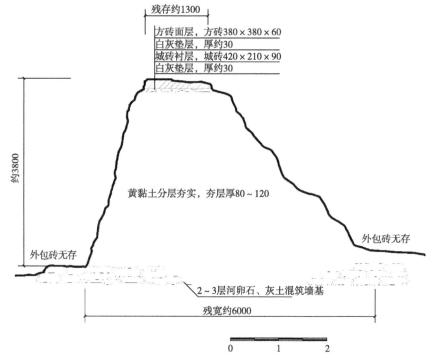

图3-30-1　延庆区西拨子段长城边墙剖面示意图（单位：mm）

表3-12　延庆区西拨子段长城整体原形制具体勘测结果

勘测点	城墙宽（cm）	外檐墙高（cm）	内檐墙高（cm）	备注
A（墩台1）	墩台底面北面长约617 cm，南面长约575 cm，东面长约752 cm，西面长约840 cm，墩台残存高度约252 cm			坍塌严重处
B	143（顶面）574（底面）	311	251	坍塌严重处

　　根据图3-30可知，延庆区西拨子段长城实地勘测部分整体基本走向为西北至东南。主要对边墙和墩台进行了勘测，由于存在严重的残缺及坍塌现象，现存尺寸与原有形貌、尺寸差别较大。其中长城顶面墙体残存宽度约143 cm，底面墙体宽度约574 cm，且外檐墙顶面距山坡面高度约为311 cm，内檐墙顶面距坡面高度约251 cm。转角墩台1底面各边尺寸分别为617 cm（北），840 cm（西），575 cm（南）和752 cm（东），墩台1残存高度为252 cm。此外，墩台1为长城走向的拐点，若从墩台1向墩台2观察长城走向，则墩台1约向北偏西20°偏转，说明

长城走向曲线存在一定拐点。

（十三）延庆区九眼楼段长城

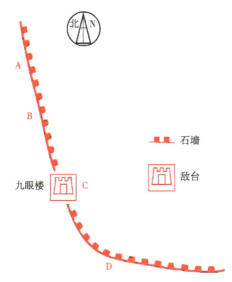

图3-31 延庆区九眼楼段长城（勘测段）走向示意简图

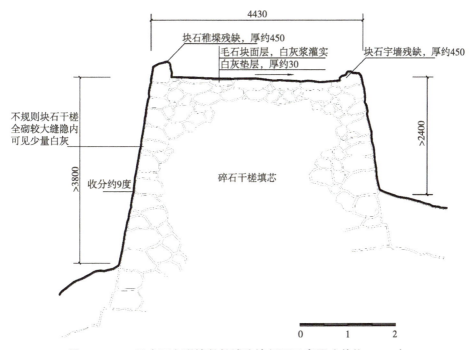

图3-31-1 延庆区九眼楼段长城边墙剖面示意图（单位：mm）

表3-13　延庆区九眼楼段长城整体原形制具体勘测结果

勘测点	城墙宽(cm)	外檐墙高(cm)	内檐墙高(cm)	备注
A	95(顶面) 452(底面)	353	151	坍塌严重处
B	—	—	—	修缮处
C(九眼楼)	底面各边边长约13 m，整体高度约7.8 m，瞭望孔高 1.65 m、宽0.5 m，外围环形步道宽约1.2 m			坍塌严重处，修 缮处
D	—	—	—	修缮处

注：表中"—"表示因修缮处与原形制有所差别，故未进行测量。

由图3-31可知，延庆区九眼楼段长城实地勘测部分整体呈西北至东南走向。结合长城实地勘测所得数据及相关文献，得九眼楼整体高7.8 m，各边宽度约13 m，瞭望孔高1.65 m、宽0.5 m，外围的环形步道宽约1.2 m。长城墙体顶面残存宽度约95 cm，底面宽度约452 cm，外檐墙距山坡面高度约353 cm，内檐墙距坡面高度约151 cm。此外，勘测点D为长城走向的拐点，若从D点向A点观察长城走向，则D点约向北偏西30°偏转，说明长城走向曲线存在一定拐点。

（十四）延庆区大庄科段长城

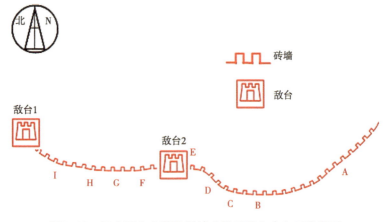

图3-32　延庆区大庄科段长城（勘测段）走向示意简图

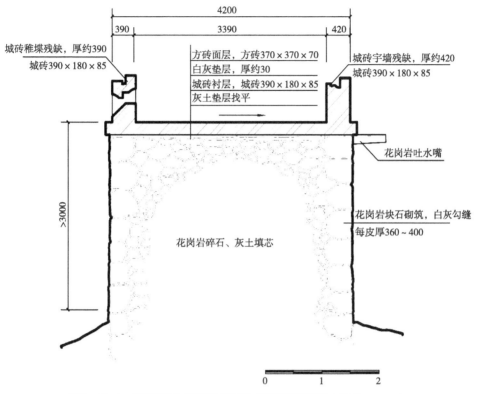

城砖稚堞残缺，厚约390
城砖390×180×85

方砖面层，方砖370×370×70
白灰垫层，厚约30
城砖衬层，城砖390×180×85
灰土垫层找平

城砖宇墙残缺，厚约420
城砖390×180×85

花岗岩吐水嘴

花岗岩块石砌筑，白灰勾缝
每皮厚360~400

花岗岩碎石、灰土填芯

4200
390　3390　420
>3000

0　1　2

图3-32-1　延庆区大庄科段长城边墙剖面示意图（单位：mm）

表3-14　延庆区大庄科段长城整体原形制具体勘测结果

勘测点	城墙宽（cm）	外檐墙高（cm）	内檐墙高（cm）	备注
A	400	200	125	坍塌严重处
B	360	270	180	坍塌严重处
C	—	200	—	坍塌严重处
D	360	—	—	坍塌严重处
E	—	230	140	坍塌严重处
敌台2	基础条石部分残存宽度约9.1 m			坍塌严重处
F	—	260	—	坍塌严重处
G	—	280	—	坍塌严重处

（续表）

勘测点	城墙宽（cm）	外檐墙高（cm）	内檐墙高（cm）	备注
H	—	250	—	坍塌严重处
I	—	230	—	坍塌严重处

注：表中"/"表示因现场条件限制未能有效测量。

由图3-32可知，延庆区大庄科段长城实地勘测部分整体走向约呈东西方向。整个长城上层砖砌部分基本完全坍塌，下层基础条石保存较好，城墙顶面墙体残存宽度约为3.5～4 m，外檐墙残存高度约2～3 m，内檐墙残存高度约1～2 m，且残存敌台下层基础条石砌体的宽度约9.1 m。此外，勘测点C、E、I为长城走向的拐点，若从A点到I点观察长城走向，则C点约向北偏西55°偏转，E点约向北偏西85°偏转，I点约向北偏西65°偏转，说明长城走向曲线存在多个拐点。

（十五）延庆区花家窑段长城

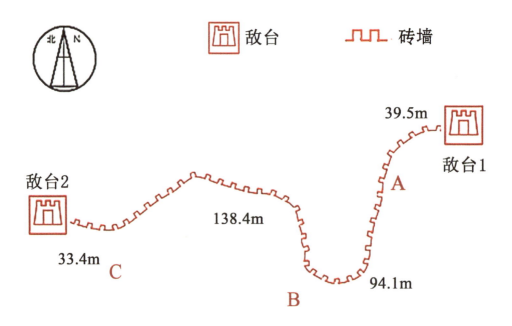

图3-33　延庆区花家窑段长城（勘测段）走向示意简图

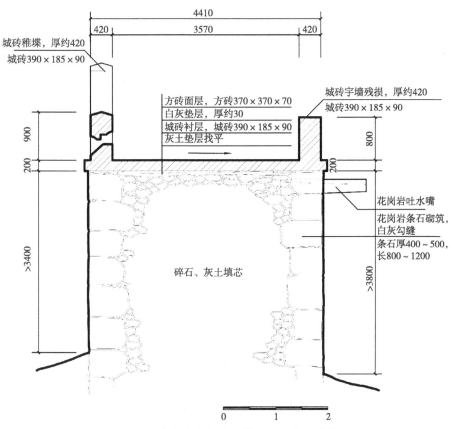

图3-33-1　延庆区花家窑段长城边墙剖面示意图（单位：mm）

表3-15　延庆区花家窑段长城整体原形制具体勘测结果

勘测点	城墙宽（cm）	外檐墙高（cm）	内檐墙高（cm）	备注
A	300	—	—	坍塌严重处
B	400	300	312	坍塌严重处
C	405（坍塌处） 376（修缮处）	134	300	坍塌处与修缮处分界
敌台1	平面长约944 cm，宽约660 cm，外檐墙高度约440 cm，内檐墙高度约320 cm			坍塌严重处
敌台2	平面长约1150 cm，宽约800 cm			坍塌严重处，修缮处

注：表中"—"表示因现场条件限制未能有效测量。

由图3-33可知,延庆区花家窑段长城实地勘测部分整体约呈东北至西南走向。长城勘测段总长约为310 m,其中物理性能采集段(C至敌台2段)长度约为34 m,长城墙体顶面宽约300~410 cm,外檐墙距山坡面高度约100~300 cm,内檐墙距坡面高度约300~350 cm,且敌台平面长度约900~1200 cm,宽度约650~800 cm,敌台外檐墙高度约440 cm,内檐墙高度约320 cm。此外,勘测点A、B、C均为长城走向的拐点,若从C点向A点观察长城走向,则C点约向北偏东30°偏转,B点约向北偏东80°偏转,A点约向北偏东75°偏转,说明长城走向曲线存在多个拐点。

(十六)门头沟区洪水口段长城

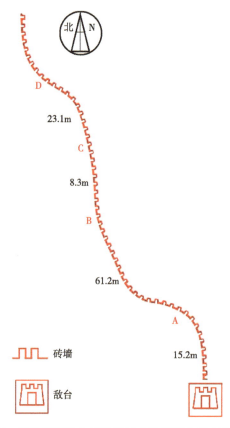

图3-34　门头沟区洪水口段长城(勘测段)走向示意简图

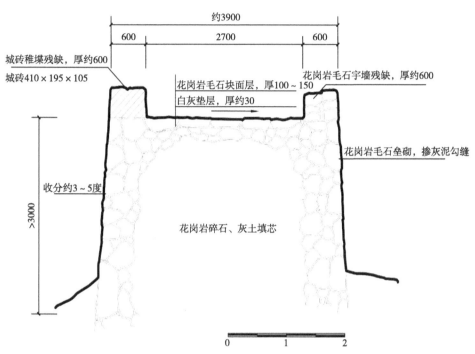

图3-34-1　门头沟区洪水口段长城边墙剖面示意图（单位：mm）

表3-16　门头沟区洪水口段长城整体原形制具体勘测结果

勘测点	城墙宽（cm）	外檐墙高（cm）	内檐墙高（cm）	备注
A	410（最外侧） 293（内侧马道）	336（外侧） 108（内侧）	285（外侧） 84（内侧）	修缮处，垛口宽52 cm，垛口内侧高48 cm，相邻垛口间距188 cm，外檐墙厚52 cm，内檐墙厚59 cm
C	356（最外侧） 238（内侧马道）	421（外侧） 93（内侧）	145（外侧） 69（内侧）	修缮处，垛口宽57 cm，垛口内侧高44 cm，相邻垛口间距174 cm，外檐墙厚56 cm，内檐墙厚60 cm
敌台	敌台长约1069 cm，宽约1086 cm，高约570 cm，条石基础部分高约4.2 m，砖砌部分高约1.5 m			修缮处

由图3-34可知，门头沟区洪水口段长城实地勘测部分整体约为西北

至东南走向。因该处长城经过重新修缮，现有尺寸可能与原有形貌、尺寸有差别。通过实地勘测可得，整个测试段长城长度约107.8 m，其中材料基本物理性能采集段（A至敌台段）长度约15.2 m，长城顶面墙体两边最外侧之间宽约350～420 cm，除去两边内檐墙和外檐墙后，内侧马道宽约230～300 cm。外檐墙厚度约50～60 cm，距马道高度约90～110 cm，距坡面高度约330～420 cm；内檐墙厚度约60 cm，距马道高度约70～85 cm，距坡面高度约140～290 cm。同时，城墙上垛口的宽度约50～60 cm，距内侧马道高度约40～50 cm，相邻垛口之间的间隔约为170～200 cm。此外，现存敌台的外观尺寸为10.69 m×10.86 m×5.7 m（长×宽×高），其中条石砌筑部分高度约为4.2 m，青砖砌筑部分高度约为1.5 m。勘测点A、B、D为长城走向的拐点，若从A点向D点观察长城走向，则A点约向北偏西75°偏转，B点约向北偏西25°偏转，D点约向北偏西17°偏转，说明长城走向曲线存在多个拐点。

（十七）门头沟区梨园岭段长城

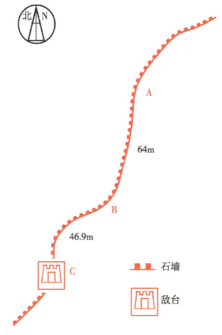

图3-35　门头沟区梨园岭段长城（勘测段）走向示意简图

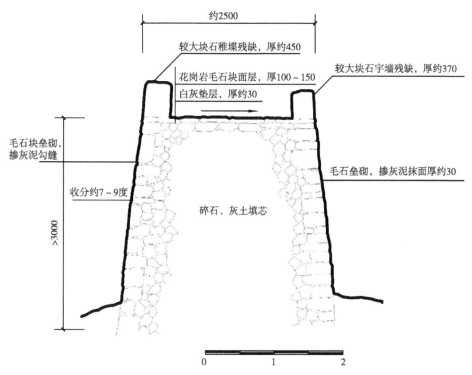

图3-35-1 门头沟区梨园岭段长城边墙剖面示意图

表3-17 门头沟区梨园岭段长城整体原形制具体勘测结果

勘测点	城墙宽（cm）	外檐墙高（cm）	内檐墙高（cm）	备注
AB段	—	273	142	坍塌严重处
	—	—	185	
	—	—	178	
	—	—	304	
BC段	326	—	—	坍塌严重处
	270	—	—	
	180	—	—	
	174	—	—	
	185	—	—	
C（敌台）	底面长约580 cm，宽约540 cm			坍塌严重处

注：表中"—"表示因现场条件限制未能有效测量。

　　由图3-35可知，门头沟区梨园岭段长城实地勘测部分整体呈东北至西南走向。整个测试段长城长度约110.9 m，其中材料基本物理性能采集段（BC段）长度约46.9 m。长城顶面墙体残存宽度约170～330 cm，残存外檐墙距坡面高度约270 cm，残存内檐墙距坡面高度约140～300 cm。同时，敌台底面外观尺寸为580 cm×540 cm（长×宽）。此外，勘测点A、B、C均为长城走向的拐点，若从C点向A点观察长城走向，则C点约向北偏东10°偏转，B点约向北偏东40°偏转，A点约向北偏东55°偏转，说明长城走向曲线存在多个拐点。

　　（十八）门头沟区黄草梁段长城

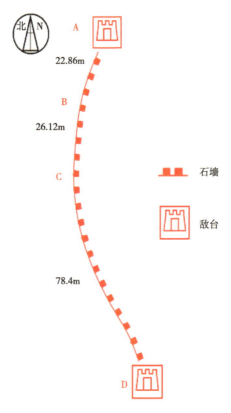

图3-36　门头沟区黄草梁段长城（勘测段）走向示意简图

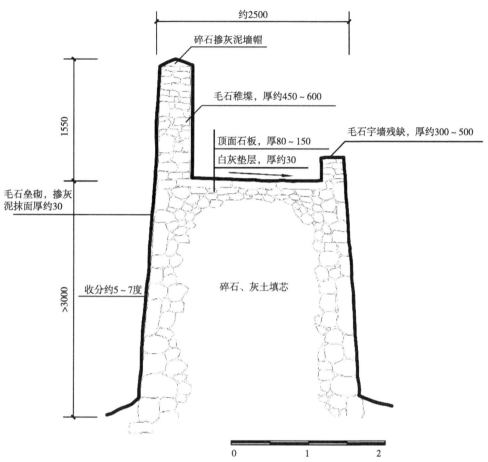

图3-36-1 门头沟区黄草梁段长城边墙剖面示意图（单位：mm）

表3-18 门头沟区黄草梁段长城整体原形制具体勘测结果

勘测点	城墙顶面宽（cm）	外檐墙高（cm）	内檐墙高（cm）	备注
A（敌台）	顶面长约1091 cm，宽约874 cm；底面长约1128 cm，宽约987 cm。敌台内侧高433 cm，外侧高645 cm。敌台券门宽约100 cm，拱顶高194 cm，除圆拱券外高约151 cm；敌台箭窗宽约65.5 cm，拱顶高约114 cm，除圆拱券外82.5 cm			坍塌严重处
B	480	500	350	坍塌较轻处
C	207	280	100	坍塌严重处，存在豁口

由图3-36可知，门头沟区黄草梁段长城实地勘测部分（AC段）整体近似呈东北至西南走向。所勘测段长城顶面墙体残存宽度约200～500 cm，残存外檐墙距山坡面高度约250～500 cm，残存内檐墙距坡面高度约100～350 cm。长城敌台整体存在一定收分，顶面平面尺寸约为1091 cm×874 cm（长×宽），底面平面尺寸约为1128 cm×987 cm（长×宽），且敌台外侧距坡面高约645 cm，内侧距坡面高约430 cm。敌台券门拱顶高约为200 cm，拱宽约100 cm，除顶部圆弧拱券外高约150 cm。敌台箭窗拱顶高约为115 cm，拱宽约65 cm，除顶部圆弧拱券外高约85 cm。此外，勘测点B、C均为长城走向的拐点，若从D点向A点观察长城走向，则C点约向北偏东5°偏转，B点约向北偏东38°偏转，说明长城走向曲线存在一定拐点。

二、砌筑材料外观尺寸

（一）平谷区彰作段长城

表3-19　平谷区彰作段长城砌筑材料——石材外观尺寸

类型	长（cm）	宽（cm）	高（cm）	体积（×10^{-2}m³）
小型毛石、碎石	13.6	26.5	28.5	1.03
	24	16.5	18	0.71
	30	27	10	0.81
	31	28	20	1.74
	34	31	16	1.69
	38.5	26	17	1.70
	40	24.5	7	0.69
中型毛石	45	19	29	2.48
	45.5	27	17	2.09
	50	28.5	20.5	2.92
	53	30	17	2.70
	60	27	22	3.56

（续表）

类型	长（cm）	宽（cm）	高（cm）	体积（×10^{-2}m³）
中型毛石	61	25	21	3.20
	61	23	16	2.24
大型毛石	65	29	26	4.90
	79	35	16	4.42
	90	27	27	6.56
	106	57	13	7.85

由上表可知，平谷区彰作段长城砌筑所用石材长度范围约为10～110 cm，宽度范围约15～60 cm，高度范围约5～30 cm。此外，若忽略测量与计算过程中的偶然误差，平谷区彰作段长城所用的小型毛石或碎石长约10～40 cm，宽约15～30 cm，高约5～30 cm，体积约小于2×10^{-2} m³；中型毛石长约30～65 cm，宽约15～30 cm，高约10～30 cm，体积约为2×10^{-2}～4×10^{-2} m³；大型毛石长约65～110 cm，宽约25～60 cm，高约10～30 cm，体积约大于4×10^{-2} m³。大部分毛石呈不规则的条形，应是就地开采后经过初步制作而成。

（二）平谷区黄松峪段长城

表3-20　平谷区黄松峪段长城砌筑材料——石材外观尺寸

类型	长（cm）	宽（cm）	高（cm）	体积（×10^{-2}m³）
小型毛石、碎石	16	15	16	0.38
	20	20	14	0.56
	24	24	10	0.58
	27	26	9	0.63
	31	23	11	0.78
	33	19	13	0.82

（续表）

类型	长（cm）	宽（cm）	高（cm）	体积（×10⁻²m³）
中型毛石	37	24	12	1.07
	38	25	12	1.14
	40	23	14	1.29
	41	22	13	1.17
	44	26	22	2.52
	47	34	21	3.36
	47	22	21	2.17
	54	25	22	2.97
大型毛石	53	29	25	3.84
	67	34	17	3.87
	69	33	18	4.10

平谷区黄松峪段长城所用砌筑材料主要为石材，其外观尺寸长度范围约为15～95 cm，宽度范围约为15～35 cm，高度约在5～25 cm之间。根据平谷区黄松峪段长城所用石材的体积范围将其分为三类，忽略测试或计算中的偶然误差，其中小型毛石或碎石长约15～35 cm，宽约10～30 cm，高约5～20 cm，体积约小于$1×10^{-2}$ m³；中型毛石长约35～55 cm，宽约15～35 cm，高约10～25 cm，体积基本为$1×10^{-2}$～$3.5×10^{-2}$ m³；大型毛石长约50～95 cm，宽约25～35 cm，高约15～25 cm，体积约大于$3.5×10^{-2}$ m³。

（三）平谷区北寨村段长城

表3-21　平谷区北寨村段长城砌筑材料——石材外观尺寸

类别	长（cm）	宽（cm）	高（cm）	体积（×10⁻²m³）
小型毛石、碎石	16.5	7	5	0.06
	20	10	6.5	0.13

（续表）

类别	长（cm）	宽（cm）	高（cm）	体积（×10⁻²m³）
小型毛石、碎石	9	8.5	5	0.04
	4.5	3.5	3	0.01
	10	5	3.5	0.02
	20	15	8	0.24
	23	7	2	0.03
	14	3	2.5	0.01
	16	14	5	0.11
	21	10	7	0.15
中型毛石	50	28	10	1.40
	40	21	13	1.09
	35	20	16	1.12
	30	14	10	0.42
	33	32	16	1.69
	20	15	18	0.54
	32	18	13	0.75
	24	20	16	0.77
	30	20	8	0.48
	33	20	18	1.19
	44	14	23	1.42
	38	28	18	1.92
大型毛石	68	27	25	4.59
	70	20	28	3.92
	43	40	21	3.61
	50	12	55	3.30

（续表）

类别	长（cm）	宽（cm）	高（cm）	体积（×10⁻²m³）
	73	34	46	11.42
	70	40	30	8.40
大型毛石	85	45	24	9.18
	56	20	30	3.36

由上表可知，平谷区北寨村段长城砌筑毛石外观尺寸长度范围约为5～85 cm，宽度范围约为3～45 cm，高度范围约为2～55 cm。根据实地勘测结果，按其宏观体积大小，将砌筑毛石划分为大、中、小型毛石，其中小型毛石长约5～25 cm，宽约3～15 cm，高约2～10 cm，体积小于0.4×10⁻²m³；中型毛石长约20～50 cm，宽约15～35 cm，高约8～20 cm，体积约为0.4×10⁻²～2.0×10⁻²m³；大型毛石长约40～85 cm，宽约10～45 cm，高约20～50 cm，体积大于2.0×10⁻²m³。

（四）密云区营房台段长城

表3-22 密云区营房台段长城砌筑材料——城砖外观尺寸

位置	长（cm）	宽（cm）	高（cm）	体积（×10⁻²m³）
	36.4	18.4	10.0	0.67
	36.4	17.9	10.0	0.65
	37	17.9	9.4	0.62
	37.2	17.9	9.9	0.66
城墙（整砖）	37.2	18.1	9.1	0.61
	37.3	17.9	9.8	0.65
	37.4	16.5	10.5	0.65
	37.5	18.5	9.9	0.69
	37.6	19.4	10.0	0.73

（续表）

位置	长（cm）	宽（cm）	高（cm）	体积（×10⁻²m³）
	37.6	17.3	9.2	0.60
	37.6	19.3	8.7	0.63
	37.8	16.2	9.6	0.59
城墙（整砖）	37.9	16.5	9.1	0.57
	38.0	17.6	9.9	0.66
	38.1	18.9	9.2	0.66
	38.8	18.4	9.9	0.71

表3-23　密云区营房台段长城砌筑材料——石材外观尺寸

类别	长（cm）	宽（cm）	高（cm）	体积（×10⁻²m³）
	4.6	2.8	1.8	0.002
	8.9	12.6	8.7	0.10
	9.5	3.2	6.4	0.02
	10.7	12.4	4.4	0.06
	14.5	9.9	6.4	0.09
小型毛石、碎石	15.2	11.1	10.8	0.18
	16.2	13.6	5.3	0.12
	21.8	5.6	7.6	0.09
	28.8	9.7	5.6	0.16
	29.0	15.1	12.1	0.53
	30.5	23.5	22.0	1.58
中型毛石	34.7	25.1	21.0	1.83
	36.0	39.1	29.7	4.18
	36.0	32.9	20.3	2.40

（续表）

类别	长（cm）	宽（cm）	高（cm）	体积（×10^{-2}m³）
中型毛石	37.4	23.6	14.9	1.32
	37.8	22.3	27.2	2.29
	37.9	19.4	20.6	1.51
	39.4	25.5	25.6	2.57
	39.8	28.6	27.5	3.13
	42.9	23.6	26.0	2.63
大型毛石、条石	43.1	22.0	26.5	2.51
	45.2	36.3	33.1	5.43
	45.4	44.2	30.1	6.04
	46.4	43.2	31.8	6.37
	47.8	17.7	29.7	2.51
	54.1	39.4	33.2	7.08
	57.9	21.5	35.4	4.41
	69.5	40.8	33.3	9.44
	73.1	23.6	21.8	3.76
	77.9	42.0	27.9	9.13

　　由上述两表可知，密云区营房台段长城砌筑材料主要为砖石，忽略测试及计算过程中的偶然误差，砌筑砖外观尺寸基本为37.5 cm×18.0 cm×9.5 cm（长×宽×高），且各自的误差范围不超过2 cm，体积约为0.6×10^{-2}～0.75×10^{-2}m³。关于石材外观尺寸，从整体来看，将其分为小型毛石或碎石、中型毛石和大型毛石或条石等三类，其中小型毛石或碎石外观尺寸分别为长约4.5～30 cm，宽约2.5～15 cm，高约1.5～15 cm，体积约小于0.2×10^{-2}m³；中型毛石长约30～45 cm，宽约15～40 cm，高约15～30 cm，体积约为1×10^{-2}～4×10^{-2}m³；大型毛石或条石长约45～80 cm，宽约18～45 cm，高约

$22 \sim 35$ cm，体积约大于 2×10^{-2} m³。

（五）密云区黄岩口段长城

表3-24　密云区黄岩口段长城砌筑材料——城砖外观尺寸

位置	长（cm）	宽（cm）	高（cm）	体积（×10⁻²m³）
城墙（整砖）	36.8	18.0	10.3	0.68
	37.2	18.4	10.4	0.71
	37.3	18.6	10.1	0.70
	37.6	18.6	10.9	0.76
	38	18.1	10.5	0.72
垛口（整砖）	36.2	17.9	9.6	0.62
	36.5	17.4	10.3	0.65
	36.8	18.8	10.9	0.75
	37.1	18.5	10.1	0.69
	37.9	17.8	10.9	0.74
垛口（残砖）	13.4	18.0	9.4	0.23
	17.7	18.0	10.0	0.32
	19.9	17.8	10.1	0.36
	20.6	18.9	10.1	0.39
	21.9	19.0	9.8	0.41
女墙（残砖）	19.3	16.5	8.8	0.28
	19.9	18.0	8.6	0.31
	21.9	17.0	9.8	0.36
	23.4	17.5	10.4	0.43
	24.4	17.6	10.2	0.44

表3-25　密云区黄岩口段长城砌筑材料——石材外观尺寸

类别	长（cm）	宽（cm）	高（cm）	体积（×10^{-2}m³）
小型毛石、碎石	8.5	6.7	5.9	0.03
	12.4	11.0	5.4	0.07
	13.2	9.9	9.9	0.13
	14.5	14.4	5.6	0.12
	14.7	10.2	6.8	0.10
	16.8	13.7	10.4	0.24
	19.4	15.1	12.1	0.35
	22.1	21.9	15.2	0.74
	23.7	17.2	6.8	0.28
	24.4	8.9	8.8	0.19
	30.2	16.6	12.1	0.61
中型毛石	18.9	38.3	20.0	1.45
	30.1	19.5	19.8	1.16
	31.5	36.7	13.6	1.57
	33.3	30.9	20.4	2.10
	34.0	22.1	17.9	1.35
	35.8	35.6	21.4	2.73
	36.7	22.0	29.8	2.41
	39.5	18.3	14.7	1.06
	40.4	37.7	13.9	2.12
	41.6	29.6	18.2	2.24
	42.4	30.7	21.2	2.76
	49.1	45.5	12.1	2.70
大型毛石、条石	40.6	21.9	42.7	3.80
	46.9	28.4	21.9	2.92
	57.7	36.0	22.5	4.67

（续表）

类别	长（cm）	宽（cm）	高（cm）	体积（$\times 10^{-2} m^3$）
大型毛石、条石	58.5	24.1	22.0	3.10
	60.4	26.1	33.9	5.34
	61.1	24.3	29.3	4.35
	76.9	26.0	26.2	5.24

通过对密云区黄岩口段长城所用城砖及石材进行实地测量，由上表所得数据可知，未损坏的整砖外观尺寸约为37 cm×18 cm×10.5 cm（长×宽×高），且各边误差范围不超过1 cm，体积约为$0.6 \times 10^{-2} \sim 0.75 \times 10^{-2} m^3$。部分区域残留的断砖长约10～25 cm，宽约16～19 cm，高约8.5～10.5 cm，体积大小为$0.2 \times 10^{-2} \sim 0.45 \times 10^{-2} m^3$。石材按体积大小主要分为三类，小型毛石或碎石长约5～30 cm，宽约7～22 cm，高约5～15 cm，体积约小于$1 \times 10^{-2} m^3$；中型毛石长约19～49 cm，宽约20～45 cm，高约15～30 cm，体积约$1 \times 10^{-2} \sim 3 \times 10^{-2} m^3$；大型毛石或条石长约40～80 cm，宽约20～40 cm，高约20～45 cm，体积约大于$3 \times 10^{-2} m^3$。

（六）密云区石城镇段长城

表3-26　密云区石城镇段长城砌筑材料——城砖外观尺寸

位置	残长（cm）	宽（cm）	高（cm）	体积（$\times 10^{-2} m^3$）
敌台（残砖）	22	18.2	8.6	0.34
	19	18.2	9	0.31
	23	17.8	9	0.37
	24	17	9.6	0.39
	27.5	18	9	0.45
	26	18	8.5	0.40
	23.5	17.6	8.5	0.35

（续表）

位置	残长（cm）	宽（cm）	高（cm）	体积（×10⁻²m³）
	25	17.5	8.5	0.37
敌台（残砖）	21	17.5	8.8	0.32

表3-27 密云区石城镇段长城砌筑材料——石材外观尺寸

类别	长（cm）	宽（cm）	高（cm）	体积（×10⁻²m³）
小型毛石、碎石	9	1.5	2	0.003
	11	10	2.5	0.03
	9.5	6	1.5	0.01
	8	4.5	4	0.01
	13	8	3.5	0.04
	13	5	3.5	0.02
	15	7.5	1.5	0.02
	14	11	4.5	0.07
	11.5	10.5	4.5	0.05
	16	9.5	2.5	0.04
	17	11	4.5	0.08
	18	13	3.5	0.08
中型毛石	29	25	4.5	0.33
	22	15	5	0.17
	26	15	9	0.35
	16.5	14	5	0.12
	21	13	5.5	0.15
	35	19	4.5	0.30
	27	17	5	0.23

（续表）

类别	长（cm）	宽（cm）	高（cm）	体积（×10⁻²m³）
中型毛石	29	22	4	0.26
	55	33	16	2.90
大型条石	95	45	37	15.82
	84	73	40	24.53
	112	42	40	18.82
	115	57	39	25.56
	126	35	39	17.20
	89	44	40	15.66
	88	42.5	39	14.59
	68	54	37	13.59
	66	64	36	15.21
	139.5	39.5	34	18.73
大型毛石	94	58	17.5	9.54
	90	29	20	5.22
	78	45	18.5	6.49
	87	47	16	6.54
	118	60	34	24.07
	119	50	17	10.12
	113	40	34	15.37
	79	55	22	9.56
	94	56	23	12.11

由上表可知，密云区石城镇段长城因敌台坍塌严重，周围仅散落残缺的城砖，其残长约20~30 cm，宽度约18 cm，高度约9 cm，其体积约0.3×10⁻²~0.45×10⁻² m³。此外，就石材而言，按形状规则性划分为毛石和条石，按体积大小划分为大、中、小型石材，其中小型毛石或碎石长约5~20 cm，

宽约小于15 cm，高约小于5 cm，体积约小于0.1×10^{-2} m³；中型毛石长约15 ~ 55 cm，宽约10 ~ 35 cm，高约4 ~ 20 cm，体积约0.1×10^{-2} ~ 5×10^{-2} m³；大型毛石长约75 ~ 120 cm，宽约25 ~ 60 cm，高约15 ~ 35 cm，体积约大于5×10^{-2} m³；大型条石长约65 ~ 140 cm，宽约35 ~ 75 cm，高约35 ~ 40 cm，体积约10×10^{-2} ~ 25×10^{-2} m³。

（七）怀柔区撞道口段长城

表3-28　怀柔区撞道口段长城砌筑材料——城砖外观尺寸

位置	长（cm）	宽（cm）	高（cm）	体积（$\times 10^{-2}$ m³）
城墙（整砖）	39.7	21.6	9.5	0.81
	40.9	20.1	8.5	0.70
敌台券门（整砖）	37.5	17.6	9.2	0.61
	37.6	18.2	9.9	0.68
	37.8	18.8	9.4	0.67
	38.3	18.1	8.4	0.58
敌台内墙（整砖）	36.6	20.1	10.2	0.75
	37.9	17.5	7.9	0.52
	39.5	19.6	10.3	0.80
	39.6	19	9.5	0.71
	40.6	20.1	10.4	0.85

表3-29　怀柔区撞道口段长城砌筑材料——石材外观尺寸

类别	长（cm）	宽（cm）	高（cm）	体积（$\times 10^{-2}$ m³）
小型毛石、碎石	18.9	14.2	4.1	0.11
	19.9	11.0	8.1	0.18
	22.5	11.8	8.2	0.22
	24.0	14.4	7.9	0.27
	26.1	11.5	8.0	0.24

（续表）

类别	长（cm）	宽（cm）	高（cm）	体积（×10⁻²m³）
中型毛石	26.7	15.8	14.9	0.63
	31.2	14.6	12.8	0.58
	35.8	18.6	10.9	0.73
	37.1	12.9	11.1	0.53
	40.9	21.2	10.6	0.92
大型毛石、条石	33.3	33.0	30.0	3.30
	35.7	33.1	77.3	9.13
	52.1	32.4	25.1	4.24
	52.9	30.8	20.3	3.31
	54.2	34.4	14.5	2.70
	59.8	39.5	22.8	5.39
	62.1	25.9	16.6	2.67
	88.0	44.0	41.0	15.88
	89.0	40.0	37.0	13.17
	100.0	42.0	43.0	18.06
	108.9	46.1	38.1	19.13
	138.4	25.1	39.0	13.55

　　怀柔区撞道口段长城所用砌筑材料主要为砖石。忽略测试及计算过程中的偶然误差，其中砌筑砖所在位置不同，外观尺寸有差异，例如城墙砖外观尺寸约为40.5 cm×21 cm×9 cm（长×宽×高），体积约为$0.7×10^{-2}$~$0.8×10^{-2}$ m³；券门砖约为38 cm×18 cm×9.5 cm（长×宽×高），体积约$0.55×10^{-2}$~$0.7×10^{-2}$ m³；敌台墙砖约为39 cm×19 cm×9.5 cm（长×宽×高），体积约$0.7×10^{-2}$~$0.85×10^{-2}$ m³，且整个尺寸的误差范围不超过1 cm。就石材外观尺寸而言，小型毛石或碎石长约15~30 cm，宽约10~15 cm，高约0~10 cm，体积约小于$0.3×10^{-2}$ m³；中型毛石长约25~40 cm，宽约

$15 \sim 25\,cm$，高约$10 \sim 15\,cm$，体积约$0.3 \times 10^{-2} \sim 1 \times 10^{-2}\,m^3$；大型毛石或条石长约$30 \sim 140\,cm$，宽约$25 \sim 45\,cm$，高约$15 \sim 77\,cm$，体积约大于$3 \times 10^{-2}\,m^3$。

（八）怀柔区官地段长城

表3-30　怀柔区官地段长城砌筑材料——城砖外观尺寸

位置	长（cm）	宽（cm）	高（cm）	体积（×10⁻²m³）
城墙（整砖）	36.8	18.6	9.4	0.64
	36.8	17.6	8.4	0.54
	37.1	17.9	10.1	0.67
	37.1	18.4	9.4	0.64
	37.4	17.9	9.0	0.60
	37.6	17.5	9.9	0.65
	37.8	18.6	9.9	0.70
	37.9	18.7	9.1	0.64
	38.1	18.6	10.1	0.72
	38.1	18.0	9.6	0.66
	38.2	19.0	9.5	0.69
	38.7	18.8	9.9	0.72
	39.0	17.6	9.0	0.62
敌台券门外侧（整砖）	41.6	21.5	9.9	0.89
	42.6	21.4	9.9	0.90
敌台券门顶部（整砖）	34.6	16.8	7.0	0.41
	35.8	16.9	6.2	0.38
	36.3	16.2	6.0	0.35
	36.4	17.1	7.0	0.44
敌台箭窗（整砖）	35.4	16.4	6.5	0.38

（续表）

位置	长（cm）	宽（cm）	高（cm）	体积（×10⁻² m³）
敌台内墙（整砖）	41.1	16.2	8.6	0.57
	41.9	19.7	9.1	0.75
	42.1	19.7	8.9	0.74
	43.1	20.2	9.7	0.84

表3-31 怀柔区官地段长城砌筑材料——石材外观尺寸

类别	长（cm）	宽（cm）	高（cm）	体积（×10⁻² m³）
基础条石	67.4	32.4	34.1	7.45
	109.0	15.8	32.6	5.61

对怀柔区官地段长城砌筑所用砖石进行实地测量，得到其外观尺寸。其中不同构筑设施所采用的砌筑砖尺寸略有不同，城墙砖的外观尺寸大致为 37.5 cm × 18 cm × 9.5 cm（长×宽×高），体积约为 $0.6 \times 10^{-2} \sim 0.75 \times 10^{-2}$ m³；券门外侧砖外观尺寸约为 42 cm × 21.5 cm × 10 cm（长×宽×高），体积约为 0.9×10^{-2} m³；券门顶部砖外观尺寸约为 36 cm × 17 cm × 6.5 cm（长×宽×高），体积约为 $0.35 \times 10^{-2} \sim 0.45 \times 10^{-2}$ m³；箭窗砖外观尺寸约为 35.5 cm × 16.5 cm × 6.5 cm（长×宽×高），体积约为 0.4×10^{-2} m³；敌台墙砖外观尺寸约为 42 cm × 19 cm × 9 cm（长×宽×高），体积约为 $0.55 \times 10^{-2} \sim 0.85 \times 10^{-2}$ m³，且各尺寸大小误差不超过 2 cm。石材主要为基础条石，其长约 65 ~ 110 cm，宽约 15 ~ 35 cm，高约 30 ~ 35 cm，体积大小约为 $5.5 \times 10^{-2} \sim 7.5 \times 10^{-2}$ m³。

（九）怀柔区大榛峪段长城

表3-32　怀柔区大榛峪段长城砌筑材料——砖石外观尺寸

位置	长（cm）	宽（cm）	高（cm）	体积（× 10^{-2} m³）
基础条石	150	100	35	52.50
	170	70	37	44.03
	70	50	45	15.75
	110	60	30	19.80
城墙（整砖）	40	18	8	0.58
	40	20	10	0.80
	40	20	9.5	0.76
券门墙体（整砖）	40	19.5	9.5	0.74
	40.5	19	10	0.77
	40.5	20	9	0.73
	41	19	10	0.78
	40	19	10.3	0.78
券门拱顶（整砖）	41	18	9.5	0.70
	40	19.5	8	0.62
	40	20	7.5	0.60
箭窗墙体（整砖）	39	20	10	0.78
	39	20	9.5	0.74
	37	20	10	0.74
箭窗拱顶（整砖）	26	21	7.5	0.41
	24.5	20	7.5	0.37
	28	21	7	0.41
	28	20	7	0.39
	26.5	20	6.5	0.34

　　由上表可知，怀柔区大榛峪段长城基础条石长约70~170 cm，宽约50~100 cm，高约30~45 cm，体积大小约为$15 \times 10^{-2} \sim 55 \times 10^{-2}$ m³。长城城砖因使用位置不同，其外观尺寸会略有差异，其中边墙砖的外观尺寸约为40 cm×20 cm×9.5 cm（长×宽×高），且尺寸误差范围不超过2 cm，体积约为$0.55 \times 10^{-2} \sim 0.8 \times 10^{-2}$ m³；券门墙体砖外观尺寸约为40.5 cm×19 cm×10 cm（长×宽×高），尺寸误差范围不超过1 cm，体积约为$0.7 \times 10^{-2} \sim 0.8 \times 10^{-2}$ m³；券门拱顶砖外观尺寸约为40 cm×19 cm×8.5 cm（长×宽×高），尺寸误差范围不超过1 cm，体积约为$0.6 \times 10^{-2} \sim 0.7 \times 10^{-2}$ m³；箭窗墙体砖外观尺寸约为39 cm×20 cm×10 cm（长×宽×高），且尺寸误差范围不超过2 cm，体积约为$0.7 \times 10^{-2} \sim 0.8 \times 10^{-2}$ m³；箭窗拱顶砖外观尺寸约为26 cm×20 cm×7 cm（长×宽×高），且尺寸误差范围不超过2 cm，体积约为$0.3 \times 10^{-2} \sim 0.45 \times 10^{-2}$ m³。

（十）昌平区黄楼洼段长城

表3-33　昌平区黄楼洼段长城砌筑材料——城砖外观尺寸

位置	长（cm）	宽（cm）	高（cm）	体积（$\times 10^{-2}$ m³）
圆形敌台（整砖）	36	18.5	8.5	0.57
	36.5	18	8.5	0.56
	37	17	8.5	0.53
	37	18.5	8.3	0.57
	37	18	8	0.53
	37	18.5	8.5	0.58
	37	18.5	8.4	0.57
	37	18.7	8.5	0.59
	37.5	18.5	8.5	0.59
	37.5	19.5	8.5	0.62

（续表）

位置	长（cm）	宽（cm）	高（cm）	体积（$\times 10^{-2}\,m^3$）
	37.5	18.5	8.5	0.59
	37.5	18.5	8	0.56
	37.5	19.5	8	0.59
圆形敌台（整砖）	37.5	18.7	8	0.56
	38	18.5	8.5	0.60
	38	18.5	8.3	0.58
	38	18.5	8.5	0.60

表3-34 昌平区黄楼洼段长城砌筑材料——石材外观尺寸

类别	长（cm）	宽（cm）	高（cm）	体积（$\times 10^{-2}\,m^3$）
	2.4	3	1.3	0.001
	4	4.2	0.4	0.001
	5.5	4.5	5.2	0.013
	6	4.2	2.8	0.007
	6.5	2.5	4	0.007
小型毛石、碎石	7	3.6	4.3	0.011
	7.5	4.2	2.9	0.009
	8.3	6.2	1.7	0.009
	8.5	6.5	4.3	0.024
	9	8	3.8	0.027
	18.5	19	3.5	0.12
	19.5	14.5	9	0.25
中型毛石	21	11.5	6.5	0.16
	22	11.5	10.5	0.27
	23	15.5	4.5	0.16

（续表）

类别	长（cm）	宽（cm）	高（cm）	体积（×10⁻² m³）
中型毛石	24.5	11	12	0.32
	26	9.5	10.5	0.26
	30	17	10.5	0.54
	33	16.5	11	0.60
大型毛石、条石	34.5	50	23	3.97
	42	26	15	1.64
	50	19.5	13.5	1.32
	53	16.5	15.5	1.36
	54	32	18	3.11
	57	63	26.5	9.52
	58	24	10.5	1.46
	61	24	19.5	2.85
	63	37	29	6.76
	65	29	15.5	2.92
	97	36	35	12.22

由上表可知，昌平区黄楼洼段长城主要采用砖石砌筑，其中圆形敌台所用砌筑砖外观尺寸为37.5 cm×18.5 cm×8.5 cm（长×宽×高），且尺寸误差不超过1 cm，体积约为$0.5 \times 10^{-2} \sim 0.65 \times 10^{-2}$ m³。砌筑石材按体积大小将其分为三类，其中小型毛石或碎石长约2~10 cm，宽约3~10 cm，高约0.5~5 cm，体积约小于0.1×10^{-2} m³；中型毛石长约10~35 cm，宽约10~20 cm，高约3.5~15 cm，体积约$0.1 \times 10^{-2} \sim 1 \times 10^{-2}$ m³；大型毛石或条石长约35~100 cm，宽约15~65 cm，高约10~35 cm，体积约大于1×10^{-2} m³。

（十一）延庆区八达岭未修缮段长城

表3-35 延庆区八达岭未修缮段长城砌筑材料——城砖外观尺寸

位置	长（cm）	宽（cm）	高（cm）	体积（$\times 10^{-2}$ m³）
二层铺房（整砖）	37	19.5	7.2	0.52
	37.5	18	7.3	0.49
	38.5	18.5	8.5	0.61
	39	17.7	9.3	0.64
	39	19.2	9	0.67
	40.5	19.5	9.5	0.75
	40.5	19.5	9.5	0.75
	40.5	18	9.3	0.68
	42	20	9.5	0.80
	42	21	9.7	0.86
一层外墙（整砖）	37	18	7.5	0.50
	37	18	7.2	0.48
	37	17.5	7.6	0.49
	37	18	7.5	0.50
	37.3	18.5	7.2	0.50
	37.5	17.5	7.2	0.47
	37.5	18.5	8.5	0.59
	37.6	18.2	7.5	0.51
	38.5	18.5	7	0.50
	38.7	18.5	7.3	0.52
一层地面（方砖）	37.2	38	—	—
	37.3	38.1	—	—
	37.5	37.7	—	—

（续表）

位置	长（cm）	宽（cm）	高（cm）	体积（×10⁻²m³）
一层地面（方砖）	37.8	38.2	—	—
	37.9	38	—	—
	38	38.7	—	—
	38	38	—	—
	38.1	37.6	—	—
	38.3	38.3	—	—
	39	38.5	—	—
底座基础（整砖）	37	18.1	8	0.54
	37.5	18	8.5	0.57
	38	18	7.9	0.54
	38	18.5	8.5	0.60
	38.2	18	8	0.55
	38.3	17	8	0.52
	38.5	18.5	8	0.57

注：表中"—"表示由于条件限制，未能有效测量或计算。

表3-36　延庆区八达岭未修缮段长城砌筑材料——石材外观尺寸

类别	长（cm）	宽（cm）	高（cm）	体积（×10⁻²m³）
填芯碎石	3.6	2.1	1.3	0.001
	4	3.2	2.6	0.003
	5.1	3.3	3	0.005
	5.2	5	1.6	0.004
	5.4	4	2.7	0.006
	5.4	3.1	2.9	0.005
	6.5	4.2	1.6	0.004

（续表）

类别	长（cm）	宽（cm）	高（cm）	体积（$\times 10^{-2}\,\mathrm{m}^3$）
填芯碎石	6.9	4.6	1.7	0.005
	8.3	3.8	4.2	0.013
	13.5	7.1	5.6	0.054
基础条石	50	88	46	20.24
	53	58.7	40	12.44
	54.5	73	35.4	14.08
	57.8	100.6	34.2	19.89
	59	45.4	41.5	11.12
	65.4	57.2	33.5	12.55
	76	58	35	15.43
	83	53	32.5	14.30

根据上述两表所得数据，延庆区八达岭未修缮段长城所用砌筑材料的外观尺寸，忽略测试及计算过程中的偶然误差，砌筑砖因所在位置不同，其外观尺寸有差异。其中铺房砖约有两种，外观尺寸分别为41 cm×20 cm×9.5 cm（长×宽×高）和38 cm×18.5 cm×8 cm（长×宽×高），体积大小分别为$0.65\times10^{-2}\sim0.9\times10^{-2}\,\mathrm{m}^3$和$0.5\times10^{-2}\sim0.65\times10^{-2}\,\mathrm{m}^3$；一层墙砖的外观尺寸约为37.5 cm×18 cm×7.5 cm（长×宽×高），体积约为$0.45\times10^{-2}\sim0.6\times10^{-2}\,\mathrm{m}^3$；一层地面砖顶面外观尺寸约为38 cm×38 cm（长×宽），约为方形砖；底座基础砖外观尺寸约为38 cm×18 cm×8 cm（长×宽×高），体积约为$0.5\times10^{-2}\sim0.6\times10^{-2}\,\mathrm{m}^3$，砌筑砖材外观尺寸误差范围不超过1 cm。石材主要有填芯碎石与基础条石两类，其中填芯碎石长约3.5~15 cm，宽约2~10 cm，高约1~6 cm，体积约小于$0.1\times10^{-2}\,\mathrm{m}^3$；地基条石长约50~85 cm，宽约45~100 cm，高约30~50 cm，体积约$10\times10^{-2}\sim20\times10^{-2}\,\mathrm{m}^3$。

（十二）延庆区西拨子段长城

表3-37　延庆区西拨子段长城砌筑材料——石材外观尺寸

类别	长（cm）	宽（cm）	高（cm）	体积（×10⁻⁴m³）
夯土中填芯碎石	1.2	0.6	0.5	0.004
	1.6	1.1	0.4	0.007
	2	1.9	0.4	0.015
	2.3	1.5	0.9	0.031
	2.5	2.3	1.6	0.092
	2.9	1.6	0.7	0.032
	2.9	1.3	0.7	0.026
	3.6	2.4	1.3	0.112
	4.8	1.7	0.7	0.057
	4.8	3.9	1.4	0.262
基础毛石	9.3	7.5	5	3.488
	10.7	9.5	2.4	2.440
	11.3	9.7	5.8	6.357
	13.5	11	4.8	7.128
	15.6	12.4	8.7	16.829
	22.5	17.5	11.2	44.100
	24.2	17.3	9.4	39.354
	26	14.4	11.3	42.307
	26.9	17.3	7.7	35.834
	28.5	15.7	18.9	84.568

表3-38 延庆区西拨子段长城砌筑材料——夯土厚度尺寸

位置	夯层厚度（cm）									
墩台转角	10	6	10	9.5	4	9	10.5	6	7.5	8
边墙	9	8.7	6	6	7.5	7	17	15	14	4

对延庆区西拨子段长城主要砌筑材料进行实地勘测，其中所用石材大致存在填芯碎石和基础毛石两类，填芯碎石长约1～5 cm，宽约0.5～5 cm，高约0.4～2 cm，体积小于0.3×10^{-4} m³；基础毛石长约9～29 cm，宽约8～18 cm，高约2～20 cm，体积约2×10^{-4}～85×10^{-4} m³。而夯土层由于夯筑、残缺、坍塌等因素，其厚度有所变化，墩台转角处夯层厚度约为4～10 cm，城墙夯层厚度约为4～20 cm，最大可达20 cm左右。

（十三）延庆区九眼楼段长城

表3-39 延庆区九眼楼段长城砌筑材料——城砖外观尺寸

位置	长（cm）	宽（cm）	高（cm）	体积（$\times 10^{-2}$ m³）
	30.5	20.8	9.2	0.58
	30.5	20.9	9.4	0.60
	30.6	21.2	9.2	0.60
	30.7	20.1	9	0.56
西侧新砌外墙（整砖）	40.2	20.1	9.2	0.74
	40.2	20.1	9	0.73
	40.2	20.1	9.4	0.76
	40.2	21.1	9.1	0.77
	41.8	21.1	9.4	0.83
	42	21.4	9.1	0.82
九眼楼内部墙体（整砖）	39.4	24.1	9.5	0.90
	39.4	24.1	9.5	0.90

（续表）

位置	长（cm）	宽（cm）	高（cm）	体积（×10⁻²m³）
九眼楼内部墙体 （整砖）	39.5	22.4	9	0.80
	40.1	24.9	9	0.90
	40.2	24	9.2	0.89
	40.3	25	9.4	0.95
	40.3	24.9	9.3	0.93
	40.6	24.1	9.5	0.93
	40.9	25.1	9.8	1.01
	41.4	24.5	9.3	0.94
九眼楼券门 （整砖）	20.2	23.8	9.7	0.47
	22.2	21.2	9.7	0.46
	22.3	17.3	9.1	0.35
	39.7	23.7	9.6	0.90
	39.7	23.1	8.8	0.81
	40.6	23	9.8	0.92
	40.9	23.2	9.7	0.92
	39.9	22.5	8.6	0.77
	41.1	24.8	9.6	0.98

表3-40　延庆区九眼楼段长城砌筑材料——石材外观尺寸

类别	长（cm）	宽（cm）	高（cm）	体积（×10⁻²m³）
小型毛石、碎石	7.9	5.2	3.4	0.01
	8.4	6.9	3	0.02
	8.6	4	5.3	0.02
	9.8	7.6	2.6	0.02

（续表）

类别	长（cm）	宽（cm）	高（cm）	体积（$\times 10^{-2} m^3$）
小型毛石、碎石	9.9	9	6.7	0.06
	10.3	5.9	2.5	0.02
	10.5	7.8	5.5	0.05
	13.6	6.7	2.7	0.02
	14.6	12.1	3.5	0.06
	15.7	7.7	5.6	0.07
中型毛石	19	15	7.4	0.21
	20.4	12.7	9.8	0.25
	21.7	8.6	15.7	0.29
	22	14.5	9.4	0.30
	23.3	12.5	10.5	0.31
	26.7	13.9	22	0.82
	28.6	9.4	4.3	0.12
	30.5	13.9	8.4	0.36
	32.4	13	9.2	0.39
	41.5	12.3	5.7	0.29
大型毛石	44.4	24.9	22.4	2.48
	44.4	28.9	32.4	4.16
	47.3	21.2	18.3	1.84
	48.9	21.8	22.8	2.43
	52.1	34.6	24	4.33
	52.7	35.2	26	4.82
	54	22.3	22.7	2.73
	61.3	26.4	30.4	4.92
	84	35.6	35.6	10.65
	102.2	25.8	22.3	5.88

（续表）

类别	长（cm）	宽（cm）	高（cm）	体积（×10⁻²m³）
	60.2	42.8	20.7	5.33
	65.2	55.1	30.2	10.85
	65.6	55.2	27.2	9.85
	68.4	67.4	20.9	9.64
基础条石	82.7	69.6	27.2	15.66
	85.9	59.2	33.2	16.88
	87.4	59	24.9	12.84
	87.4	65.9	35.8	20.62
	96.7	62.8	16.2	9.84
	121.9	44.8	21.6	11.80

延庆区九眼楼段长城主要由砖石砌筑而成。对砌筑砖石进行实地测量结果表明，不同区域的砌筑砖外观尺寸有所变化，忽略测试和计算过程中的偶然误差，其中九眼楼西侧外墙所用的新砌筑砖约有两种，外观尺寸分别为41 cm×20.5 cm×9.5 cm（长×宽×高）和30.5 cm×21 cm×9.5 cm（长×宽×高），体积大小分别为$0.7×10^{-2}$~$0.85×10^{-2}$ m³和$0.55×10^{-2}$~$0.6×10^{-2}$ m³；九眼楼内部墙砖外观尺寸约为40.5 cm×24.5 cm×9.5 cm（长×宽×高），体积约为$0.8×10^{-2}$~$1×10^{-2}$ m³；九眼楼券门砖也存在两种，外观尺寸分别为40.5 cm×23.5 cm×9.5 cm（长×宽×高）和22 cm×21 cm×9.5 cm（长×宽×高），体积大小分别为$0.75×10^{-2}$~$1×10^{-2}$ m³和$0.35×10^{-2}$~$0.5×10^{-2}$ m³，砌筑砖外观尺寸各数值的误差范围不超过1 cm。石材的外观尺寸，按照体积大小进行分类，其中小型毛石或碎石长约5~15 cm，宽约4~15 cm，高约2.5~10 cm，体积约小于$0.1×10^{-2}$ m³；中型毛石长约15~45 cm，宽约5~15 cm，高约5~25 cm，体积约$0.1×10^{-2}$~$1×10^{-2}$ m³；大型毛石长约44~102 cm，宽约21~36 cm，高

约18～36 cm，体积约大于$1 \times 10^{-2}\,m^3$；基础条石长约60～125 cm，宽约40～70 cm，高约15～35 cm，体积约为$5 \times 10^{-2} \sim 20 \times 10^{-2}\,m^3$。

（十四）延庆区大庄科段长城

表3-41 延庆区大庄科段长城砌筑材料——城砖外观尺寸

位置	长（cm）	宽（cm）	高（cm）	体积（$\times 10^{-2}\,m^3$）
城墙（残砖）	26	17.5	9	0.41
	19	18	9	0.31
	19	17.5	8	0.27
	29	18	8	0.42
	27	17.5	9	0.43
	21	19	7	0.28
	17	18.5	8	0.25
	18	17.5	8	0.25
	18	18	8.5	0.28
	16	18.5	8	0.24
城墙（整砖）	37	17	9	0.57

表3-42 延庆区大庄科段长城砌筑材料——石材外观尺寸

类别	长（cm）	宽（cm）	高（cm）	体积（$\times 10^{-2}\,m^3$）
小型毛石、碎石	12	9	5	0.05
	7	9	3	0.02
	13	7	5	0.05
	10	9	4	0.04
	13	7	4	0.04
中型毛石	42	24	15	1.51
	27	24	11	0.71
	35	23	13	1.05
	27	18	19	0.92
	22	18	10	0.40

（续表）

类别	长（cm）	宽（cm）	高（cm）	体积（×10^{-2} m^3）
大型条石	84	30	40	10.08
	84	50	33	13.86
	64	55	39	13.73
	71	52	35	12.92
	73	57	40	16.64
	147	53	37	28.83
	104	56	33	19.22
	109	52	34	19.27
	88	59	35	18.17
	99	28	37	10.26

由上表可知，延庆区大庄科段长城因边墙基本坍塌，较难发现整砖，周围散落砖基本为残砖，残砖残长约15～30 cm，宽约18 cm，高约8 cm，体积约0.25×10^{-2}～0.45×10^{-2} m^3；整砖外观尺寸约为37 cm×17 cm×9 cm（长×宽×高），体积约为0.57×10^{-2} m^3。石材主要存在填芯毛石和基础条石两种，并按照其体积大小分为大、中、小型，其中小型毛石或碎石长约5～15 cm，宽约5～10 cm，高约小于5 cm，体积约小于0.1×10^{-2} m^3；中型毛石长约20～45 cm，宽约15～25 cm，高约10～20 cm，体积约为0.1×10^{-2}～2×10^{-2} m^3；大型条石长约65～150 cm，宽约25～60 cm，高约30～40 cm，体积大于10×10^{-2} m^3。

（十五）延庆区花家窑子段长城

表3-43　延庆区花家窑子段长城砌筑材料——城砖外观尺寸

位置	长（cm）	宽（cm）	高（cm）	体积（×10^{-2} m^3）
敌台券门（整砖）	40	20	10	0.80
	41	20	8.5	0.70
	40	20	7.5	0.60

（续表）

位置	长（cm）	宽（cm）	高（cm）	体积（$\times 10^{-2}\,m^3$）
敌台券门（整砖）	40	20	7.0	0.56
	40	18.5	8.5	0.63
敌台外墙（整砖）	41.5	21.5	8.0	0.71
	40	20.8	8.0	0.67
	41	20	9.0	0.74
	40	20	8.5	0.68
	41	19.6	7.5	0.60
城墙（整砖）	38.5	18.6	8.5	0.61
	37.8	18	8.5	0.58
	37.5	19	8.5	0.61
	37	18.5	7.5	0.51
	37.5	19	8.5	0.61
城墙地面（方砖）	36.5	37	7.5	1.01
	37.5	36.5	8	1.10
	36.5	36.5	6	0.80
	36.5	36.5	6	0.80
	36.5	37	7.4	1.00
修缮段城墙（新砖）	38.5	19	9	0.66
	38.4	19.2	8.7	0.64
	38	19.8	8.8	0.66
	38.2	19.6	8.8	0.66
	38	20.4	8.8	0.68
	37.9	19.5	9	0.67
	38.8	19.9	8.6	0.66
修缮段城墙地面（新方砖）	37.5	38	6.3	0.90
	37.2	38	6	0.85
	38	37.6	5.5	0.79
	38.2	38.7	6.5	0.96
	37.5	37.1	6.5	0.90

表3-44　延庆区花家窑子段长城砌筑材料——石材外观尺寸

类别	长（cm）	宽（cm）	高（cm）	体积（×10^{-2} m^3）
小型毛石、碎石	11	13	5.5	0.08
	22	10	10	0.24
	18	13	5	0.12
	26	7	6.5	0.12
	13	11	4	0.06
中型毛石	59	28	26	4.30
	30	25	20	1.50
	31	16	13	0.64
	36	15	14	0.76
	24	22	18	0.95
	30	13	18	0.70
	36	17	13	0.80
基础条石	120	28	35	11.76
	69	37	42	10.72
	84	41	37	12.74
	73	47	33	11.32
	73	28	38	7.77
	80	35.5	39	11.08

由上表可知，延庆区花家窑子段长城所用砌筑砖，不同使用位置的砌筑砖尺寸有所不同，其中敌台砖外观尺寸基本一致，约为40 cm × 20 cm × 8.5 cm（长×宽×高），体积约为0.55 × 10^{-2} ~ 0.8 × 10^{-2} m^3；城墙两边墙砌筑砖外观尺寸约为38 cm × 18.5 cm × 8.5 cm（长×宽×高），体积约为0.5 × 10^{-2} ~ 0.65 × 10^{-2} m^3；城墙地面方砖外观尺寸约为36.5 cm × 36.5 cm × 7 cm（长×宽×高），体积约为0.8 × 10^{-2} ~ 1.1 × 10^{-2} m^3；

修缮段城墙新砖外观尺寸约为38 cm×19.5 cm×9 cm（长×宽×高），体积约为$0.6×10^{-2}\sim0.7×10^{-2}$ m³，面上刻有"雪山天成2014"等字样；城墙地面新方砖外观尺寸约为37.5 cm×38 cm×6.5 cm（长×宽×高），体积约为$0.8×10^{-2}\sim1×10^{-2}$ m³，且所有砌筑砖外观尺寸的数值误差范围不超过1 cm。

对于长城所用石材，主要存在填芯毛石和基础条石两种，其中小型毛石或碎石长约10～30 cm，宽约5～15 cm，高约小于10 cm，体积约小于$0.3×10^{-2}$ m³；中型毛石长约20～60 cm，宽约10～30 cm，高约10～30 cm，体积约为$0.3×10^{-2}\sim4.5×10^{-2}$ m³；基础条石长约70～120 cm，宽约25～50 cm，高约30～45 cm，体积约大于$7.5×10^{-2}$ m³。

（十六）门头沟区洪水口段长城

表3-45　门头沟区洪水口段长城砌筑材料——城砖外观尺寸

位置	长（cm）	宽（cm）	高（cm）	体积（$×10^{-2}$ m³）
垛口（整砖）	38	28	8	085
	39	40	8.5	1.33
	40	38	8.5	1.29
	40.5	20.5	10	0.83
	40.5	21	9.5	0.81
	41	19.5	10.5	0.84
	41	21	10	0.86
	41	29	7.5	0.89
城墙顶面（整砖）	40.5	20	9.5	0.77
	40.5	19.7	10.4	0.83

表3-46　门头沟区洪水口段长城砌筑材料——石材外观尺寸

类别	长（cm）	宽（cm）	高（cm）	体积（$×10^{-2}$ m³）
小型毛石、碎石	8.5	5.5	4	0.02
	9.5	7	7.5	0.05

（续表）

类别	长（cm）	宽（cm）	高（cm）	体积（×10⁻²m³）
小型毛石、碎石	10.5	8	2.5	0.02
	11.5	6	4.5	0.03
	12	7	5	0.04
	13	9	5.5	0.06
	14	7	5.5	0.05
	14	10	6	0.08
	15	8.5	6	0.08
	17	6.5	2.5	0.03
中型毛石	19	18	6	0.21
	25	30	7	0.53
	26.5	15	12	0.48
	35	29	8	0.81
	36	21	11	0.83
	37	10	23	0.85
	46	32	13	1.91
	46	22	9.5	0.96
	55	23	12	1.52
大型毛石	91	60	—	—
	96	66	—	—
	101	77	—	—
	114	62	—	—
基础条石	65	—	66	—
	86	—	38	—
	91	—	38	—

（续表）

类别	长（cm）	宽（cm）	高（cm）	体积（×10⁻²m³）
基础条石	103	—	32	—
	110	—	76	—
	135	—	58	—

注：表中"—"表示由于条件限制，未能有效测量或计算。

由上表信息可得，门头沟区洪水口段长城所用砌筑砖位于不同构筑设施上，其外观尺寸略有不同，可看出垛口砖大致有三种，外观尺寸分别为41 cm×20.5 cm×10 cm（长×宽×高），40 cm×40 cm×8.5 cm（长×宽×高）和40 cm×28 cm×8 cm（长×宽×高），体积分别为$0.8×10^{-2}$~$0.9×10^{-2}$ m³，$1×10^{-2}$~$1.5×10^{-2}$ m³和$0.85×10^{-2}$~$0.9×10^{-2}$ m³；城墙顶面铺路砖外观尺寸约为40.5 cm×20 cm×10 cm（长×宽×高），体积约为$0.75×10^{-2}$~$0.85×10^{-2}$ m³，且砌筑砖外观尺寸各数值的误差范围不超过1 cm。门头沟区洪水口段长城所用砌筑石材按体积大小和形状规则程度分为四类，其中小型毛石或碎石长约5~20 cm，宽约5~10 cm，高约4~10 cm，体积约小于$0.1×10^{-2}$ m³；中型毛石长约20~50 cm，宽约10~35 cm，高约5~25 cm，体积约$0.1×10^{-2}$~$2×10^{-2}$ m³；大型毛石长约90~120 cm，宽约60~80 cm，高度因条件限制未能有效测量；基础条石长约65~140 cm，高约30~80 cm，宽度因条件限制未能有效测量。

（十七）门头沟区梨园岭段长城

表3-47　门头沟区梨园岭段长城砌筑材料——石材外观尺寸

类别	长（cm）	宽（cm）	高（cm）	体积（×10⁻²m³）
小型毛石、碎石	10	6.5	6	0.04
	10	5	3	0.02
	11	6	2	0.01
	11.5	3	2.5	0.01

（续表）

类别	长（cm）	宽（cm）	高（cm）	体积（×10⁻²m³）
小型毛石、碎石	13.5	5	3	0.02
	14	9	5	0.06
	14	10.5	8	0.12
	15	8.5	3.5	0.04
	16	6.5	3.5	0.04
	18	8.5	6.5	0.10
中型毛石	28	22	14	0.86
	34	31	18	1.90
	34	23	10	0.78
	41	22	21	1.89
	42	24	10	1.01
	43	22	14	1.32
	44	35	12	1.85
	45	28	21	2.65
	51	54	6	1.65
大型毛石	45	36	23	3.73
	57	39	21	4.67
	58	57	21	6.94
	61	42	12	3.07
	64	21	29	3.90
	66	57	31	11.66
	68	29	17.5	3.45
	80	42	18	6.05

门头沟区梨园岭段长城所用砌筑材料主要为石材，若忽略测试及计算过

程中的偶然误差，按照外观尺寸和体积大小可分为三类，其中小型毛石或碎石长约10~20 cm，宽约3~10 cm，高约2~10 cm，体积小于0.2×10^{-2} m³；中型毛石长约20~55 cm，宽约10~55 cm，高约5~25 cm，体积约0.2×10^{-2} ~ 3×10^{-2} m³；大型毛石长约45~80 cm，宽约20~60 cm，高约10~35 cm，体积大于3×10^{-2} m³。

（十八）门头沟区黄草梁段长城

表3-48　门头沟区黄草梁段长城砌筑材料——城砖外观尺寸

位置	长（cm）	宽（cm）	高（cm）	体积（$\times 10^{-2}$ m³）
	40	20.5	10.5	0.86
	40.5	19	10	0.77
	37.5	19.5	10	0.73
	38	21	10	0.80
	39	20	11	0.86
敌台（整砖）	39	19.5	11	0.84
	40	21	10	0.84
	39	21	10	0.82
	39	20	11.5	0.90
	40	19.5	10.5	0.82

表3-49　门头沟区黄草梁段长城砌筑材料——石材外观尺寸

类别	长（cm）	宽（cm）	高（cm）	体积（$\times 10^{-2}$ m³）
	8	8	4	0.03
	9	5	4	0.02
小型毛石、碎石	10.5	11.5	7.5	0.09
	10	11	6	0.07
	18	8.5	4	0.06

（续表）

类别	长（cm）	宽（cm）	高（cm）	体积（×10⁻²m³）
小型毛石、碎石	17.5	11	5	0.10
	13	9.5	6	0.07
	12	7	5.5	0.05
	12.5	9.5	6	0.07
	13	9	6.5	0.08
中型毛石	28	12	10	0.34
	21	12.5	14	0.37
	22.5	14	11	0.35
	28	17.5	11	0.54
	20	11	14	0.31
	39	13	12	0.61
	39	15	14	0.82
	36	25	15	1.35
	29	16	18	0.84
	21.5	25	12	0.65
大型毛石	178	86	52	79.60
	92	50	31	14.26
	101	57	54	31.09
	73	31	29	6.56
	92	79	47	34.16
	54	33	11	1.96
	56	33	8	1.48
基础条石	74	66	44	21.49
	117	63	41	30.22

（续表）

类别	长（cm）	宽（cm）	高（cm）	体积（$\times 10^{-2}\,m^3$）
	119	72	36	30.84
基础条石	94.5	57.5	33.5	18.20
	83	73	30.5	18.48

由上表结果可知，门头沟区黄草梁段长城所用砌筑砖主要为敌台砖，其外观尺寸约为40 cm×20 cm×10.5 cm（长×宽×高），体积约为0.7×10^{-2}~$0.9\times10^{-2}\,m^3$，且所有砌筑砖外观尺寸的数值误差范围不超过2 cm。其砌筑石材根据体积大小和形状规则程度分为四类，其中小型毛石或碎石长约5~20 cm，宽约5~15 cm，高约4~8 cm，体积约小于$0.1\times10^{-2}\,m^3$；中型毛石长约20~40 cm，宽约10~25 cm，高约10~20 cm，体积约0.1×10^{-2}~$1.5\times10^{-2}\,m^3$；大型毛石长约50~180 cm，宽约30~90 cm，高约5~55 cm，体积约大于$1.5\times10^{-2}\,m^3$；基础条石长约70~120 cm，宽约55~75 cm，高约30~45 cm，体积约15×10^{-2}~$35\times10^{-2}\,m^3$。

第四节　本章小结

本章主要依据长城修缮原则，即"四原原则"（原结构、原形制、原材料、原工艺），对北京明长城进行了相关实地勘测，着重介绍了长城原结构及原形制的相关信息，其中原结构主要包括长城的构筑设施和砌筑方式，原形制包括长城整体走向，整体外观尺寸及主要建筑材料外观尺寸等，经过整理，得到下表信息。

表3-50　北京明长城原结构和原形制相关信息（勘测段）

区名	长城段	构筑设施	原结构信息		原形制信息
			砌筑方式	整体走向、整体外观尺寸	主要砌筑材料外观尺寸（长×宽×高、体积）（cm×cm×cm、×10⁻² m³）
平谷	彰作	城墙、敌台	毛石垒砌，土、碎石填芯，局部白灰勾缝	东北至西南，勘测总长246.5 m，采集信息段长52.5 m，顶面宽250~300 cm，内檐墙高100~250 cm，内檐墙高20~350 cm	石材：小型 (10~40) × (15~30) × (5~30)，<2；中型 (30~65) × (15~30) × (10~30)，2~4；大型 (65~110) × (25~60) × (10~30)，>4
	黄松峪	城墙	毛石垒砌，土、碎石填芯，无勾缝灰	东西，勘测总长30 m，采集信息段长5 m，顶面宽250~300 cm，内檐墙高30~200 cm，外檐墙高200~400 cm	石材：小型 (15~35) × (10~30) × (5~20)，<1；中型 (35~55) × (15~35) × (10~25)，1~3.5；大型 (50~95) × (25~35) × (15~25)，>3.5
	北寨村	敌台、城墙	城墙：毛石垒砌，土、碎石填芯，无勾缝灰；敌台：毛石垒砌基础，碎石填芯、缝隙灰土，上部青砖砌墙	东北至西南，勘测总长115 m，采集信息段长21 m，顶面宽70~90 cm，内檐墙高50~100 cm，外檐墙高200~300 cm；敌台顶面620 cm×740 cm，敌台底面840 cm×780 cm，高220 cm	石材：小型 (5~25) × (3~15) × (2~10)，<0.4；中型 (20~50) × (15~35) × (8~20)，0.4~2；大型 (40~85) × (10~45) × (20~50)，>2

（续表）

区名	长城段	原结构信息		整体走向、整体外观尺寸	原形制信息
		构筑设施	砌筑方式		主要砌筑材料外观尺寸（长×宽×高，体积）（cm×cm×cm，×10⁻² m³）
密云	营房台	城墙、敌台	外檐墙条石为基，青砖砌墙，内檐墙毛石垒砌，整体墙土、碎石填芯，白灰勾缝	东北至西南，勘测总长50 m，息段长24 m，顶面宽180~350 cm，外檐墙高100~500 cm，内檐墙高30~200 cm	砖：37.5×18×9.5，0.6~0.75 石材：小型（4.5~30）×（2.5~15）×（1.5~15），<0.2；中型（30~45）×（15~40）×（15~30），0.2~4；大型（45~80）×（20~45）×（25~35），>4
	黄岩口	城墙、敌台	以某一缺口为界，以北条石为基，青砖砌墙，土、碎石填芯，白灰勾缝；缺口以南毛石垒砌，碎石填芯，局部黄土，白灰勾缝	西北至东南，勘测总长100 m，采集信息段长20 m，顶面宽200~400 cm，女墙宽30 cm，外檐墙高100~350 cm，内檐墙高0~310 cm，女墙高45 cm	砖：37×18×10.5，0.6~0.75 石材：小型（5~30）×（5~20）×（5~15），<1；中型（30~50）×（20~45）×（15~30），1~3；大型（40~80）×（20~40）×（20~45），>3
	石城镇	敌台、城墙	城墙：毛石垒砌，土、碎石填芯，无勾缝灰；上部敌台：条石为基，青砖砌墙，白灰勾缝	东北至西南，息段长19 m，勘测总长60 m，顶面宽150~300 cm，内檐墙高100~250 cm，外檐墙高250~450 cm；敌台顶面840 cm×920 cm，敌台底面长950 cm，总高300 cm	残砖：（20~30）×18×9，0.3~0.45 石材：小型（5~20）×（0~15）×（0~5），<0.1；中型（15~55）×（10~35）×（4~20），0.1~5；大型（75~120）×（25~60）×（15~35），>5；条石（65~140）×（35~75）×（35~40），10~25

（续表）

区名	长城段	原结构信息			原形制信息
		构筑设施	砌筑方式	整体走向、整体外观尺寸	主要砌筑材料外观尺寸（长×宽×高、体积）（cm×cm×cm、×10⁻² m³）
怀柔	撞道口	敌台、城墙	条石为基、青砖砌墙，土、碎石填芯，白灰勾缝	东西，勘测总长165 m，采集信息段长100 m，顶面宽150~520 cm，内檐墙高200~560 cm，外檐墙高350~650 cm	砖：城墙砖40.5×21×9，0.7~0.8；券门砖38×18×9.5，0.55~0.7；敌台砖39×19×9.5，0.7~0.85　石材：小型（15~30）×（10~15）×（0~10），<0.3；中型（25~40）×（15~25）×（10~15），0.3~1；大型（30~140）×（25~45）×（15~45），>1
	营地	敌台、城墙	条石为基、青砖砌墙，土、碎石填芯，白灰、灰土勾缝	东西，勘测总长150 m，采集信息段长75 m，顶面宽300~450 cm，内檐墙高280~450 cm，外檐墙高450~650 cm，内檐墙厚40 cm，墙厚40~60 cm	砖：城墙砖37.5×18×9.5，0.6~0.75；券门砖42.5×21×10，0.9；箭窗砖36×17×6.5，0.35~0.45；箭窗砖35.5×16.5×6.5，0.4；敌台砖42×19×9，0.55~0.85　石材：条石（65~110）×（15~35）×（30~35），5.5~7.5
	大榛峪	敌台、城墙	城墙：条石为基，青砖砌墙，白灰勾缝；敌台：条石为基，土、碎石填芯，碎石、表面青灰嵌缝	东北至西南，城墙顶面宽525 cm，敌台基础平面1070 cm×1202 cm，高360 cm；敌台砖砌部分平面1070 cm×1150 cm，高350 cm；券门拱宽100 cm，拱顶高190 cm；敌台箭窗拱宽65 cm，拱顶高125 cm	砖：城墙砖40×20×9.5，0.55~0.8；券门墙体砖40.5×19×10，0.7~0.8；箭窗券门拱顶砖40×19×8.5，0.6~0.7；箭窗墙体砖39×20×10，0.7~0.8；箭窗拱顶砖26×20×7，0.3~0.45　石材：条石（70~170）×（50~100）×（30~45），15~55

（续表）

区名	长城段	原结构信息		整体走向、勘测总长，整体外观尺寸	原形制信息
		构筑设施	砌筑方式		主要砌筑材料外观尺寸（长×宽×高、体积）（cm×cm×cm、×10⁻² m³）
昌平	黄楼洼	方形敌台、圆形敌台、城墙	城墙：毛石垒砌；敌台：条石为基、青砖砌墙、土、碎砖、碎石填芯，白灰、灰土勾缝	西北至东南，85.9 m，采集信息段长24 m，顶面宽200~410 cm，内檐墙高100~400 cm，外檐墙高100~450 cm；敌台直径1300~1400 cm，内墙高550 cm，外墙高700 cm	砖：$37.5 \times 18.5 \times 8.5$，$0.5 \sim 0.65$；石材：小型$(2 \sim 10) \times (3 \sim 10) \times (0.5 \sim 5)$，$<0.1$；中型$(10 \sim 35) \times (10 \sim 20) \times (3.5 \sim 15)$，$0.1 \sim 1$；大型$(35 \sim 100) \times (15 \sim 65) \times (10 \sim 35)$，$>1$
延庆	八达岭	敌台	条石为基、青砖砌墙、土、碎砖、碎石填芯，白灰勾缝；新修区新砖砌墙、青灰勾缝	西北至东南，敌台底座高3.85 m，箭窗$1.38 \text{ m} \times 0.99 \text{ m}$，一层砖砌部分$9.9 \text{ m} \times 9.65 \text{ m} \times 3.47 \text{ m}$，二层铺房$8.97 \text{ m} \times 8.9 \text{ m} \times 1.84 \text{ m}$	砖：铺房砖$41 \times 20 \times 9.5$，$0.65 \sim 0.9$；$38 \times 18.5 \times 8$，$0.5 \sim 0.65$；一层墙砖$37.5 \times 18 \times 7.5$，$0.45 \sim 0.6$；地面砖$38 \times 38$，底座基础砖$38 \times 18 \times 8$，$0.5 \sim 0.6$；石材：碎石$(3.5 \sim 15) \times (2 \sim 10) \times (1 \sim 5)$，$<0.1$，条石$(50 \sim 85) \times (45 \sim 100) \times (30 \sim 50)$，$10 \sim 20$
	西拨子	城墙、墩台	城墙：毛石为基、土体夯筑；墩台：毛石为基、青砖砌墙、白灰、灰土勾缝，内部土体夯筑，夯土中添加碎石，版筑方式夯筑	西北至东南，墙体顶面宽143 cm，底面宽574 cm，外檐墙高311 cm，内檐墙高251 cm；墩台各边宽617 cm（南），840 cm（西），575 cm（东），752 cm（北），高252 cm	石材：碎石$(1 \sim 5) \times (0.5 \sim 5) \times (0.4 \sim 2)$，$<0.003 \text{ m}^3$，毛石$(10 \sim 30) \times (5 \sim 20) \times (2 \sim 20)$，$0.02 \sim 0.85$；土体：城墙夯层厚度4~20 cm，转角夯层厚度4~10 cm

（续表）

区名	长城段	原结构信息			原形制信息
		构筑设施	砌筑方式	整体走向、整体外观尺寸	主要砌筑材料外观尺寸（长×宽×高、体积）（cm×cm×cm、×10⁻² m³）
延庆	九眼楼	敌台（九眼楼）、城墙	敌台：条石为基，青砖砌墙，白灰勾缝；新修区新砖与新灰重砌。城墙：未修缮段尺寸不一毛石垒砌，修缮段中型毛石垒砌，白灰勾缝，两侧加装金属护栏	西北至东南，墙体顶面宽95 cm，底面宽452 cm，内檐墙高151 cm，外檐墙高353 cm	砖：新砖41×20.5×9.5，0.7～0.85；内部旧30.5×21×9.5，0.55～0.6；砖40.5×24.5×9.5，0.8～1；券门砖40.5×23.5×9.5，0.75～1；22×21×9.5，0.35～0.5 石材：小型（5～15）×（4～15）×（2.5～10），<0.1；中型（15～45）×（5～15）×（5～25），0.1～1；大型（45～105）×（20～35）×（15～35），>1；条石（60～125）×（40～70）×（15～35），5～20
	大庄科	敌台、城墙	条石为基，上层青砖砌墙，白灰勾缝，毛石、碎石填芯	东西，墙体顶面宽4 m左右，外檐墙墙体高2～3 m，内檐墙墙体高1～2 m，敌台基础条石部分平面宽度约9.1 m	砖：残砖（15～30）×18×8，0.25～0.45；整砖37×17×9，0.57 石材：小型（5～15）×（5～10）×（0～5），<0.1；中型（20～45）×（15～25）×（10～20），0.1～2；条石（70～120）×（25～50）×（30～45），>7.5

（续表）

区名	长城段	原结构信息			原形制信息
		构筑设施	砌筑方式	整体走向、整体外观尺寸	主要砌筑材料外观尺寸（长×宽×高，体积）（cm×cm×cm，×10^{-2} m^3）
延庆	花家窑子	敌台、城墙	条石为基，青砖砌墙，白灰勾缝，黄土、碎石填芯，修缝段新砖、新砖、灰补砌	东北至西南，勘测总长310 m，采集信息段长34 m，顶面宽300~410 cm，外檐墙高100~300 cm，内檐墙高300~350 cm，敌台长约900~1200 cm，宽约650~800 cm，内侧高440 cm，敌台外侧高320 cm	砖：敌台砖40×20×8.5，0.55~0.8；城墙砖38×18.5×8.5，0.5~0.65；地面方砖36.5×36.5×7，0.8~1.1；城墙新砖38×19.5×9，0.6~0.7；地面新砖37.5×38×6.5，0.8~1石材：小型(10~30)×(5~15)×(0~10)，<0.3；中型(20~60)×(10~30)×(10~30)，0.3~5；条石(65~150)×(25~60)×(30~40)，>10
门头沟	洪水口	敌台、城墙	敌台：条石为基，青砖砌墙，白灰勾缝；城墙：原来大型毛石为基，青砖砌墙，土、碎石填芯，白灰、灰土勾缝；修缮后外边墙垛口以下毛石砌筑，垛口以上青砖砌筑，青灰勾缝；内边墙毛石砌筑，白灰勾缝抹面；顶面毛石砌筑，局部青砖砌筑	西北至东南，勘测总长107.8 m，采集信息段长15.2 m，顶面最外侧宽350~420 cm，内侧马道宽230~300 cm，外檐墙50~60 cm，内侧高90~110 cm；内檐墙外侧高330~420 cm，厚60 cm，内侧高70~85 cm；垛口外侧高140~290 cm，50~60 cm，内侧高40~50 cm；相邻垛口间隔170~200 cm；敌台10.69 m×10.86 m×5.7 m	砖：垛口砖41×20.5×10，0.8~0.9；40×40×8.5，1~1.5 m^3；40×28×8，0.85~0.9；顶面砖40.5×20×10，0.75~0.85石材：小型(5~20)×(5~10)×(4~10)，<0.1；中型(20~50)×(10~35)×(5~25)，0.1~2；大型(90~120)×(60~80)；条石长65~140，高30~80

（续表）

区名	长城段	构筑设施	原结构信息		原形制信息
			砌筑方式	整体走向，整体外观尺寸	主要砌筑材料外观尺寸（长×宽×高，体积）（cm×cm×cm，×10⁻²m³）
	梨园岭	城墙	外檐墙大型毛石砌筑，灰土勾缝；内檐墙毛石砌筑，灰土勾缝抹面	东北至西南，勘测总长110.9 m，采集信息段长46.9 m，顶面宽170~330 cm，内檐墙高140~300 cm，外檐墙高270 cm，敌台底面580 cm×540 cm	石材：小型（10~20）×（3~10）×（2~10），<0.2；中型（20~55）×（10~55）×（5~25），0.2~3；大型（45~80）×（20~60）×（10~35），>3
门头沟	黄草梁	敌台、城墙	城墙：毛石垒砌；敌台：条石为基，青砖、碎砖、碎石砌墙，土、碎砖、碎石填芯，方砖铺墁，白灰勾缝	东北至西南，顶面宽200~500 cm，内檐墙高250~500 cm；敌台顶面1091 cm×874 cm，敌台底面1128 cm×987 cm，内侧高430 cm；券门拱高645 cm；券门拱宽100 cm，拱顶高200 cm，除去圆拱券高150 cm；箭窗拱宽65 cm，拱顶圆拱券高115 cm，除去圆拱券高85 cm	砖：敌台砖40×20×10.5，0.7~0.9 石材：小型（5~20）×（5~15）×（4~8），<0.1；中型（20~40）×（10~25）×<0.1；（10~20）、0.1~1.5；大型（50~180）×（10~20）×（5~55），>1.5；条石（70~120）×（55~75）×（30~45），15~35

第四章　北京明长城边墙材料基本性能研究

第一节　研究目的

长城是由多种材料复合砌筑的军事工程体系，根据中国文物古迹保护准则，了解并分析长城原有构筑材料对于修缮方案中的选材尤为重要。本章主要通过对长城原材料进行基本物理、力学性能进行实地无损采集，并根据相关建材行业标准对其其他性能进行实验室分析，以获得构筑长城的原材料相关信息，为长城修缮方案的制定提供必要依据。

第二节　长城构筑材料分类

长城构筑材料主要分为砌筑材料、勾缝材料、填芯材料三类，其中砌筑材料主要有石材、砖、土、瓦等，勾缝材料主要有白灰、青灰、灰土等，填芯材料主要有土、碎石、碎砖等。石材根据形状是否规则，可分为毛石和条石，其中毛石为形状基本不规则的石材，长城大多采用有两面平整的平毛石，而条石则是形状为长方体的石材。砌筑常用石材主要为天然石材，天然石材大致可分为三类，包括火成岩（如花岗岩）、沉积岩（如石灰石和砂岩）、变质岩（如大理石和板岩）等[1]。此外，长城砌筑砖基本为青砖，根据使用部位不同又可分为城墙砖、券门砖、垛口砖、箭窗砖、地面砖等[2]。北京各区长城所采用的构筑材料相异，种类繁多，可能均为从附近取材，需要具体位置具体分析。

---

① 陈楠. 谈建筑石材[J]. 南方建筑，2005（3）：80—82.
② 常军富. 明长城大同镇段的墙体材料与构造研究[D]. 南京：东南大学. 2010.

第三节　长城主要砌筑材料基本性能现场无损检测结果

为了解长城主要砌筑材料的相关物理、力学性能，给后续修缮选材提供部分依据，本节主要采用砂浆回弹仪、砖回弹仪、色差计、里氏硬度计、附着力测试条、视频显微镜等仪器，对北京各区明长城砌筑材料的基本物理、力学性能进行现场无损检测，包括回弹强度、表面硬度、色度、酥粉质量等，其测试结果如下。

一、平谷区彰作段长城

表4-1　平谷区彰作段长城主要砌筑材料基本物理、力学性能无损检测结果

材料名称	测点编号	回弹强度（MPa）（石材—砂浆回弹仪）	表面硬度（HL）	色度值 L	a	b	酥粉质量（mg）
长城石材	WQ-1	33.8	834	55.5	2.7	5.9	0.8
	WQ-2	36.2	731	57.1	2.3	5.9	5.9
	WQ-3	18.2	348	38.8	3.8	7.2	2.7
	WQ-4	36.6	771	48.6	4.8	8.9	3.0
	WQ-5	41.1	838	49	10.5	17.1	9.7
	WQ-7	37.8	777	62.5	3.0	8.3	2.8
	WQ-9	29.5	738	42.1	3.0	6.8	3.0
	WQ-10	20.2	627	52.2	2.4	4.8	2.4
	WQ-11	16.8	713	39.6	3.6	7.3	4.2
	WQ-12	33.2	804	62.2	2.8	7.5	5.5
	WQ-14	21.1	421	31.4	4.7	5.9	16.4
	WQ-15	33.7	574	37.2	4.9	8.0	0.9
	WQ-16	34.4	667	51.1	2.1	4.3	5.1
	WQ-17	37	825	49.4	3.9	8.0	2.7
	WQ-18	35.1	669	39.8	6.0	10.1	0.7
	WQ-19	15.9	432	35.9	4.5	6.7	3.6
	WQ-20	40.4	756	55.1	3.3	5.6	3.1
	WQ-21	28	592	45.9	4.8	10.3	6.0
	WQ-23	36.9	702	58.5	6.8	9.5	6.4

（续表）

材料名称	测点编号	回弹强度（MPa）（石材—砂浆回弹仪）	表面硬度（HL）	色度值			酥粉质量（mg）
				L	a	b	
长城石材	WQ-25	34.1	761	58.9	3.5	8.6	10.2
	WQ-26	40.6	769	41.0	3.8	7.1	4.3
	QD-1	32.2	282	36.0	4.2	6.9	3.6
	QD-3	40.7	837	70.7	1.7	13.3	6.1
	QD-4	26.1	686	64.1	2.2	7.7	4.9
	QD-6	42.4	813	60.2	3.5	7.9	3.5

注：表中"WQ"表示长城侧面外墙，"QD"表示长城顶面墙体。

由上章平谷区彰作段长城砌筑方式的相关信息可知，城墙的主要砌筑材料为石材，且为毛石。结合上表所得数据，获得该段长城石材回弹强度约为16～42 MPa，硬度约为280～840 HL，且对于色度变化，31<L<71，2<a<11，4<b<17。根据测试点处宏观照片及现场观察结果判断，表中WQ-1、WQ-2、WQ-12处为基本无病害的正常处，可见该段长城石材多处由于裂缝、风化、微生物病害等因素，表面相关基本物理性能与初始材料存在一定差别，为了给后续修缮方案的制定提供较为科学的依据，现将无病害处的回弹强度、硬度、色度等数值作为修缮选材的参考，则修缮该处长城所用石材的回弹强度应大于36 MPa，硬度应大于830 HL，色度值分别为L=62，a=2，b=6。整个长城石材酥粉质量小于20 mg，除部分测试点（如WQ-5、WQ-14、WQ-25）酥粉质量较大外，其余测试点酥粉质量较小，若忽略表面尘土等影响，说明石材表面局部存在一定粉化，但整体粉化程度不高。

二、平谷区黄松峪段长城

表4-2 平谷区黄松峪段长城主要砌筑材料基本物理、力学性能无损检测结果

材料名称	布点编号	回弹强度（MPa）（石材—砂浆回弹仪）	表面硬度（HL）	色度值			酥粉质量（mg）
				L	a	b	
长城石材	NQ-1	29.4	800	36.6	3.8	7.7	2.4

（续表）

材料名称	布点编号	回弹强度（MPa）（石材—砂浆回弹仪）	表面硬度（HL）	色度值			酥粉质量（mg）
				L	a	b	
长城石材	NQ-2	25.5	848	46.4	8.0	16.2	2.0
	NQ-4	24.4	714	40.9	5.0	10.4	2.9
	NQ-5	19.9	720	51.7	7.4	17.3	3.0
	QD-1	26.5	379	44.1	3.3	6.6	1.4
	QD-2	31	502	45.4	2.8	8.6	3.7
	QD-3	45.9	583	49.1	7.8	15.7	1.6
	QD-9	—	157	35.9	9.1	14.6	1.3
	QD-10	14.4	637	46.3	6.5	14	1.4
	QD-11	—	574	42.1	5.9	11.5	4.7
	QD-14	18.2	302	32.2	5.9	9.6	1.0
	QD-15	22.7	468	42.4	5.9	13.8	3.9
	QD-16	47.9	696	58.3	7.6	19.7	1.8
	QD-19	47.6	805	37.7	4.6	7.9	1.7
	QD-21	20.8	637	48	5.8	14.3	1.8

注：表中"—"表示因现场条件限制未能有效测量。表中"NQ"表示长城侧面内墙，"QD"表示长城顶面墙体。

由上章平谷区黄松峪段长城砌筑方式相关信息可知，城墙所用砌筑材料主要为石材，且为毛石。再结合上表测试结果可得，该段长城石材的回弹强度除未能有效测试的布点（QD-9、QD-11）外，其余数值约为14～48 MPa，硬度范围约为160～850 HL，色度值分别约为32<L<58，3<a<9，7<b<20。该处砌筑长城的石材因为风化、微生物病害等因素，其基本物理性能与初始材料相比发生了较大变化，所以测试结果中数值差距较大。通过测试点处宏观照片及现场观察判断，表中QD-3、QD-16处为病害较轻处或基本无病害的正常处，若将其基本物理、力学性能测试结果的数值作为修缮选材的参考，则修缮该处长城所用石材的回弹强度应大于48 MPa，硬度应大于700 HL，色度值分别约为L=58，a=8，b=16。此外，根据表中结果，长城石材表面酥粉质量总体小于5 mg，且变

化较小，若忽略表面尘土等影响，说明该段长城整体表面粉化程度较低。

三、平谷区北寨村段长城

表4-3　平谷区北寨村段长城主要砌筑材料基本物理、力学性能无损检测结果

材料名称	布点编号	回弹强度（MPa）（石材—砂浆回弹仪）	表面硬度（HL）	色度		
				L	a	b
长城石材（毛石）	QD-1	19.4	640	26.9	2.2	6.3
	QD-3	15.0	578	28.8	4.5	6.1
	QD-4	38.4	758	60.4	7.2	19.1
	QD-5	32.6	663	49.8	10.5	15.6
	QD-8	20.6	478	26.7	2.5	4.4
	QD-9	17.1	580	34.6	4.9	9.0
	QD-10	17.4	575	25.5	3.8	4.2
	QD-11	29.6	669	27.5	5.1	7.0
	QD-13	17.4	746	32.5	5.2	11.1
	QD-14	26.4	726	55.2	12.9	15.8
	QD-18	29.4	489	36.7	5.3	9.7
	QD-19	31.8	728	27.1	3.0	5.3
	QD-20	14.4	320	29.1	2.6	4.4
	WQ-1	29.6	807	34.8	5.9	8.3
	WQ-3	29.6	807	38.4	7.7	7.9
	WQ-5	20.4	461	33.5	5.8	9.5
	WQ-6	24.0	516	31.8	5.0	6.2
	WQ-9	38.2	751	38.8	9.9	12.8
	WQ-10	35.8	709	37.6	7.9	6.9
	DT-1	25.8	607	65.4	5.9	14.0
	DT-2	33.2	503	59.3	3.2	6.5
	DT-3	33.0	748	41.1	10.4	7.3
	DT-6	47.6	812	52.3	4.0	9.2

注：表中"WQ"表示长城侧面外墙，"QD"表示长城顶面墙体，"DT"表示长城敌台。

由上章平谷区北寨村段长城砌筑方式相关信息可知，城墙、敌台所用砌筑材料主要为砌筑毛石。结合上表可知，长城石材的回弹强度约为14～48 MPa，表面硬度约为300～810 HL，色度值分别为26<L<65，2<a<13，4<b<19。砌筑毛石由于表面风化、结构性裂缝等因素，导致其性能与初始材料相比发生变化，从而影响长城的结构安全。通过测试点处宏观照片及现场观察，表中WQ-9、WQ-10、DT-3处为基本无病害或病害较轻处，性能与初始材料的较为接近，若将其测试结果的相关数据作为修缮选材的参考，则长城修缮所用石材回弹强度应大于38 MPa，硬度应大于750 HL，色度值分别为L=41，a=8，b=7。此外，因长城石材表面粉化现象较少，未测试其表面酥粉质量。

四、密云区营房台段长城

表4-4　密云区营房台段长城主要砌筑材料基本物理、力学性能无损检测结果

材料名称	布点编号	回弹强度（MPa）（砖材—砖回弹仪、石材—砂浆回弹仪）	表面硬度（HL）	色度值			酥粉质量（mg）
				L	a	b	
长城砖材	WQ-1	45.3	473	49.5	6.2	13.9	1.1
	WQ-2	30.7	506	37.9	3.1	7.3	2.2
	WQ-3	38	494	43.9	3.5	7.7	4.0
	WQ-4	30.1	474	45.6	4.7	11.2	0.3
	WQ-7	36.1	581	41.2	4.1	9.5	2.7
	WQ-8	34.1	603	46.0	2.3	6.4	4.2
	WQ-9	41.3	459	46.0	5.2	12.2	1.2
	WQ-11	37.5	576	37.2	2.2	5.6	14.2
	WQ-12	34.2	566	44.7	5.0	5.7	11.6
	WQ-13	11.5	389	43.6	2.9	6.7	0.7
	QD-6	21.7	548	53.1	5.4	13.2	2.3

（续表）

材料名称	布点编号	回弹强度（MPa）（砖材—砖回弹仪、石材—砂浆回弹仪）	表面硬度（HL）	色度值			酥粉质量（mg）
				L	a	b	
长城石材（毛石）	NQ-1	26.4	421	41.9	10.2	10.5	3.5
	NQ-2	26.4	479	50.7	8.2	13.8	3.8
	NQ-6	40.8	570	47.8	8.6	18.0	10.7
	NQ-7	39.1	740	39.2	10.1	12.3	4.0
	NQ-10	35.1	743	56.9	12.2	18.3	1.8
	NQ-12	40.8	617	42.1	9.6	14.3	2.8
	QD-1	26.2	715	46.0	11.3	11.4	4.7
	QD-3	33.8	733	46.1	11.6	16.7	3.2
	QD-5	32.3	556	51.4	1.4	7.7	2.6

注：表中"WQ"表示长城侧面外墙，"NQ"表示长城侧面内墙，"QD"表示长城顶面墙体。

由上章密云区营房台段长城砌筑方式相关信息可知，城墙主要砌筑材料有石材和砖材，且石材主要为大型毛石和条石，砖材为青砖，按使用位置为城墙砖。由上表结果可知，目前该段长城石材毛石（条石由于表面不平整无法获得有效数据）整体回弹强度约为26～41 MPa，硬度约为420～740 HL，色度值分别约为39<L<57，1<a<12，8<b<18；长城砖材整体回弹强度约为12～45 MPa，硬度约为390～600 HL，色度值分别约37<L<53，2<a<6，6<b<14。长城砌筑材料由于风化、裂缝、微生物病害等因素，表面基本物理、力学性能发生变化，测试数值存在一定差距。根据测试点处宏观照片及现场观察，发现表中WQ-1、WQ-9、NQ-10、QD-1处基本为病害较轻处或正常处，若将其测试结果的相关数据作为修缮选材的参考，则长城修缮用石材的回弹强度应大于35 MPa，硬度应大于740 HL，色度值分别约为L=57，a=11，b=11；修缮用砖材的回弹强度应大于45 MPa，硬度应大于470 HL，色度值分别为L=50，a=5，b=12。此

外，长城石材整体的酥粉质量除个别测试点（NQ-6）外均小于5 mg，且各数值变化不大，说明该段长城部分石材存在一定粉化，但整体上表面粉化程度较轻。长城砖材整体的酥粉质量，若忽略表面尘土等影响，部分测试点（如WQ-11、WQ-12）酥粉质量约为10～15 mg，与其他测试点相比，质量变化较大，说明这些区域存在一定的表面粉化现象，其他测试点酥粉质量均小于5 mg，粉化程度不高。

五、密云区黄岩口段长城

表4-5　密云区黄岩口段长城主要砌筑材料基本物理、力学性能无损检测结果

材料名称	布点编号	回弹强度（MPa）（砖材—砖回弹仪、石材—砂浆回弹仪）	表面硬度(HL)	色度值			酥粉质量(mg)
				L	a	b	
长城砖材	NQ-1	37.4	476	48.4	2.5	5.3	3.5
	NQ-3	30.1	506	45.9	2.3	6.9	1.3
	NQ-7	36.4	437	48.3	6.8	14.1	0.5
	NQ-8	21.6	437	40.3	3.5	8.3	20.2
	NQ-10	37.1	509	45.8	4.5	10.3	0.7
	NQ-11	41	582	49.8	4.5	11.9	0.1
	NQ-14	37.4	508	48.1	6.8	14.4	2.9
	NQ-25	27	572	52.1	4.1	12.8	4.7
	NQ-26	26.9	505	44.8	2.4	6.6	1.4
	NQ-27	20.7	430	54.5	4.3	10.8	1.2
	NQ-28	20.6	245	45.7	3.2	8.3	2.0
	QD-1	10.3	415	37.3	4.4	4.6	1.9
	QD-2	24.6	483	44.6	3.7	7.0	0.4
	QD-5	24.2	472	49.7	3.0	8.9	1.8
	QD-6	19.3	414	35.5	3.8	6.8	1.2

（续表）

材料名称	布点编号	回弹强度（MPa）（砖材—砖回弹仪、石材—砂浆回弹仪）	表面硬度（HL）	色度值			酥粉质量（mg）
				L	a	b	
长城砖材	QD-9	25.9	458	56.5	4.0	9.6	0.9
	QD-10	20.1	298	38.5	3.1	6.2	0.3
	QD-11	28.1	242	41.6	3.2	7.2	2.6
长城石材（毛石）	NQ-17	37.1	779	62.6	2.0	6.5	1.5
	NQ-18	—	267	57.0	13.1	23.2	1.8
	NQ-21	15	387	44.1	5.5	10.8	6.9

注：表中"—"表示因现场条件限制未能有效测量。表中"NQ"表示长城侧面内墙，"QD"表示长城顶面墙体。

由上章密云区黄岩口段长城砌筑方式相关信息可知，其城墙主要砌筑材料为砖石，且石材为毛石和条石，砖材为青砖，按使用位置为城墙砖。由上表测试结果可知，长城石材（毛石）整体的回弹强度除因条件限制未能有效测量的点（NQ-18）外，约为15～37 MPa，硬度约为270～780 HL，色度值分别约为44<L<63，2<a<13，7<b<23；长城砖材整体的回弹强度约为10～41 MPa，硬度约为240～580 HL，色度值分别约为36<L<57，2<a<7，5<b<14。长城砌筑材料由于风化、微生物生长等因素，其基本物理、力学性能与初始材料相比变化较大，尤其强度下降明显。为了给修缮选材提供依据，选择病害较轻处或基本无病害处，即表中NQ-10、NQ-11、NQ-17、NQ-25处的测试结果作为选材的参考，则长城修缮用石材的回弹强度应大于37 MPa，硬度应大于780 HL，色度值分别约为L=63，a=2，b=7；修缮用砖材的回弹强度应大于41 MPa，硬度应大于580 HL，色度值分别约为L=52，a=4，b=10。此外，长城砌筑材料除个别测试点（NQ-8）外，整体的酥粉质量均小于7 mg，且各数值变化较小，若忽略表面尘土等影响，说明该段长城砌筑材料表面粉化现象不明显。

六、密云区石城镇段长城

表4-6　密云区石城镇段长城主要砌筑材料基本物理、力学性能无损检测结果

材料名称	布点编号	回弹强度（MPa）（砖材—砖回弹仪、石材—砂浆回弹仪）	表面硬度（HL）	色度		
				L	a	b
长城砖材	DT-1	26.7	663	44.8	4.6	11.6
	DT-2	24.6	635	50.4	3.0	9.2
	DT-6	26.6	500	49.0	2.4	8.5
	DT-8	31.0	531	39.0	3.9	7.5
	DT-9	29.8	604	39.9	3.6	7.2
	DT-10	31.7	556	38.7	2.2	4.8
	DT-11	23.3	594	44.3	3.0	6.9
	DT-14	35.0	636	48.0	2.7	8.7
	DT-15	31.4	680	47.8	2.9	7.9
	DT-16	30.8	626	53.5	3.1	11.6
长城石材（条石）	DT-4	27.9	771	46.1	5.2	9.5
	DT-5	24.2	608	51.0	4.3	11.8
长城石材（毛石）	QD-1	21.9	659	39.1	2.4	6.5
	QD-2	23.4	513	45.4	2.9	8.0
	QD-4	24.0	367	36.3	5.7	9.9
	QD-5	27.9	699	37.5	3.8	9.0
	QD-6	26.4	725	42.0	2.1	4.0
	QD-9	26.4	623	37.4	1.6	4.2
	QD-11	27.9	516	42.8	2.4	6.6
	QD-12	27.8	434	44.4	1.6	5.4
	QD-15	27.9	633	42.6	2.7	6.4
	QD-16	25.7	628	51.0	1.1	4.5

（续表）

材料名称	布点编号	回弹强度（MPa）（砖材—砖回弹仪、石材—砂浆回弹仪）	表面硬度（HL）	色度		
				L	a	b
长城石材（毛石）	QD-17	21.7	703	34.4	5.1	7.7
	QD-18	28.4	583	43.9	3.2	7.5
	QD-19	33.4	600	57.4	5.1	12.2
	QD-20	34.5	750	42.3	1.4	3.7

注：表中"QD"表示长城顶面墙体，"DT"表示长城敌台。

由上章密云区石城镇段长城砌筑方式相关信息可知，城墙和敌台主要砌筑材料为基础条石、砌筑毛石及砌筑青砖。结合上表结果可得，长城所用砖材表面回弹强度约为23～35 MPa，表面硬度约为500～680 HL，色度值分别约为39<L<54，2<a<5，5<b<12；基础条石表面回弹强度约24～28 MPa，表面硬度约610～770 HL，色度值分别约为46<L<51，4<a<5，10<b<12；砌筑毛石表面回弹强度约22～35 MPa，表面硬度约370～750 HL，色度值分别约为34<L<57，1<a<6，4<b<12。长城砌筑材料由于雨雪、风霜等自然营造力的影响，会出现表面风化、残缺、裂缝等病害，从而影响砌筑材料本身物理、力学性能。其中表中DT-4、DT-14、DT-15、QD-5、QD-11、QD-20处为基本无病害或病害较轻处，其性能与初始材料较为接近，若以其相关测试结果作为长城修缮选材的参考，则长城修缮所用砖材回弹强度应大于35 MPa，表面硬度应大于680 HL，色度值分别为L=48，a=3，b=8；修缮所用基础条石回弹强度应大于28 MPa，表面硬度应大于770 HL，色度值分别约为L=45，a=5，b=9.5；修缮所用砌筑毛石回弹强度应大于35 MPa，表面硬度应大于750 HL，色度值分别为L=43，a=1，b=4。此外，该段长城砌筑砖石表面粉化现象较少，故未选择测试其表面酥粉质量。

七、怀柔区撞道口段长城

表4-7　怀柔区撞道口段长城主要砌筑材料基本物理、力学性能无损检测结果

材料名称	布点编号	回弹强度（MPa）（砖材—砖回弹仪、石材—砂浆回弹仪）	表面硬度（HL）	色度值			酥粉质量（mg）
				L	a	b	
长城砖材	DXM-3	33.4	713	52.3	3.3	8.8	4.8
	DXM-6	29.2	613	59.0	5.2	14.0	2.3
	DXM-7	32.5	581	59.9	6.0	14.4	1.1
	DJC-1	37.8	617	46.7	4.9	10.4	1.4
	DJC-3	33.7	614	54.1	4.5	10.3	0.7
	BXM-1	32.4	526	59.6	6.9	15.8	2.1
	BXM-2	29.3	510	60.3	5.9	15.1	1.1
	BJC-1	24.2	542	46.5	3.5	9.3	5.0
	BJC-3	25.7	447	51.7	7.4	15.1	2.1
	BJC-4	30.4	636	52.2	5.8	13.8	1.9
	BJC-6	37.8	692	56.4	2.8	10.0	1.3
	XJC-1	32	518	54.5	7.1	14.9	17.3
	XJC-2	24.2	461	41.6	5.8	9.9	5.5
	XJC-3	31.8	645	59.4	4.5	11.5	10.5
	XXM-3	32.8	574	54.1	8.4	15.6	0
	XXM-4	28.9	617	54.1	7.1	16.2	57.6
	XXM-7	24.3	538	57.7	10.0	18.3	8.0
	XXM-8	32.5	640	58.7	10.5	19.7	9.2
	NJC-1	22.5	472	54.0	2.7	8.4	6.5
	NJC-3	31.4	513	57.2	5.3	12.9	2.7
	ZXM-1	27.1	524	53.6	5.3	12.8	2.3
	ZXM-2	30.6	582	53.0	4.5	11.5	3.4

（续表）

材料名称	布点编号	回弹强度（MPa）（砖材—砖回弹仪、石材—砂浆回弹仪）	表面硬度（HL）	色度值			酥粉质量（mg）
				L	a	b	
长城砖材	ZXM-3	27.6	627	54.9	1.8	5.8	3.9
	QD-2	33.4	542	46.9	1.7	6.8	13.8
	QD-4	30.4	429	60.7	3.5	11.2	11.3
	DT-5	35.6	558	61.7	5.2	13.0	10.7
	DT-6	31.2	487	38.8	2.7	4.6	3.8
	NQ-5	35	610	53.5	4.8	12.2	4.7
	NQ-6	26	393	46.0	5.8	11.9	12.2
长城石材（毛石）	XXM-2	39.6	783	55.2	2.5	5.9	2.0
	QD-1	40.3	797	46.7	1.3	4.9	10.0
	QD-3	39.4	496	56.6	2.7	9.7	2.9
	QD-6	37.2	824	57.4	1.6	8.6	3.4

注：表中"BJC"表示敌台北面箭窗，"BXM"表示敌台北面券门，"DJC"表示敌台东面箭窗，"DXM"表示敌台东面券门，"NJC"表示敌台南面箭窗，"XJC"表示敌台西面箭窗，"XXM"表示敌台西面券门，"ZXM"表示敌台中部券门，"NQ"表示长城侧面内墙，"QD"表示长城顶面墙体，"DT"表示另一残损敌台。

由上章怀柔区撞道口段长城砌筑方式相关信息可知，敌台和城墙所用的砌筑材料主要为砖石，且石材为毛石和条石；砖材为青砖，按使用位置分别为城墙砖、券门砖、箭窗砖、敌台砖等。结合上表结果可得，其中长城石材毛石（条石由于表面不平整无法获得有效数据）整体的回弹强度约为37~40 MPa，硬度约为500~820 HL，色度值分别约为47<L<57，1<a<3，5<b<10；长城砖材整体的回弹强度约为23~38 MPa，硬度约为390~710 HL，色度值分别约为39<L<62，2<a<11，5<b<20。病害严重处的测试点由于裂缝、风化、微生物病害等因素，其基本物理、力学性能与初始材料相比有变化，尤其强度下降明显（与表中病害轻微处相比）。表

中DJC-1、XJC-3、NQ-5、XXM-2、QD-1处为病害轻微处或基本无病害处，若将其测试结果的相关数值作为修缮选材的参考，则长城修缮用石材的回弹强度应大于40 MPa，硬度应大于800 HL，色度值分别约为L=55，a=1，b=5；修缮用砖材的回弹强度应大于38 MPa，硬度应大于650 HL，色度值分别约为L=60，a=5，b=10。此外，长城整体除XJC-1、XJC-3、XXM-4、QD-2、QD-4、DT-5、NQ-6、QD-1等测试点酥粉质量大于10 mg外，其余测试点酥粉质量均小于5 mg，且变化不大，若忽略表面尘土等原因，说明该段长城少数区域存在表面粉化现象，而大部分区域表面粉化程度不高或基本无粉化。

八、怀柔区官地段长城

表4-8　怀柔区官地段长城主要砌筑材料基本物理、力学性能无损检测结果

材料名称	布点编号	回弹强度（MPa）（砖材—砖回弹仪）	表面硬度（HL）	色度值			酥粉质量（mg）
				L	a	b	
长城砖材	WQ-1	28.1	631	51.8	6.1	15.2	2.2
	WQ-2	25.1	607	43.4	3.0	7.8	2.5
	WQ-4	24.4	493	44.0	3.6	7.9	0.0
	WQ-5	28.6	482	38.5	5.8	10.2	0.6
	WQ-6	28.5	310	37.3	3.5	6.6	0.7
	WQ-7	21.6	335	49.6	3.6	11.1	22.6
	WQ-10	22.1	311	35.8	2.9	5.9	1.8
	WQ-11	24.2	489	47.1	4.5	10.1	1.2
	WQ-17	33.9	387	39.1	2.9	7.4	13.5
	WQ-18	37.1	638	43.1	4.7	9.1	2.3
	WQ-20	31.7	457	40.6	4.7	8.6	3.3
	WQ-21	29.6	546	47.2	5.1	13.4	1.7
	WQ-24	29	398	41.3	4.4	7.6	0.9

（续表）

材料名称	布点编号	回弹强度（MPa）（砖材—砖回弹仪）	表面硬度（HL）	色度值			酥粉质量（mg）
				L	a	b	
	WQ-25	34.2	691	43.1	3.1	6.8	1.8
	WQ-26	25.7	597	54.6	4.9	9.6	0.4
	WQ-27	27.3	591	45.7	6.0	12.7	3.0
	WQ-29	32.8	485	47.4	5.5	12.5	1.5
	WQ-30	35.4	526	49.6	5.3	12.2	2.2
	XXM-5	25.9	416	53.3	4.0	10.7	1.2
	XXM-6	29.5	521	51.2	4.0	9.8	1.9
	XJC-1	24.2	540	60.6	4.0	13.1	0.9
长城砖材	XJC-2	34.6	455	55.3	4.4	11.1	1.7
	NJC-1	31.8	591	53.4	6.0	13.0	0.9
	NJC-2	27.4	603	54.6	6.1	14.1	0.6
	BJC-1	30	472	36.9	3.4	7.6	0.7
	BJC-2	30.6	538	52.4	2.8	8.7	0.1
	DJC-1	21.7	371	53.0	6.6	12.2	0.6
	DJC-2	40.7	504	43.3	3.7	9.0	0.4
	DXM-1	23.9	541	40.6	3.6	9.4	1.6
	DXM-2	32.4	548	43.7	4.3	9.0	0.3

注：表中"BJC"表示敌台北面箭窗，"DJC"表示敌台东面箭窗，"DXM"表示敌台东面券门，"NJC"表示敌台南面箭窗，"XJC"表示敌台西面箭窗，"XXM"表示敌台西面券门，"WQ"表示长城侧面外墙。

由上章怀柔区官地段长城砌筑方式相关信息可知，敌台和城墙所用砌筑材料主要为砖、石，且石材主要为条石，砖材主要为青砖，按使用位置分别为城墙砖、券门砖、箭窗砖、敌台砖等。结合上表基本物理、力学性能测试结果，除长城石材由于现场条件限制未能有效测试其基本性能外，长城砖材整体回弹强度约为22～41MPa，硬度约为310～690HL，色度值分别约为36<L<61，3<a<7，6<b<15。长城砖材表面由于风化、微生物病害等原因，其基本物理、力学性能与初始材料相比有所下降，尤其强度下降明显（与表中病害轻微处相比）。表中WQ-2、WQ-18、XXM-6、BJC-2处为病害轻微处或基本无病害处，若将其测试结果作为修缮用选材的参考，则修缮用砖材的回弹强度约大于37MPa，硬度约大于640HL，色度值分别约为L=52，a=3，b=8。此外，长城砖材除个别测试点（WQ-7、WQ-17）酥粉质量约大于10mg，粉化较为严重，其余测试点酥粉质量均小于5mg，若忽略表面尘土影响，说明该段长城城墙上部分砖材粉化较为严重，整体上粉化程度较轻。

九、怀柔区大榛峪段长城

表4-9 怀柔区大榛峪段长城主要砌筑材料基本物理、力学性能无损检测结果

材料名称	布点编号	回弹强度（MPa）（砖材—砖回弹仪）	表面硬度（HL）	色度		
				L	a	b
长城砖材	XXM-1	34.5	440	51.8	3.0	8.1
	XXM-3	30.9	480	56.9	4.2	11.7
	XJC-1	35.8	525	56.6	4.7	11.4
	XJC-2	31.1	494	52.8	4.6	11.4
	BJC-2	30.4	511	46.1	5.0	11.8
	BJC-3	32.2	609	43.0	5.4	11.4
	BJC-5	33.7	469	58.0	2.9	9.9
	BJC-6	35.7	452	51.3	3.7	9.1
	BJC-8	31.9	457	52.9	3.2	9.0
	BJC-11	31.3	519	56.5	3.6	9.1
	BJC-14	34.0	572	53.9	2.5	8.1
	BJC-15	33.9	440	53.3	3.6	9.8

（续表）

材料名称	布点编号	回弹强度（MPa） （砖材—砖回弹仪）	表面硬度 （HL）	色度		
				L	a	b
长城砖材	BJC-17	34.8	424	54.9	6.4	14.7
	BJC-19	33.8	503	48.7	3.7	8.7
	DXM-1	28.9	514	51.0	3.1	9.0
	DXM-4	32.8	571	51.9	2.2	6.5
	DXM-5	32.6	589	48.5	3.9	8.9
	DJC-1	29.9	555	42.2	5.1	8.9
	DJC-2	29.9	408	53.2	3.6	10.0
	DJC-5	31.1	474	52.9	4.0	11.2
	DJC-7	32.1	566	41.6	3.4	7.4
	NJC-2	44.1	664	48.6	3.8	10.1
	NJC-6	32.0	602	50.7	3.0	6.5
	ZXM-1	30.8	624	48.6	2.4	6.1
	ZXM-2	31.4	524	47.6	1.9	5.2
	ZXM-4	34.7	548	51.5	2.7	6.9
	ZXM-6	31.0	602	52.2	3.7	9.4

注：表中"BJC"表示敌台北面箭窗，"DJC"表示敌台东面箭窗，"DXM"表示敌台东面券门，"NJC"表示敌台南面箭窗，"XJC"表示敌台西面箭窗，"XXM"表示敌台西面券门，"ZXM"表示敌台中部券门。

由上章怀柔区大榛峪段长城砌筑方式相关信息可知，城墙和敌台所用砌筑材料主要为青砖。其表面回弹强度约为29～44 MPa，表面硬度约为410～660 HL，色度值分别为$42<L<58$，$2<a<6$，$5<b<15$。青砖长期处于自然环境下，因雨雪、风霜等环境侵蚀，青砖会出现风化、残缺、断裂等典型病害，使其性能下降。因此，根据相关宏观照片和实地勘察，筛选出性能与初始材料较接近的基本无病害或病害较轻处，即XXM-3、BJC-5、BJC-14、

DJC-5、ZXM-4处，将其相关测试结果作为长城修缮选材的参考，则长城修缮所用青砖表面回弹强度应大于35 MPa，表面硬度应大于570 HL，色度值分别约为L=58，a=3，b=7。此外，该段长城砌筑砖表面粉化现象较少，故未对其表面酥粉质量进行测量。

十、昌平区黄楼洼段长城

表4-10　昌平区黄楼洼段长城主要砌筑材料基本物理、力学性能无损检测结果

材料名称	布点编号	回弹强度（MPa）（砖材—砖回弹仪、石材—砂浆回弹仪）	表面硬度（HL）	色度值			酥粉质量（mg）
				L	a	b	
长城砖材	BDT-1	25.6	467	37.1	12.2	8.5	4.5
	BDT-2	31.2	595	37.3	15.0	11.1	3.3
	BDT-3	22.1	516	12.1	17.5	3.3	6.1
	BDT-8	19.7	438	46.7	3.1	6.9	2.9
	BDT-10	26.1	510	49.3	3.0	8.1	21.5
	DDT-1	30	482	37.0	2.4	5.7	2.4
	DDT-3	23.9	465	51.3	3.2	9.6	7.1
	XDT-2	30.1	497	50.5	2.4	6.9	7.1
	XDT-3	28.5	499	51.9	1.6	6.5	6.6
	XDT-5	29.3	491	42.2	5.9	10.6	6.9
	XDT-7	39.9	462	51.5	3.0	9.2	7.8
	NDT-1	25.5	—	50.4	3.6	9.6	7.3
	NDT-2	16.5	—	52.2	3.6	7.7	8.8
	NDT-4	25.2	—	49.6	3.1	10.4	9.8
长城石材（毛石）	DDT-5	48.5	702	44.2	4.1	6.8	5.2
	DDT-7	50.3	853	57.2	3.6	8.4	9.3
	QD-1	36.2	—	55.0	4.3	6.1	2.9

（续表）

材料名称	布点编号	回弹强度（MPa）（砖材—砖回弹仪、石材—砂浆回弹仪）	表面硬度（HL）	色度值			酥粉质量（mg）
				L	a	b	
	QD-4	27.2	—	47.7	5.7	11.6	2.7
	QD-5	21.9	—	38.5	7.9	13.2	3.5
	QD-6	33.1	—	55.3	3.5	10.5	2.2
	QD-9	25.1	—	40.7	9.0	13.6	1.3
长城石材（毛石）	QD-10	34	—	47.0	2.6	4.7	5.4
	QD-12	29.6	—	43.3	3.9	9.1	2.1
	QD-13	15	—	50.4	4.4	8.8	4.9
	QD-14	30.9	—	54.1	7.2	14.3	2.4
	QD-15	34.7	—	57.5	5.9	11.0	2.5
	QD-16	37	—	52.0	3.8	7.1	2.8

注：表中"—"表示因现场条件限制或仪器问题，未能有效测量。表中"BDT"表示敌台北面，"DDT"表示敌台东面，"NDT"表示敌台南面，"QD"表示长城顶面墙体，"XDT"表示敌台西面。

由上章昌平区黄楼洼段长城砌筑方式相关信息可知，敌台和城墙主要砌筑材料有砖材和石材，其中石材主要为毛石和条石，砖材主要为青砖，按使用位置为城墙砖。根据上表数据可知，长城石材（毛石）整体的回弹强度约为15～50 MPa，硬度约为700～850 HL，色度值分别约为39<L<58，3<a<9，5<b<14。长城砖材整体的回弹强度约为17～40 MPa，硬度约为440～600 HL，色度值分别约为12<L<52，2<a<18，3<b<11。长城砌筑材料由于长时间暴露在外，出现裂缝、表面风化、微生物生长等典型病害，其基本物理、力学性能也随之发生变化，尤其材料强度下降明显（与表中病害轻微处相比）。表中DDT-3、XDT-2、XDT-7、DDT-7、QD-15处为病害轻微处或基本无病害处，若将其测试数值作为修缮选材的参考，则修缮用石材的回弹强度应大于50 MPa，硬度应大于850 HL，色度值分别约为L=58，a=4， b=8；修缮用砖材的回弹强度应大于40 MPa，硬度应大于500 HL，色度值分别约为L=52，a=2，b=7。此外，长城整体除个别测试点（BDT-10）的酥粉质量大于20 mg，其余测试点酥粉质量均小于8 mg，且数值变化较小，若忽略表面尘土等影响，说明该段长城部分区域存在表面酥粉现象，但整体粉化程度不高。

十一、延庆区八达岭未修缮段长城

表4-11　延庆区八达岭未修缮段长城主要砌筑材料基本物理、力学性能无损检测结果

材料名称	布点编号	回弹强度（MPa）（砖材—砖回弹仪）	色度值			酥粉质量（mg）
			L	a	b	
长城砖材	DXM-1	31.3	50.6	3.4	10.2	1.4
	DXM-2	26.7	51.6	5.6	12.2	1.1
	DXM-3	28.2	57.6	0.2	1.2	7.3
	DXM-6	29	43.5	1.3	3.8	1.4
	DXM-7	41.1	44.1	2.1	4.7	14.9
	DXM-9	33.8	55.4	5.0	13.1	5.0
	DXM-10	28.7	45.8	3.2	8.2	0.9
	DXM-12	39	51.2	2.2	7.0	0.6
	BJC-1	14.2	39.6	3.2	7.4	5.0
	BJC-2	28.1	55.4	1.4	2.3	29.2
	BJC-4	25.2	48.0	2.1	6.1	12.3
	BJC-5	36.3	54.4	2.1	7.5	6.5
	BXM-1	30.1	47.7	2.7	7.0	7.9
	BXM-2	33.4	49.8	3.6	9.9	0.9
	BXM-4	34.2	53.4	8.4	17.0	0.6
	BXM-5	30.5	47.0	2.6	9.7	2.6
	NXM-1	30.8	51.2	4.7	11.7	3.8

（续表）

材料名称	布点编号	回弹强度（MPa）（砖材—砖回弹仪）	色度值			酥粉质量（mg）
			L	a	b	
	NXM-2	32.7	45.6	3.5	7.7	0.6
	NXM-6	35.1	47.9	2.9	8.9	0.9
	NXM-7	27.4	53.3	2.8	8.3	269.6
	NXM-8	31.4	59.6	2.0	6.0	8.9
	NXM-9	30.2	50.9	2.4	5.1	7.3
	NXM-11	29.9	54.1	0.6	8.3	1.4
	NXM-13	31.2	50.6	3.5	10.9	5.8
	NJC-1	20.5	43.9	0.9	5.9	1.7
	NJC-2	24	40.4	4.2	9.2	1.9
	NJC-3	27.4	51.2	3.2	9.8	0.6
长城砖材	XJC-2	40.2	68.2	0.6	5.7	22.8
	XJC-3	25.5	41.6	4.0	8.6	0.6
	XJC-6	34	40.7	3.6	7.5	0.7
	XJC-7	37.5	54.7	3.0	8.5	3.4
	XXM-1	25.2	47.1	4.2	10.4	2.5
	XXM-2	32.8	48.7	5.6	12.2	3.2
	XXM-3	34.7	41.3	3.2	7.6	0.4
	XXM-4	34.5	41.4	2.4	5.1	1.3
	XXM-7	33.3	55.0	3.5	10.4	1.8
	DB-1	29.1	44.7	2.5	7.0	2.6
	DB-2	26.8	35.5	3.3	7.3	7.1

注：图中"BJC"表示敌台北面箭窗，"BXM"表示敌台北面券门，"DB"表示敌台地面，"DXM"表示敌台东面券门，"NJC"表示敌台南面箭窗，"NXM"表示敌台南面券门，"XJC"表示敌台西面箭窗，"XXM"表示敌台西面券门。

由上章延庆区八达岭未修缮段长城砌筑方式相关信息可知，敌台所用砌筑材料为砖、石，且石材为条石，砖材为青砖，按使用位置分别为铺房砖、一层墙砖、地面砖、基础砖等。结合上表基本物理、力学性能测试结果可得，长城砖材整体的回弹强度约14~41 MPa，硬度由于条件限制或仪器问题未能有效测量，色度值分别约为36<L<68，0<a<8，1<b<17。表中NXM-11、NXM-13、XXM-4处为修缮的新砖处，其回弹强度约为30~35 MPa，强度高于大部分旧砖。对于长城石材，其基本性能由于条件限制未能有效测量。长城砌筑材料因受到风化、裂缝等病害的影响，其物理、力学性能与初始材料相比有变化（与表中病害轻微处相比），特别是表面强度下降明显。为了给修缮选材提供参考，选择部分病害轻微处或基本无病害处的测试结果作为标准，即表中DXM-12、BJC-5、NXM-6、XJC-7、XXM-7处，则修缮用砖材的回弹强度应大于39 MPa，色度值分别约为L=55，a=2，b=7。此外，若忽略表面尘土等影响，长城部分测试点（DXM-7、BJC-2、BJC-4、NXM-7、XJC-2）的酥粉质量均大于10 mg，最大达到270 mg，可见该处长城部分区域粉化严重，粉化程度较高。

十二、延庆区西拨子段长城

表4-12　延庆区西拨子段长城砖石基本物理、力学性能无损检测结果

材料名称	布点编号	回弹强度（MPa）（砖材—砖回弹仪、石材—砂浆回弹仪）	表面硬度（HL）	色度值			酥粉质量（mg）
				L	a	b	
长城石材（毛石）	DunT-1	51.2	731	46.0	6.3	10.7	2.6
	DunT-2	41.8	633	51.5	4.4	10.9	4.6
	DunT-3	49.4	741	53.1	1.9	5.9	4.5
	DunT-4	47.6	847	54.5	5.0	10.3	6.5
	DunT-5	10.3	579	48.8	5.4	11.0	9.9

（续表）

材料名称	布点编号	回弹强度（MPa）（砖材—砖回弹仪、石材—砂浆回弹仪）	表面硬度（HL）	色度值			酥粉质量（mg）
				L	a	b	
长城砖材	DunT-6	26.7	441	61.6	3.5	10.3	10.2
	DunT-7	18	705	55.5	6.1	14.8	6.1
	DunT-8	26.6	656	56.2	7.4	16	10.9
	DunT-9	21.4	531	52.5	6.8	17	4.9
	DunT-10	16.7	697	50.8	6.4	14.5	54.5

注：表中"DunT"表示长城墩台。

表4-13 延庆区西拨子段长城夯土基本物理性能无损检测结果

材料名称	布点编号	表面硬度（HL）	土体温度（℃）	相对湿度（%）	含盐量（g/L）	酥粉质量（mg）
长城夯土	DunT-11	331	28.8	8.8	0.25	10.0
	DunT-13	101	28.8	5.1	0.13	398.5
	DunT-14	257	28.8	8.3	0.21	11.8
	DunT-16	285	28.8	5.0	0.86	31.8
	DunT-17	353	28.8	6.3	0.60	24.9
	BQ-1	327	31.2	2.7	0.02	16.3
	BQ-2	172	30.9	4.3	0.03	17.1
	BQ-3	234	30.7	6.3	0.01	27.5
	BQ-4	148	30.7	3.5	0.16	19.8
	BQ-5	114	31.6	6.1	0.08	29.2
	BQ-7	133	30.6	4.4	0.06	202.9
	BQ-8	163	30.5	5.3	0.06	123.8
	BQ-9	245	28.5	4.6	0.01	28.6
	BQ-10	206	28.5	5.4	0.02	61.9

注：表中"DunT"表示长城墩台，"BQ"表示长城边墙。

由上章延庆区西拨子段长城砌筑方式相关信息可知，墩台及城墙所用的砌筑材料主要有石材、砖材和夯土，且石材主要为毛石，砖材为青砖，按使用位置为墩台砖。上述两表的测试结果显示，该段长城石材整体的回弹强度约为10~51 MPa，硬度约为580~850 HL，色度值分别约为46<L<55，2<a<6，6<b<11；砖材整体的回弹强度约为17~27 MPa，硬度约为440~710 HL，色度值分别约为51<L<62，4<a<7，10<b<17；长城夯土整体的硬度约为100~350 HL，土体温度约28~32℃（夏季），土体相对湿度约为2.5%~9%，土体含盐量约为0.01 g/L~0.9 g/L。长城砌筑材料表面由于风化、裂缝、表面泛盐等病害，其基本物理、力学性能与初始材料相比有所变化，尤其材料强度下降明显（与表中基本无病害处相比）。表中DT-2、DT-4、DT-6、DT-8、DT-11、DT-17、BQ-1处为病害较轻处或基本无病害处，若将其测试结果作为修缮选材的参考，则修缮用石材的回弹强度应大于48 MPa，硬度应大于850 HL，色度值分别约为L=55，a=4，b=10；修缮用砖材的回弹强度应大于27 MPa，硬度应大于660 HL，色度值分别约为L=62，a=4，b=10；修缮用夯土的硬度应大于350 HL。此外，长城砖石的酥粉质量除个别测试点（DT-10）外基本都小于或等于10 mg，整体的粉化程度不高。对于夯土表面酥粉而言，由于尘土、表面脱落等影响，其酥粉质量测试结果普遍偏高，影响因素较多，较难说明夯土表面粉化程度情况。

十三、延庆区九眼楼段长城

表4-14　延庆区九眼楼段长城主要砌筑材料基本物理、力学性能无损检测结果

材料名称	布点编号	回弹强度（MPa）（砖材—砖回弹仪、石材—砂浆回弹仪）	表面硬度（HL）	色度值			酥粉质量（mg）
				L	a	b	
长城砖材	BBQ-1	22.6	642	56.8	4.1	10.7	3.3
	BBQ-3	13.9	432	49.9	3.9	10.1	8.6
	BBQ-4	13.9	452	39.3	3.0	5.3	1.4

（续表）

材料名称	布点编号	回弹强度（MPa）（砖材—砖回弹仪、石材—砂浆回弹仪）	表面硬度（HL）	色度值			酥粉质量（mg）
				L	a	b	
长城砖材	BBQ-7	25.9	554	54.8	4.1	11.5	2.1
	BBQ-8	23.6	605	52.6	2.6	8.2	1.5
	BBQ-11	25.0	555	50.6	3.5	10.0	1.6
	BBQ-12	19.4	496	42.9	3.3	7.3	8.2
	BBQ-16	23.4	577	47.3	2.3	6.6	2.0
	BBQ-18	11.1	578	46.0	5.8	11.0	6.6
	BNQ-1	14.6	448	65.1	1.1	3.4	0.1
	BNQ-3	19.8	549	49.9	1.7	5.9	2.1
	BNQ-4	27.1	567	49.6	3.8	9.2	0.2
	BNQ-8	25	611	54.7	3.8	9.0	6.7
	BNQ-9	16.6	537	60.2	3.1	9.9	1.1
	BXM-2	24.8	599	53.8	7.7	14.9	2.6
	BXM-6	27.3	643	66.2	1.4	5.0	3.3
	BXM-7	26.6	560	61.5	4.6	12.4	1.0
	XXM-1	11.0	659	57.5	5.8	13.9	9.5
长城石材（毛石）	QD-1	18.5	601	41.1	8.4	14.2	28.8
	QD-2	24.1	488	30.8	4.8	5.4	0.3
	QD-3	39.1	507	40.5	4.2	8.3	0.7
	QD-4	39.4	590	34.1	5.5	8.0	1.0
	QD-5	32.0	619	41.8	6.9	11.5	0.7
	QD-6	27.0	775	35.1	4.0	6.1	1.3
	QD-7	10	221	65.1	3.8	10.6	0.3

注：表中"BBQ"表示九眼楼北面外部边墙，"BNQ"表示九眼楼北面内部边墙，"BXM"表示九眼楼北面券门，"XXM"表示九眼楼西面券门，"NXM"表示九眼楼南面券门，"QD"表示长城顶面墙体。

　　由上章延庆区九眼楼段长城砌筑方式相关信息可知，敌台及城墙所用砌筑材料主要为砖、石，且其中石材为毛石和条石，砖材为青砖，按使用位置分别为城墙砖、券门砖等。同时，再结合上表性能测试结果可得，长城石材毛石（条石由于表面不平整无法获得有效数据）整体的回弹强度约为10～39 MPa，硬度约为220～780 HL，色度值分别约为31<L<65，4<a<8，5<b<14；长城砖材整体的回弹强度约为11～27 MPa，硬度约为430～660 HL，色度值分别约为39<L<66，1<a<8，3<b<15。表中BBQ-1、BBQ-16、BXM-7处为修缮处新砖指标值，其回弹强度约为22～27 MPa，硬度约为560～650 HL，强度高于大部分旧砖。因此长城砌筑材料表面由于风化、微生物病害等因素，与初始材料相比，其基本物理性能有变化，尤其强度明显下降。表中BBQ-7、BBQ-8、BNQ-4、BNQ-8、QD-4、QD-6处为病害轻微处或基本无病害处，若将其测试结果作为修缮选材的参考，则修缮用石材的回弹强度应大于40 MPa，硬度应大于780 HL，色度值分别约为L=35，a=4，b=6；修缮用砖材的回弹强度应大于27 MPa，硬度应大于610 HL，色度值分别约为L=55，a=3，b=8。此外，该段长城整体的酥粉质量除个别测试点（QD-1）外，基本都小于10 mg，若忽略表面尘土的影响，说明该段长城整体的粉化程度不高。

十四、延庆区大庄科段长城

表4-15　延庆区大庄科段长城主要砌筑材料基本物理、力学性能无损检测结果

材料名称	布点编号	回弹强度（MPa）（砖材—砖回弹仪、石材—砂浆回弹仪）	表面硬度（HL）	色度		
				L	a	b
长城石材（条石）	WQ-1	33.8	587	53.2	2.5	6.8
	WQ-2	34.4	572	59.6	8.5	16.9
	WQ-5	27.4	623	60.8	4.8	9.4
	WQ-10	29.4	495	48.5	2.8	5.5
	WQ-11	29.8	536	58.3	3.5	8.2

（续表）

材料名称	布点编号	回弹强度（MPa）（砖材—砖回弹仪、石材—砂浆回弹仪）	表面硬度（HL）	色度		
				L	a	b
长城石材（条石）	WQ-13	31.2	724	52.7	3.3	6.9
	WQ-14	28.6	665	53.6	4.0	9.8
	WQ-17	32.0	826	57.0	3.0	8.5
	WQ-18	34.4	702	52.0	2.9	7.1
	WQ-20	28.4	676	52.9	3.0	10.6
	WQ-22	35.2	660	65.4	4.4	11.2
	WQ-25	37.8	613	58.6	5.2	7.9
	WQ-26	28.6	838	50.6	3.7	10.4
	WQ-28	28.4	656	62.4	2.6	7.9
	WQ-30	33.2	879	49.7	3.9	6.2
长城砖材	WQ-32	27.9	641	38.6	3.6	7.5
	WQ-33	28.2	617	39.0	4.1	3.7
	WQ-35	31.4	631	42.9	3.8	8.5
	WQ-36	26.2	649	34.7	3.8	7.2
	WQ-37	24.6	642	35.4	4.0	8.2
	WQ-38	25.4	718	43.1	4.9	10.0
	WQ-39	28.0	693	42.1	2.2	7.7
	WQ-40	25.4	673	46.8	2.0	11.8
	WQ-41	22.6	604	46.2	3.7	9.7
	WQ-42	24.4	666	39.0	2.5	5.2

注：表中"WQ"表示长城侧面外墙。

由上章延庆区大庄科段长城砌筑方式相关信息可知，城墙和敌台所用砌筑材料主要为基础条石和青砖。其中基础条石表面回弹强度约为

27～38 MPa，表面硬度约为500～880 HL，色度值分别约为49<L<65，3<a<9，6<b<17；砌筑青砖表面回弹强度约为23～31 MPa，表面硬度约为600～720 HL，色度值分别约为35<L<47，2<a<5，4<b<12。长城砌筑材料长期处于自然环境下，会出现风化、断裂、残缺等病害，从而其性能会下降，一定程度上会影响长城的结构安全。表中WQ-1、WQ-5、WQ-25、WQ-26、WQ-32、WQ-35处为基本无病害或病害较轻处，其性能与初始材料较为接近，若以其测试结果作为长城修缮选材的参考，则长城修缮所用基础条石回弹强度应大于38 MPa，硬度应大于840 HL，色度值分别约为L=61，a=3，b=7；修缮用青砖回弹强度应大于31 MPa，硬度应大于640 HL，色度值分别约为L=43，a=4，b=8。此外，该段长城砌筑砖石表面粉化程度较低，不明显，故未对其表面酥粉质量进行测试。

十五、延庆区花家窑子段长城

表4-16　延庆区花家窑子段长城主要砌筑材料基本物理、力学性能无损检测结果

材料名称	布点编号	回弹强度（MPa）（砖材—砖回弹仪、石材—砂浆回弹仪）	表面硬度（HL）	色度		
				L	a	b
长城砖材	DT-2	27.4	517	50.6	4.9	11.4
	DT-4	28.9	411	52.2	5.2	12.1
	DT-7	32.1	503	52.5	4.8	11.1
	DT-9	30.0	519	48.5	2.8	5.9
	DT-10	28.0	413	49.6	2.7	10.0
	DT-12	25.4	452	46.5	3.3	11.8
	DT-14	29.8	535	52.5	3.6	10.2
	DT-16	28.4	468	52.2	4.6	10.9
	DT-17	32.1	432	56.7	3.4	12.4
	DT-18	27.4	525	53.8	3.0	9.0
	DT-20	27.5	571	53.1	4.0	5.4

（续表）

材料名称	布点编号	回弹强度（MPa）（砖材—砖回弹仪、石材—砂浆回弹仪）	表面硬度（HL）	色度		
				L	a	b
长城砖材	DT-22	25.6	498	53.8	6.4	12.7
	DT-24	36.6	521	57.3	8.0	15.4
	DT-26	33.9	517	50.4	5.9	12.4
	DT-28	34.4	477	56.5	8.4	16.1
	DT-29	32.1	483	53.6	4.8	11.0
	DT-30	28.9	474	51.2	4.1	10.5
	DT-32	25.3	535	49.0	5.3	13.3
	DT-34	31.6	476	46.0	4.9	10.0
	QD-2	23.7	542	50.4	5.2	12.6
	QD-4	26.6	605	51.1	3.8	10.3
	QD-7	30.1	577	50.3	4.8	11.8
长城石材（条石）	WQ-6	46.1	581	41.2	5.2	9.7
	WQ-7	52.5	629	49.5	3.1	5.3
	WQ-8	51.1	582	50.3	3.7	8.4
修缮新砖	WQ-1	22.4	578	40.8	3.1	5.6
	WQ-2	20.2	459	33.1	2.7	2.9
	WQ-3	26.0	440	38.1	3.0	4.9
	WQ-4	24.9	405	43.0	4.1	7.6
	WQ-5	24.2	504	40.4	2.9	4.9
	QD-1	31.3	507	40.2	2.1	5.2
	QD-3	28.7	529	42.5	3.0	6.5
	QD-8	26.2	415	35.1	2.1	3.9
	QD-9	32.8	598	39.4	3.3	5.5

注：表中"WQ"表示长城侧面外墙，"QD"表示长城顶面墙体，"DT"表示长城敌台。

　　由上章延庆区花家窑子段长城砌筑方式相关信息可知，城墙和敌台主要存在基础条石及青砖等砌筑材料，且存在修缮段使用的新砖。其中基础条石表面回弹强度约为46～53MPa，表面硬度约为580～630HL，色度值分别约为41<L<50，3<a<5，5<b<10；砌筑青砖表面回弹强度约为24～37MPa，表面硬度约为410～610HL，色度值分别约为46<L<57，3<a<8，5<b<16；修缮新砖表面回弹强度约为20～33MPa，表面硬度约为400～600HL，色度值分别约为33<L<43，2<a<4，3<b<8。长城砌筑材料由于长期受风霜、雨雪等的侵蚀，会出现风化、裂缝、残缺等病害，导致其物理、力学性能发生变化。筛选出基本无病害或病害较轻处，即表中DT-7、DT-9、DT-14、DT-26、WQ-7处，其性能与初始材料较为接近，若以其测试结果作为长城修缮选材的参考，则长城修缮所用基础条石回弹强度应大于53MPa，硬度应大于630HL，色度值分别约为L=50，a=3，b=5；修缮所用砌筑砖回弹强度应大于34MPa，表面硬度应大于540HL，色度值分别约为L=53，a=3，b=6。此外，根据实地勘察，该段长城砌筑材料表面粉化现象较少，故未对其表面酥粉质量进行测试。

十六、门头沟区洪水口段长城

表4-17　门头沟区洪水口段长城主要砌筑材料基本物理、力学性能无损检测结果

材料名称	布点编号	回弹强度（MPa）（砖材—砖回弹仪、石材—砂浆回弹仪）	表面硬度（HL）	色度值			酥粉质量（mg）
				L	a	b	
长城砖材	WQ-1	27.9	416	57.3	0.8	3.7	1.7
	WQ-2	27.3	525	60.6	3.6	12.0	2.6
	WQ-3	27.5	563	60.3	2.7	8.7	4.7
	WQ-4	27.1	477	42.5	4.3	10.2	5.2
	WQ-6	27.5	486	46.0	1.5	4.7	21.3
	WQ-10	26.9	589	49.0	3.4	8.6	1.5
	WQ-11	25.6	480	61.3	3.3	11.3	8.1

（续表）

材料名称	布点编号	回弹强度（MPa）（砖材—砖回弹仪、石材—砂浆回弹仪）	表面硬度（HL）	色度值			酥粉质量（mg）
				L	a	b	
长城砖材	WQ-12	24.6	534	42.6	3.1	7.9	4.1
	WQ-14	31.3	621	50.8	2.5	7.2	0.9
	QD-1	47.8	500	54.5	3.6	11.6	3.2
	QD-2	39.3	504	51.5	3.9	11.1	4.5
	QD-3	38.1	557	54.2	8.9	15.6	1.7
	QD-4	35.7	469	52.0	3.8	10.3	5.0
	QD-5	38.2	510	57.4	3.2	10.8	2.1
长城石材（毛石）	WQ-7	43.2	716	50.7	2.4	8.5	1.7
	WQ-8	35.7	596	62.0	6.4	16.5	2.6
	WQ-15	33.4	573	60.5	6.4	15.6	1.6
	WQ-17	39.9	771	43.1	2.9	7.3	1.4
	WQ-20	37.1	687	46.8	3.0	9.3	2.6
	WQ-21	36.8	753	32.8	1.9	9.4	4.7
	WQ-22	35.2	678	48.0	0.4	6.3	0.4
	NQ-1	30.7	513	47.2	2.5	5.1	0.6
	NQ-3	43.9	762	55.8	6.8	14.1	0.4

注：表中"WQ"表示长城侧面外墙，"QD"表示长城顶面墙体，"NQ"表示长城侧面内墙。

由上章门头沟区洪水口段长城砌筑方式相关信息可知，敌台和城墙所用的砌筑材料主要为砖、石，且石材为毛石和条石，砖材为青砖，按使用位置分别为垛口砖、顶面城墙砖等。结合上表基本性能测试结果可得，长城石材毛石（条石由于表面不平整无法获得有效数据）整体的回弹强度约为31～44 MPa，硬度约为510～770 HL，色度值分别约为33<L<62，0<a<7，5<b<17；长城砖材整体的回弹强度约为25～48 MPa，硬度约为

420~620 HL，色度值分别约为43<L<61，1<a<9，4<b<16。表中WQ-1为修缮新砖处，其回弹强度约28 MPa，硬度约420 HL，强度略小于旧砖，可能是烧制工艺上的问题，出现了缺陷。根据相关原理和经验，长城砌筑材料表面由于裂缝、表面风化、微生物病害等因素，自身的基本物理、力学性能与初始材料相比有变化，尤其强度会下降明显（与基本无病害处相比）。为了给后续修缮选材提供参考，选择病害轻微处或基本无病害处的测试结果作为选材参考，即表中WQ-2、WQ-11、WQ-14、WQ-7、WQ-20处，则修缮用石材的回弹强度应大于43 MPa，硬度应大于720 HL，色度值分别约为L=51，a=2，b=9；修缮用砖材的回弹强度应大于31 MPa，硬度应大于620 HL，色度值分别约为L=61，a=3，b=7。此外，若忽略表面尘土的影响，除个别测试点（WQ-6）酥粉质量大于20 mg外，长城整体的酥粉质量基本均小于10 mg，说明该段长城砌筑材料整体的表面粉化程度不高。

十七、门头沟区梨园岭段长城

表4-18　门头沟区梨园岭段长城主要砌筑材料基本物理、力学性能无损检测结果

材料名称	布点编号	回弹强度（MPa）（石材—砂浆回弹仪）	表面硬度（HL）	色度值			酥粉质量（mg）
				L	a	b	
长城石材（毛石）	QD-1	29.3	609	50.7	1.7	5.3	2.0
	QD-2	31.5	649	62.6	4.6	13.9	3.2
	QD-4	31.5	622	67.3	4.6	14.5	4.4
	QD-6	19.8	537	49.6	7.4	16.0	5.8
	QD-8	28.0	657	48.8	2.4	10.5	0.4
	QD-9	29.0	664	60.1	1.8	5.2	5.1
	QD-11	20.2	554	32.8	3.5	5.1	3.2
	QD-12	29.6	841	46.8	5.0	9.9	1.8
	QD-14	21.7	702	46.8	10.4	4.7	1.3

（续表）

材料名称	布点编号	回弹强度（MPa）（石材—砂浆回弹仪）	表面硬度（HL）	色度值			酥粉质量（mg）
				L	a	b	
长城石材（毛石）	QD-15	28.6	535	62.1	2.7	12.8	4.7
	QD-16	14.5	596	52.0	1.6	4.8	3.6
	QD-18	34.3	744	64.6	1.3	6.1	4.3
	QD-19	27.3	731	46.8	3.3	12.9	4.5
	QD-20	33.7	717	68.6	3.8	13.1	3.2
	QD-21	31.7	614	47.6	10.5	11.7	4.1
	QD-22	33.9	657	26.6	6.6	6.2	0.1
	QD-25	21.0	729	44.2	8.8	10.4	0.8
	QD-26	29.2	720	44.6	8.6	7.2	1.4
	QD-28	21.8	645	38.1	13.9	15.5	2.0
	QD-29	38.6	648	44.6	11.6	13.3	6.8

注：表中"QD"表示长城顶面墙体。

由上章门头沟区梨园岭段长城砌筑方式相关信息可知，城墙所用的砌筑材料主要为石材，且为毛石。结合上表基本物理、力学性能的测试结果可知，长城石材整体的回弹强度约为15～39 MPa，硬度约为540～840 HL，色度值分别约为27<L<69，1<a<14，5<b<16。为了给后续修缮选材提供相关依据，选择病害轻微处或基本无病害处的测试结果作为选材的参考，即表中QD-15、QD-20、QD-26处，则修缮用石材的回弹强度应大于34 MPa，硬度应大于720 HL，色度值分别约为L=69，a=3，b=7。此外，长城整体的酥粉质量均小于7 mg，且数值变化不大，若忽略材料表面尘土影响，说明该段长城砌筑材料整体的粉化程度不高。

十八、门头沟区黄草梁段长城

表4-19　门头沟区黄草梁段长城主要砌筑材料基本物理、力学性能无损检测结果

材料名称	布点编号	回弹强度（MPa）（砖材—砖回弹仪、石材—砂浆回弹仪）	色度		
			L	a	b
长城石材（毛石）	QD-2	24.9	53.6	2.8	11.6
	QD-3	23.9	54.7	2.5	9.0
	QD-5	19.8	54.7	2.9	6.0
	QD-7	23.9	58.4	3.1	9.1
	QD-10	24.7	53.0	4.0	8.0
	QD-11	25.7	43.8	5.3	9.0
	QD-14	22.6	53.1	2.8	9.8
	QD-15	22.6	45.1	7.2	7.8
	QD-17	19.8	51.3	2.7	4.7
	QD-18	21.2	37.6	2.6	5.6
	QD-21	15.8	59.5	2.6	7.8
	QD-23	27.5	54.3	6.5	10.6
长城砖材	BXM-1	25.2	55.3	5.9	14.5
	BXM-4	24.2	59.8	5.5	14.2
	BXM-5	29.4	53.4	6.2	14.9
	BXM-7	27.9	62.0	4.5	13.7
	BXM-9	25.4	60.1	5.2	14.7
	BJC-2	26.3	53.3	10.2	17.0
	BJC-4	24.7	57.4	6.0	15.3
	BJC-5	30.1	55.9	7.3	16.9
	BJC-6	26.0	56.0	6.4	14.6

（续表）

材料名称	布点编号	回弹强度（MPa）（砖材—砖回弹仪、石材—砂浆回弹仪）	色度		
			L	a	b
长城砖材	DJC-3	28.3	54.6	3.7	11.7
	DJC-5	29.6	60.8	3.9	9.0
	DJC-7	23.8	43.4	5.8	12.7
	DJC-8	22.6	44.8	6.2	12.1
	NJC-1	21.8	51.9	10.0	16.4
	NJC-3	29.0	64.3	8.0	16.0
	NJC-4	22.0	60.4	7.4	14.9
	NJC-5	25.3	54.4	9.1	17.9
	NXM-2	26.4	56.4	5.7	14.8
	XJC-1	33.4	52.9	7.4	14.9
	XJC-2	27.5	58.7	5.7	16.4
	XJC-4	26.4	57.6	7.8	17.9
	XJC-5	24.3	54.6	6.7	19.6
	XJC-6	27.4	56.3	4.2	11.1
	ZXM-3	30.3	55.7	6.7	14.5
	ZXM-6	23.8	53.9	4.5	12.5
	ZXM-7	30.0	52.5	5.0	13.2

注：表中"BJC"表示敌台北面箭窗，"DJC"表示敌台东面箭窗，"NJC"表示敌台南面箭窗，"XJC"表示敌台西面箭窗，"BXM"表示敌台北面券门，"NXM"表示敌台南面券门，"ZXM"表示敌台中部券门，"QD"表示长城顶面墙体。

由上章门头沟区黄草梁段长城砌筑方式相关信息可知，所用砌筑材料主要为砖材和石材。其中砌筑青砖表面回弹强度约为22~33 MPa，色度值分别约为43<L<64，4<a<10，9<b<20；砌筑毛石16~28MPa，色度值分别约为38<L<60，3<a<7，5<b<12。长城砌筑材料由于长期暴露在自然环境中，受风霜、雨雪等侵蚀，会出现裂缝、风化、微生物病害等典型病害，从而影响其性能。故筛选出基本无病害或病害较轻处，即表中BXM-5、BXM-7、DJC-3、XJC-1、ZXM-7、QD-2、QD-7、QD-23处，其性能与初始材料较为接近，若以其测试结果作为长城修缮选材的参考，则长城修缮所用砌筑青砖表面回弹强度应大于33MPa，色度值分别约为L=62，a=4，b=12；修缮所用砌筑石材表面回弹强度应大于28MPa，色度值分别约为L=58，a=3，b=9。此外，根据实地观察，该段长城砌筑材料表面粉化现象较少，故未对其表面酥粉质量进行测试。

第四节　长城主要砌筑材料基本性能实验室分析结果

为了进一步了解长城主要砌筑材料的相关性能，需对其进行实验室分析测试，为后续修缮选材提供科学合理的依据。在长城主要砌筑材料中，黄土及石材按照就地取材原则，主要从其外观质量及尺寸方面进行筛选；现场无法有效筛选且用量最广的烧结砖瓦产品，考虑到运输成本问题，需提前制定好筛选标准，进行材料是否合格的筛选工作；而灰浆、灰土材料均为现场配制，需清楚其配比和相关质量筛选指标，故本文主要对长城原砖、瓦、灰浆、灰土等材料基本性能进行实验室分析检测，其结果如下。

一、砖瓦制品基本性能

（一）抗压强度

试验方法：用砂纸或小型切割机去除所取青砖表面风化层，由于青砖整样样品数量有限，将青砖整样切割为5cm×5cm×5cm的立方体试件块，试件数量为60组，再用游标卡尺测量被压面的长度、宽度，后将试件放入抗折抗压试验机中进行抗压强度测定，记录试件破坏载荷，通过破坏载荷除以受压面积，计算抗压强度，其结果如下。

表4-20 砌筑青砖抗压强度测试结果

编号	抗压强度（MPa）	编号	抗压强度（MPa）	编号	抗压强度（MPa）
1	7.22	21	6.29	41	6.88
2	5.47	22	3.78	42	8.76
3	5.35	23	5.46	43	9.77
4	6.49	24	9.47	44	5.07
5	7.17	25	10.27	45	6.53
6	4.24	26	3.39	46	2.83
7	10.32	27	9.35	47	8.29
8	11.40	28	8.87	48	6.90
9	7.78	29	4.96	49	8.59
10	7.99	30	11.37	50	9.29
11	6.28	31	8.32	51	7.79
12	8.39	32	6.48	52	4.16
13	9.23	33	12.00	53	3.22
14	2.01	34	7.67	54	5.86
15	5.91	35	6.35	55	7.57
16	10.59	36	7.73	56	7.40
17	8.52	37	8.65	57	6.10
18	9.96	38	6.31	58	6.57
19	3.93	39	10.72	59	3.87
20	8.60	40	4.84	60	4.59
平均值			7.15		

由上表测试结果可知，北京明长城青砖抗压强度约为2～12 MPa，其平均抗压强度约为7.15 MPa，由于青砖原料来源、砖坯养护、烧制工艺等因素的不同，其抗压强度有差别，后续修缮可根据此结果进行选择。

（二）抗折强度

试验方法：筛选出合适青砖整样，去除表面风化层，将其切割成 10 cm×5 cm×2 cm的长方体试块，试件数量为10块，将试件放入抗折抗压试验机中进行抗折强度测定，记录试件断裂载荷，根据公式（$P=3FL/2bh^2$，其中P为试件抗折强度，MPa；F为试件断裂最大载荷，N；L为试件跨距，mm；b为试件断口宽度，mm；h为试件断口厚度，mm）计算相应抗折强度，其测试结果如下。

表4-21　砌筑青砖抗折强度测试结果

编号	抗折强度（MPa）	编号	抗折强度（MPa）
1	1.47	6	1.20
2	1.15	7	1.50
3	0.95	8	1.23
4	1.32	9	1.17
5	0.97	10	1.42
平均值		1.24	

由上表测试结果可知，砌筑青砖抗折强度约为0.95～1.50 MPa，平均抗折强度约为1.24 MPa，可为修缮选材提供参考依据。而青瓦因样品不满足测试尺寸要求及风化严重等原因，未能有效测量其抗弯强度，根据《烧结瓦》（GB/T 21149-2007）等标准规定平瓦、脊瓦、板瓦、筒瓦、滴水瓦、沟头瓦类的弯曲破坏荷重不小于1200 N，其中青瓦类弯曲破坏荷重不小于850 N，可以此数值作为选材依据。

（三）吸水性

试验方法：主要依据《砌墙砖试验方法》（GB/T 2542-2012）和《烧结瓦》（GB/T 21149-2007）等相关建材标准规定内容，筛选合适青砖整样，去除表面风化层，将其切割成5 cm×5 cm×5 cm的立方体试块，试件数量为

20块。而青瓦因样品尺寸不满足测试要求或风化程度过于严重等因素，选用5片仿古青瓦进行试验，然后将试件按标准规定的方法进行试验，其结果如下。

表4-22　砌筑青砖、青瓦吸水率测试结果

编号(青砖)	吸水率(%)	编号(青砖)	吸水率(%)	编号(青瓦)	吸水率(%)
1	17.71	11	17.68	1	13.36
2	19.15	12	17.06	2	16.13
3	18.60	13	15.29	3	14.92
4	18.50	14	15.40	4	13.19
5	17.75	15	16.15	5	14.21
6	17.54	16	17.06		
7	18.48	17	13.38		
8	18.13	18	13.69		
9	18.52	19	14.80		
10	18.28	20	14.90		
平均值	16.90				14.36

由上表测试结果可知，砌筑青砖吸水率约为13%～20%，平均吸水率为16.90%；砌筑青瓦吸水率为13%～17%，平均吸水率为14.36%。材料吸水率与内部孔隙率存在一定相关性，内部孔隙率越大，吸水率越大，可以此数值作为修缮选材的参考依据。

（四）饱和系数

试验方法：主要依据《砌墙砖试验方法》（GB/T 2542-2012）规定的饱和系数测定方法进行试验，筛选合适青砖整样，去除表面风化层，将其切割成5 cm×5 cm×5 cm的立方体试块，试件数量为10块，测试结果如下。

表4-23　砌筑青砖饱和系数测试结果

编号	饱和系数	编号	饱和系数
1	0.73	6	0.74
2	0.75	7	0.80
3	0.77	8	0.79
4	0.81	9	0.74
5	0.78	10	0.75
平均值		0.77	

由上表测试结果可知，砌筑青砖饱和系数约为0.7～0.85，平均饱和系数为0.77，青砖饱和系数是指常温24 h吸水率与5 h沸煮吸水率之比，其与青砖的抗冻性有较大关联性，可作为判断青砖耐久性的指标之一。《烧结普通砖》（GB/T5101-2003）规定严重风化地区（如新疆）所采用的黏土砖饱和系数平均值应≤0.85，单块最大值应≤0.87；非严重风化地区（如北京）黏土砖饱和系数平均值应≤0.88，单块最大值应≤0.90，可以此作为修缮选材的参考依据。

（五）耐水性

试验方法：主要依据《砌墙砖试验方法》（GB/T 2542-2012）规定的软化系数测定方法进行试验，筛选合适青砖整样，去除表面风化层，将其切割成5 cm×5 cm×5 cm的立方体试件块，试件数量为10块，测试结果如下。

表4-24　砌筑青砖软化系数测试结果

编号	软化后抗压强度（MPa）	编号	软化后抗压强度（MPa）
1	7.52	6	5.16
2	8.04	7	5.27
3	4.89	8	4.68
4	4.32	9	4.17
5	5.89	10	6.66

（续表）

编号	软化后抗压强度（MPa）	编号	软化后抗压强度（MPa）
软化后抗压强度平均值	5.66		
软化前抗压强度平均值	7.15（由表4-20所得）		
软化系数	0.792		

由上表测试结果可知，砌筑青砖软化系数约为0.792，材料软化系数是指材料在水饱和状态下的无侧限抗压强度与材料在干燥状态下的无侧限抗压强度的比值，软化系数的取值范围在0~1之间，其值越大，表明材料的耐水性越好。一般规定软化系数大于0.75时，材料软化性弱，且当软化系数大于0.85时，被认为是耐水材料。受潮较轻处砌筑青砖软化系数不宜小于0.75，受潮严重处砌筑青砖软化系数不宜小于0.85，可以此作为修缮选材的参考依据。

（六）耐酸性

试验方法：实验在室温25℃，一个标准大气压下进行，使用喷壶进行喷淋实验，喷壶与样品距离约50 cm。根据北京的年降水量数据进行模拟，选择喷淋的速率约为20 mL/min，保证约1500 mL的试剂喷淋在样品表面，所以每个循环实验的耗时约是75 min。筛选合适青砖整样，去除表面风化层，将其切割成5 cm×5 cm×5 cm的立方体试块，试件数量为15块，使用盐酸与硝酸配制酸性试剂，设置pH=2、3、4三个梯度，每个梯度5个平行样，测试结果如下。

表4-25　砌筑青砖耐酸性测试结果（质量损失率）

pH值	循环次数				
	5次	10次	15次	20次	25次
pH=2	0.21%	0.33%	0.44%	0.52%	0.59%
pH=3	0.062%	0.17%	0.19%	0.26%	0.28%
pH=4	0.058%	0.14%	0.16%	0.19%	0.22%

注：表中质量损失率为5个平行样的平均值。

（a）0循环　　　　　　　　　　　（b）25个循环

图4-1　酸雨循环前后砌筑青砖表面宏观形貌

由上图表测试结果可知，砌筑青砖经酸雨模拟循环试验后，表面未出现严重的病害。由表4-25测试结果可知，酸雨的酸性越强，对青砖表面的腐蚀越强，经过25个循环后，青砖质量损失率最高达0.59%，低于1%。砌筑青砖经过25个酸雨循环试验后，未出现缺棱掉角、裂缝、表面片状剥落等现象，且质量损失率低于1%，可以此作为修缮选材的参考依据。

（七）耐盐性

试验方法：主要依据《普通混凝土长期性能和耐久性能试验方法标准》（GB/T 50082-2009）规定的抗硫酸盐侵蚀试验内容进行，筛选合适青砖整样，去除表面风化层，将其切割成5 cm × 5 cm × 5 cm的立方体试块，试件数量为10块，5%Na_2SO_4溶液，测试结果如下。

表4-26　砌筑青砖耐盐性测试结果（质量损失率）

编号	循环次数			
	5次	10次	15次	20次
1	-1.50%	-2.00%	-0.60%	2.11%
2	-3.85%	-4.28%	-1.61%	-0.63%

（续表）

编号	循环次数			
	5次	10次	15次	20次
3	−3.11%	−4.12%	−1.66%	−0.86%
4	−3.52%	−4.21%	−1.42%	−1.18%
5	−1.96%	−2.82%	−0.59%	0.75%
6	−4.58%	−5.36%	−4.06%	−0.71%
7	−2.66%	−2.78%	0.36%	2.10%
8	−4.09%	−5.10%	−2.40%	−2.08%
9	−4.00%	−3.69%	0.71%	3.31%
10	−1.96%	−2.09%	−0.51%	0.87%
平均值	−3.12%	−3.65%	−1.18%	0.37%

（a）0循环

（b）20个循环

图4-2　硫酸盐侵蚀试验前后砌筑青砖表面宏观形貌

由上图表测试结果可知，砌筑青砖经硫酸盐侵蚀试验后表面边界处出现一定的病害，造成一定的质量损失。试验初期，硫酸盐溶液侵蚀效果并不明显，且不断填充青砖内部孔隙，造成质量增加。随着浸泡时间延长，硫酸盐侵蚀结果越明显，青砖表面出现粉化、片状剥落、微裂纹等现象，造成质量减少。砌筑青砖经20个循环的硫酸盐溶液侵蚀后，未出现或微量缺棱掉角、裂缝、表面剥落等现象，且质量损失率低于1%，可以此作为修缮选材的参考依据。

（八）抗冻性

试验方法：主要依据《砌墙砖试验方法》（GB/T 2542-2012）和《烧结瓦》（GB/T 21149-2007）规定的冻融试验进行，筛选合适青砖整样，去除表面风化层，将其切割成5 cm×5 cm×5 cm的立方体试块，试件数量为10块，且选用5块仿古青瓦作为试样，测试结果如下。

表4-27　砌筑青砖、青瓦抗冻性测试结果（质量损失率）

编号		循环次数			
		5次	10次	15次	20次
青砖	1	0.16%	0.18%	0.25%	0.33%
	2	0.39%	−0.24%	0.99%	1.06%
	3	0.20%	−3.41%	0.32%	0.34%
	4	0.74%	0.82%	0.89%	1.06%
	5	−0.30%	0.22%	0.38%	0.42%
	6	0.49%	−0.38%	0.66%	0.71%
	7	0.25%	0.24%	0.30%	0.36%
	8	0.81%	0.54%	0.83%	1.05%
	9	0.39%	−0.28%	0.51%	0.57%
	10	0.09%	0.01%	0.16%	0.19%
	平均值	0.32%	−0.23%	0.53%	0.61%
青瓦	1	0.000%	0.027%	0.019%	—
	2	0.039%	0.035%	0.018%	—
	3	0.028%	0.025%	0.009%	—
	4	0.048%	0.037%	0.020%	—
	5	0.005%	−0.005%	−0.022%	—
	平均值	0.024%	0.024%	0.009%	—

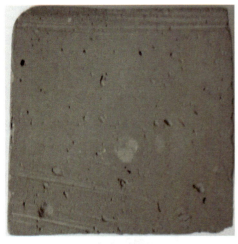 

（a）0循环 　　　　　　　　　（b）20个循环

图4-3　冻融试验前后砌筑青砖表面宏观形貌

（a）0循环 　　　　　　　　　（b）15个循环

图4-4　冻融试验前后砌筑青瓦表面宏观形貌

由上图表测试结果可知，试验初期，冻融效果不明显，砌筑材料中的部分可溶盐等在试验过程中进入水中，导致质量减少。后水中可溶盐浓度增加，又随着水渗透进材料或附着在表面，导致质量又有所增加。随着浸泡时间的延长，冻融效果明显，出现微量缺失、裂缝、表面粉化等现象，尤其边界处明显，导致质量减少。《烧结普通砖》（GB/T5101-2003）规定冻融前后，不允许出现裂纹、分层、掉皮、缺棱掉角等破坏现象，质量损失不得大于2%；《烧结瓦》（GB/T21149-2007）规定经15次冻融循环后不出现剥落、掉角、掉棱及裂纹增加现象。故砌筑青砖20个冻融循环后，不出现裂纹、分层、掉皮、缺棱掉角等破坏现象，且质量损失率小于1%；砌筑青瓦15次冻融循环后未出现剥落、掉角、掉棱及裂纹增加现象，且质量损失率小于1%，可以此作为修缮选材参考依据。

（九）泛霜

试验方法：主要依据《砌墙砖试验方法》（GB/T 2542-2012）规定的泛霜试验进行，筛选合适青砖整样，去除表面风化层，将其切割成5 cm×5 cm×5 cm的立方体试块，试件数量为5块，且选用5块仿古青瓦作为试样，测试结果如下。

表4-28　砌筑青砖、青瓦泛霜程度测试结果

青砖					青瓦				
1	2	3	4	5	1	2	3	4	5
轻微泛霜	轻微泛霜	轻微泛霜	轻微泛霜	中等泛霜	轻微泛霜	轻微泛霜	轻微泛霜	中等泛霜	中等泛霜

（a）试验前　　　　　　　　　（b）试验后

图4-5　泛霜试验前后砌筑青砖表面宏观形貌

（a）试验前　　　　　　　　　　（b）试验后

图4-6　泛霜试验前后砌筑青瓦表面宏观形貌

由上图表测试结果可知，砌筑青砖及青瓦的泛霜程度为轻微泛霜或中等泛霜，泛霜现象是指黏土原料中的可溶性盐类，随着砖瓦内水分蒸发而在表面产生的盐析现象，一般为白色粉末，常在砖瓦表面形成絮团状斑点。若泛霜程度严重的砖瓦用于建筑中的潮湿部位时，由于大量盐类的溶出和结晶膨胀会造成砖砌体表面粉化及剥落，内部孔隙率增大，抗冻性显著下降。其中轻微泛霜是指试样表面出现一层细小明显的霜膜，但试样表面仍清晰；中等泛霜是指试样部分表面或棱角出现明显霜层。砌筑青砖及青瓦泛霜程度不宜高于中等泛霜，可以此作为修缮选材的参考依据。

（十）抗渗性

试验方法：主要依据《烧结瓦》（GB/T 21149-2007）规定的抗渗性能试验进行试验，筛选3块仿古青瓦作为试样，测试结果如下。

表4-29　砌筑青瓦抗渗性测试结果

编号	3 h后瓦背面有无水滴
1	有
2	有
3	有

由上表测试结果可知，仿古青瓦的抗渗性较差，《烧结瓦》（GB/T 21149-2007）规定抗渗性试验后经3 h背面无水滴产生为合格品。故砌筑青瓦抗渗性试验后经3 h瓦背面无水滴产生，可以此作为修缮选材的参考依据。

二、灰浆灰土基本性能

（一）抗压强度

试验方法：主要依据《建筑砂浆基本性能试验方法标准》（JGJ/T 70-2009）规定的立方体抗压强度试验方法进行，筛选合适的灰浆、灰土样品，去除表面杂质或微生物，将其制备成约3 cm×3 cm×3 cm的立方体试块，灰浆试件数量为5块，灰土试件数量为3块，测试结果如下。

表4-30　砌筑灰浆、灰土抗压强度测试结果

编号	灰浆抗压强度（MPa）	灰土抗压强度（MPa）
1	5.85	1.76
2	4.98	1.36
3	4.03	1.62
4	5.65	
5	2.55	
平均值	4.61	1.58

由上表测试结果可知，砌筑灰浆抗压强度值约为2.5～6.0 MPa，平均抗压强度值约为4.6 MPa；砌筑灰土抗压强度值约为1.3～1.8 MPa，平均抗压强度值约为1.6 MPa。灰浆主要用于墙体砌筑青砖勾缝，灰土主要用于建筑基础，均处于承重部位，其抗压强度与整个建筑的结构安全息息相关。故砌筑灰浆单块试件抗压强度不小于2.5 MPa，平均抗压强度约为4.6 MPa；砌筑灰土单块试件抗压强度不小于1.3 MPa，平均抗压强度约为1.6 MPa。可以此作为修缮选材的参考依据。

（二）表面硬度

试验方法：主要通过LX-D型硬度计对灰浆、灰土样品进行表面硬度测试，筛选合适的灰浆、灰土样品，去除表面杂质或微生物，将其制备成约3 cm×3 cm×3 cm的立方体试块，灰浆试件数量为5块，灰土试件数量为3块，测试结果如下。

表4-31　砌筑灰浆、灰土表面硬度测试结果

编号	灰浆表面硬度（HD）	灰土表面硬度（HD）
1	58	62
2	60	60
3	55	64
4	64	
5	53	
平均值	58	62

由上表测试结果可知，砌筑灰浆表面硬度值约53～64 HD，平均表面硬度值约为58 HD；砌筑灰土表面硬度值约60～62 HD，平均表面硬度值约为62 HD。表面硬度在一定程度上能反映出材料的密实度，表面硬度越大，材料越致密。故砌筑灰浆单块试件表面硬度不小于53 HD，平均表面硬度约为58 HD；砌筑灰土单块试件表面硬度不小于60 HD，平均表面硬度约为62 HD。可以此作为修缮选材的参考依据。

（三）密度

试验方法：筛选合适的灰浆、灰土样品，去除表面杂质或微生物，将其制备成约3 cm×3 cm×3 cm的立方体试块，灰浆试件数量为5块，灰土试件数量为3块，用游标卡尺和天平测量试件的长（a）、宽（b）、高（c）及质量（m），则密度$\rho=m/abc$，测试结果如下。

表4-32　砌筑灰浆、灰土密度测试结果

编号	灰浆密度（g/cm³）	灰土密度（g/cm³）
1	1.406	1.524
2	1.405	1.464
3	1.380	1.598
4	1.506	
5	1.083	
平均值	1.356	1.529

由上表测试结果可知，砌筑灰浆密度约为1.0～1.5 g/cm³，平均密度为1.356 g/cm³；砌筑灰土密度约为1.45～1.6 g/cm³，平均密度为1.529 g/cm³。砌筑灰浆、灰土密度可间接反映出试件的含气量或孔隙率，密度越大，含气量或孔隙率越少，在潮湿环境下，灰浆或灰土中的水冷冻结冰后，在其孔隙中会产生渗透压和水压力，一旦这种渗透压和水压力达到一定值，材料就会受到破坏。故砌筑灰浆单块试件密度不低于1.0 g/cm³，平均密度约为1.356 g/cm³；砌筑灰土单块试件密度不低于1.45 g/cm³，平均密度约为1.529 g/cm³，可以此作为修缮选材的参考依据。

（四）吸水率

试验方法：主要依据《建筑砂浆基本性能试验方法标准》（JGJ/T 70-2009）规定的吸水率试验进行，筛选合适的灰浆、灰土样品，去除表面杂质或微生物，将其制备成约3 cm×3 cm×3 cm的立方体试块，灰浆试件数量为5块，灰土试件数量为3块，测试结果如下。

表4-33　砌筑灰浆、灰土吸水率测试结果

编号	吸水率（%）	吸水率（%）
1	21.55	12.50
2	22.35	16.38
3	22.16	14.51

（续表）

编号	吸水率（%）	吸水率（%）
4	18.29	
5	33.53	
平均值	23.58	14.46

由上表测试结果可知，砌筑灰浆吸水率约为18%～33.5%，平均吸水率约为23.58%；砌筑灰土吸水率约为12.5%～16.5%，平均吸水率约为14.46%。试件吸水率与其孔隙率也存在一定的相关性，吸水率的降低可有效减少试块中的含水量，从而降低试块在寒冷的天气中因孔隙中的水分结冰、体积膨胀而使得材料胀裂的风险。故砌筑灰浆单块试件吸水率不高于33.5%，平均吸水率约为23.58%；砌筑灰土单块试件吸水率不高于16.5%，平均吸水率约14.46%。可以此作为修缮选材的参考依据。

第五节　本章小结

本章着重将现场无损勘测的主要砌筑材料的基本物理、力学性能数值进行汇总，包括回弹强度、表面硬度、色度等。为了给后续修缮选材提供相关标准，考虑到结构安全和美观性，筛选出病害轻微处或基本无病害处主要砌筑材料的基本物理、力学性能数值作为选材标准。同时，通过相关实验室分析对主要砌筑材料的相关性能进行检测，并制定出相应修缮选材的参考依据，结果如下。

表4-34　北京明长城主要砌筑材料无损检测所得基本物理、力学性能及修缮选材参考标准

区名	长城段	材料名称	回弹强度（MPa）（砖材—砖回弹仪、石材—砂浆回弹仪）		表面硬度（HL）		色度值（砖材可用，石材离散性大，可能不适用）					
							L		a		b	
			测试值	标准值	测试值	标准值	测试值	标准值	测试值	标准值	测试值	标准值
平谷	彰作	长城石材（毛石）	16~42	>36	280~840	830	31~71	62	2~11	2	4~17	6
	黄松峪	长城石材（毛石）	14~48	>48	160~850	>700	32~58	58	3~9	8	7~20	16
	北寨村	长城石材（毛石）	14~48	>48	320~810	>700	26~65	41	2~13	8	4~19	7
密云	营房台	长城石材（毛石）	26~41	>35	420~740	>740	39~57	57	1~12	11	8~18	11
		长城砖材（青砖）	12~45	>45	390~600	>470	37~53	50	2~6	5	6~14	12
	黄岩口	长城石材（毛石）	15~37	>37	270~780	>780	44~63	63	2~13	2	7~23	7
		长城砖材（青砖）	10~41	>41	240~580	>580	36~57	52	2~7	4	5~14	10
密云	石城镇	长城石材（毛石）	22~35	>35	370~750	>750	34~57	43	1~6	1	4~12	4

（续表）

区名	长城段	材料名称	回弹强度（MPa）（砖材—砖回弹仪，石材—砂浆回弹仪）		表面硬度（HL）		色度值（砖材可用，石材离散性大，可能不适用）					
							L		a		b	
			测试值	标准值	测试值	标准值	测试值	标准值	测试值	标准值	测试值	标准值
密云	石城镇	长城石材（条石）	24~28	>28	610~770	>770	46~51	45	4~5	5	10~12	10
		长城砖材（青砖）	23~35	>35	500~680	>680	39~54	48	2~5	3	5~12	8
怀柔	撞道口	长城石材（毛石）	37~40	>40	500~820	>800	47~57	55	1~3	1	5~10	5
		长城砖材（青砖）	23~38	>38	390~710	>650	39~62	60	2~11	5	5~20	10
	官地	长城砖材（青砖）	22~41	>37	310~690	>640	36~61	52	3~7	3	6~15	8
	大榛峪	长城砖材（青砖）	29~44	35	410~660	570	42~58	58	2~6	3	5~15	7
昌平	黄楼洼	长城石材（毛石）	15~50	>50	700~850	>850	39~58	58	3~9	4	5~14	8
		长城砖材（青砖）	17~40	>40	440~600	>500	12~52	52	2~18	2	3~11	7

（续表）

区名	长城段	材料名称	回弹强度（MPa）（砖材—砖回弹仪，石材—砂浆回弹仪）		表面硬度（HL）		色度值（砖材可用，石材离散性大，可能不适用）					
							L		a		b	
			测试值	标准值	测试值	标准值	测试值	标准值	测试值	标准值	测试值	标准值
延庆	八达岭	长城砖材（青砖）	14~41	>39	—	—	36~68	55	0~8	2	1~17	7
		长城石材（毛石）	10~51	>48	580~850	>850	46~55	55	2~6	4	6~11	10
	西拨子	长城砖材（青砖）	17~27	>27	440~710	>660	51~62	62	4~7	4	10~17	10
		长城夯土	—	—	100~350	>350	—	—	—	—	—	—
	九眼楼	长城石材（毛石）	10~39	>40	220~780	>780	31~65	35	4~8	4	5~4	6
		长城砖材（青砖）	11~27	>27	430~660	>610	39~66	55	1~8	3	3~15	8
	大庄科	长城石材（条石）	27~38	>38	500~880	>840	49~65	61	3~9	3	7~17	7
		长城砖材（青砖）	23~31	>31	600~720	>640	35~47	43	2~5	4	4~12	8

区名	长城段	材料名称	回弹强度（MPa）（砖材—砖回弹仪，石材—砂浆回弹仪）		表面硬度（HL）		色度值（砖材可用，石材离散性大，可能不适用）					
							L		a		b	
			测试值	标准值	测试值	标准值	测试值	标准值	测试值	标准值	测试值	标准值
延庆	花家窑子	长城石材（条石）	46~53	>53	580~630	>630	41~50	50	3~5	3	5~10	5
		长城砖材（青砖）	24~37	>34	410~610	>540	46~57	53	3~8	3	5~16	6
	洪水口	长城石材（毛石）	31~44	>43	510~770	>720	33~62	51	0~7	2	5~17	9
		长城砖材（青砖）	25~48	>31	420~620	>620	43~61	61	1~9	3	4~16	7
门头沟	梨园岭	长城石材（毛石）	15~39	>34	540~840	720	27~69	69	1~14	3	5~16	7
		长城砖材（青砖）	22~33	>33	—	—	43~64	62	4~10	4	9~20	12
	黄草梁	长城石材（毛石）	16~28	>28	—	—	38~60	58	3~7	3	5~12	9

注：表中"—"由于现场条件限制未能有效测量。

表4-35 北京明长城砖瓦修缮选材的强度及耐久性能参考依据

性能名称		砌筑青砖	砌筑青瓦
强度性能	抗压强度	2 ~ 12 MPa，平均抗压强度约为7.15 MPa	
	抗折强度	0.95 ~ 1.50 MPa，平均抗折强度约为1.24 MPa	青瓦类弯曲破坏荷重不小于850 N
耐久性能	吸水性	13% ~ 20%，平均吸水率为16.90%	13% ~ 17%，平均吸水率为14.36%
	饱和系数	平均值≤0.88，单块最大值≤0.90	—
	耐水性	受潮较轻处砌筑青砖软化系数不宜小于0.75，受潮严重处砌筑青砖软化系数不宜小于0.85	—
	耐酸性	25个酸雨循环试验后，未出现缺棱掉角、裂缝、表面起皮等现象，且质量损失率低于1%	—
	耐盐性	20个硫酸盐侵蚀循环后，未出现或微量缺棱掉角、裂缝、表面起皮等现象，且质量损失率低于1%	—
	抗冻性	20个冻融循环后，不出现裂纹、分层、掉皮、缺棱掉角等破坏现象，且质量损失率小于1%	15次冻融循环后未出现剥落、掉角、掉棱及裂纹增加现象，且质量损失率小于1%
	泛霜程度	不宜高于中等泛霜	不宜高于中等泛霜
	抗渗性	—	抗渗性试验后经3 h后瓦背面无水滴产生

表4-36 北京明长城灰浆灰土修缮选材性能参考依据

性能名称	勾缝灰浆	基础灰土
抗压强度	单块试件抗压强度不小于2.5 MPa，平均抗压强度约为4.6 MPa	单块试件抗压强度不小于1.3 MPa，平均抗压强度约为1.6 MPa
表面硬度	单块试件表面硬度不小于53 HD，平均表面硬度约为58 HD	单块试件表面硬度不小于60 HD，平均表面硬度约为62 HD

（续表）

性能名称	勾缝灰浆	基础灰土
密度	单块试件密度不低于1.0 g/cm³，平均密度约为1.356 g/cm³	单块试件密度不低于1.45 g/cm³，平均密度约为1.529 g/cm³
吸水率	单块试件吸水率不高于33.5%，平均吸水率为23.58%	单块试件吸水率不高于16.5%，平均吸水率约14.46%

第五章　北京明长城原材料微观形貌、成分及含量研究

第一节　研究目的

为了解北京地区长城段原砌筑材料的微观形貌、成分及含量，以便为后续长城修缮工程提供科学的参考依据，从所勘察的长城段落中筛选出12段长城作为研究对象，并采用XRD（X射线衍射）、XRF（X射线荧光光谱）、SEM（扫描电子显微镜）等测试方法对原砌筑材料样品进行相关表征。

第二节　长城原材料微观形貌、成分及含量检测结果

一、平谷区彰作段长城

（一）石材

1.宏观形貌

（a）灰色毛石

（b）黄色毛石

（c）青色毛石

（d）填芯碎石

图5-1　平谷区彰作段长城石材样品宏观形貌

上图为平谷区彰作段长城石材样品相应取样位置及其宏观形貌，所取石材样品都是形状不规则的毛石，且存在颜色差异，其宏观形貌测试结果可为以下成分、含量及微观形貌分析提供基础信息。

2. XRD

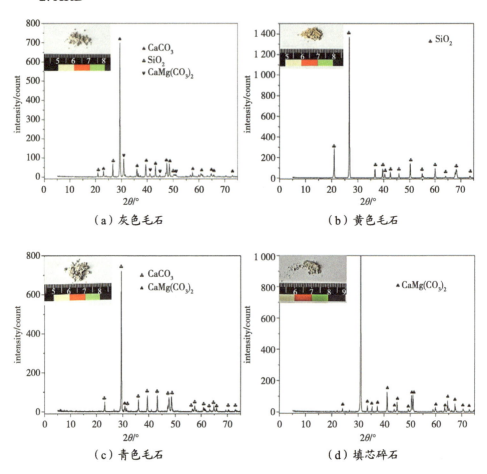

（a）灰色毛石　　　　　　　　　　　（b）黄色毛石

（c）青色毛石　　　　　　　　　　　（d）填芯碎石

图5-2　平谷区彰作段长城石材样品XRD测试结果

上图为彰作段长城所用石材XRD测试结果，可知其（城墙）石材样品主要有垒砌毛石及填芯碎石，其中垒砌毛石又存在灰色毛石、黄色毛石和青色毛石三种。灰色毛石与青色毛石化学成分基本相似，主要成分为$CaCO_3$（方解石），且含少量$CaMg(CO_3)_2$（白云石），灰色毛石中还检测出SiO_2（石英），故推测灰色毛石及青色毛石应为石灰岩或石灰石类大理岩，以方斛石为主要成分，有时含有白云石、黏土矿物和碎屑矿物；黄色毛石的主要成分为SiO_2（石英），故推测其应为石英岩，石英岩是一种主要由石英组成的变质岩（石英含量大于85%），是石英砂岩及硅质岩经变质作用形成；填芯碎石的主要成分为$CaMg(CO_3)_2$（白云石），推测填芯碎石应为白云岩或白云石类大理岩，主要由白云石组成，白云石纯者为白色，含铁时呈灰色，风化后呈褐色。综上，彰作段长城（城墙）可用石灰岩、大理岩和石英岩进行垒砌，内部可用白云岩、大理岩等填芯。

3. SEM

（a）黄色毛石　　　　　　　（b）青色毛石　　　　　　　（c）填芯碎石

图5-3　平谷区彰作段长城石材样品SEM测试结果（×1000）

由上图可知，彰作段长城黄色毛石微观表面上存在许多颗粒较小的风化碎屑，整个结构较疏松，风化较严重，是石材表面受酸雨等影响而溶蚀的结果。此外，在表面上还可见部分晶体颗粒，形状比较规则，稍具棱角，结合XRD测试结果，推测应为SiO_2晶体；青色毛石整个微观结构比较致密，据上述XRD测试结果，判断其微观表面是由大量方解石晶体堆积而成，其晶体颗粒基本呈块状，棱角分明，呈镶嵌状分布。此外，在表面局部位置也能看见少量溶蚀孔洞，说明青色毛石也受到了酸雨、风霜等因素一定程度的影响；填芯碎石的微观表面主要是由块状和片状晶体结构组成，呈一定的镶嵌状分布。此外，在填芯碎石微观形貌上还可见台阶状结构和风化碎屑，这可能是由于白云石表面溶蚀形成，说明填芯碎石存在明显的风化现象。

4. XRF

表5-1　平谷区彰作段长城石材样品XRF测试结果（wt%）

名称	含　量（%）								
	SiO₂	CaO	MgO	Fe₂O₃	Al₂O₃	K₂O	SO₃	ZnO	CuO
灰色毛石	6.666	90.675	1.696	—	—	—	0.557	0.087	—
黄色毛石	94.351	—	—	2.623	1.973	—	1.029	0.023	—
青色毛石	1.243	97.496	0.629	—	—	0.318	0.284	—	0.026
填芯碎石	0.778	65.854	33.096	—	—	0.272	—	—	—

由上表可知，在彰作段长城（城墙）所用砌筑毛石中，灰色和青色毛石中CaO含量较多，约90.675%和97.496%，与XRD所得结果（石灰岩或大理岩，主要成分为$CaCO_3$）基本相符合；黄色毛石中主要含SiO_2，约94.351%，与XRD测试结果（石英岩，主要成分为SiO_2）相一致；填芯碎石主要含65.854%的CaO和33.096%的MgO，说明填芯碎石的主要成分应是Ca、Mg的盐类化合物，与XRD测试结果［白云岩或大理岩，主要成分为$CaMg(CO_3)_2$］一致。

（二）瓦

1. 宏观形貌

图5-4　平谷区彰作段长城瓦样品宏观形貌

由上图可知，彰作段长城（敌台，敌台已不存，周边有少量瓦片）瓦样品为板瓦，表面覆盖有尘土，存在一定的风化现象，如表面溶蚀等，且在板瓦内侧未能清晰观察到布纹[①]，其宏观形貌测试结果有助于成分、含量及微观形貌分析。

2. XRD

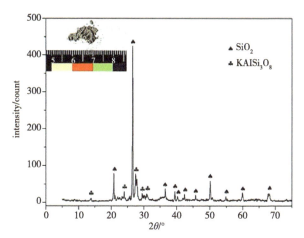

图5-5　平谷区彰作段长城瓦样品XRD测试结果

由上图可知，彰作段长城瓦的主要成分为SiO_2（石英）和$KAlSi_3O_8$（微斜长石），微斜长石属于钾长石系列，在烧成前微斜长石能起瘠性原料的作用，瘠性原料是指在硅酸盐原料中与水混合后没有黏性而起瘠化作用的物料，瘠化作用主要表现为减少坯体的干燥收缩和变形，改善干燥性能，缩短干燥时间。在烧成时可作为熔剂降低烧成温度，促使石英和黏土熔融。根据相关资料及文献，钾长石最初为微斜长石晶体结构，随着焙烧温度的增加，逐渐转变为正长石结构，再转变为透长石结构。纯的钾长石在1150℃开始局部熔融，分解产生白榴石，1510℃时完全熔融。因测试结果中存在微斜长石，故瓦的烧制温度低于1150℃[②]，且一般砖瓦烧制温度为900℃～1100℃，推测该瓦的烧制温度为900℃～1150℃。

---

① 段清波，于春雷. 布纹瓦及在秦地的传播[J]. 考古与文物. 2013（3）：57—61.

② 夏举佩，彭健，李国斌，苏毅，阳超琴. 钾长石在$CaSO_4$及其分解产物下的焙烧反应研究[J]. 非金属矿. 37（5）：14—17.

3. SEM

图5-6 平谷区彰作段长城瓦样品SEM测试结果（×1000）

由上图可知，在彰作段长城瓦样品的表面微观形貌中，可见黏土状的颗粒物质、层片状晶体物质及块状晶体物质三种形貌。其中，黏土状的颗粒物质数目较多，尺寸较小，分布范围广，结构疏松，推测应是晶体物质风化后的碎屑和部分微量黏土矿物；层片状的晶体物质数目较少，尺寸较小，棱角比较分明，晶体形貌保存较好，表面形状近似菱形，结合上述XRD测试结果，推测应是微斜长石晶体；块状晶体物质尺寸较大，数目较多，表面有黏土状物质覆盖，晶体棱角不是十分分明，存在一定的风化，推测应是风化的石英晶体颗粒。

4. XRF

表5-2 平谷区彰作段长城瓦样品XRF测试结果（wt%）

SiO_2	CaO	MgO	Fe_2O_3	Al_2O_3	K_2O	SO_3	P_2O_5	MnO	ZnO
59.164	9.645	1.524	11.456	12.292	4.060	1.100	0.511	0.190	0.057

由上表可知，彰作段长城瓦样品主要含SiO_2、CaO、Fe_2O_3和Al_2O_3，其中SiO_2含量最高，达59.164%，与XRD测试结果（主要成分为SiO_2和$KAlSi_3O_8$）基本符合。此外，Fe_2O_3为黏土的一般矿物成分，且检测出了

CaO，可能烧制原料中混杂有石灰石或烧制过程中添加少量石灰。

（三）勾缝灰

1. 宏观形貌

图5-7　平谷区彰作段长城勾缝灰样品宏观形貌

由上图可知，彰作段长城所用勾缝灰样品为白灰，其表面覆盖有黏土或其他微生物，宏观形貌测试结果可为以下成分、含量及微观形貌分析提供基础信息。

2. XRD

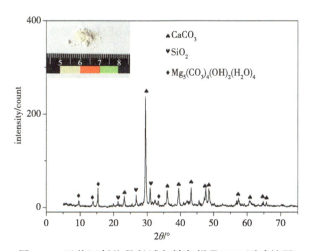

图5-8　平谷区彰作段长城勾缝灰样品XRD测试结果

由上章长城砌筑方式信息及现场勘察可知，彰作段长城（城墙）所用勾缝灰为白灰，其主要成分为$CaCO_3$、SiO_2和$Mg_5(CO_3)_4(OH)_2(H_2O)_4$（水菱镁矿）。砌筑时可能用的生石灰，生石灰主要成分为CaO和MgO，由于长时间暴露在外，CaO与空气中的CO_2和H_2O反应，逐渐生成了$CaCO_3$，而MgO暴露在空气中，容易吸收水分和二氧化碳逐渐生成不稳定的$Mg_5(CO_3)_4(OH)_2$（碱式碳酸镁），长时间后形成稳定的水合产物［$Mg_5(CO_3)_4(OH)_2(H_2O)_4$］，即水菱镁矿的成分。

3. SEM

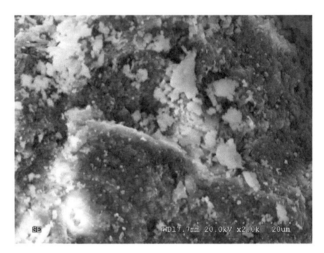

图5-9　平谷区彰作段长城勾缝灰样品SEM测试结果（×2000）

由上图可知，彰作段长城（城墙）勾缝灰微观表面由大量尺寸较小的颗粒堆积而成，结合XRD测试结果，这些颗粒状物质应是块状的方解石晶体因风化被破坏而粉化成颗粒状物质，导致表面粘接强度减弱。

4. XRF

表5-3　平谷区彰作段长城勾缝灰样品XRF测试结果（wt%）

SiO_2	CaO	MgO	Fe_2O_3	K_2O	SO_3
3.834	84.462	9.419	0.910	0.253	1.122

由上表可知，彰作段长城（城墙）勾缝灰样品中CaO和MgO含量较高，约84.462%和9.419%，与XRD测试结果（白灰，主要成分为$CaCO_3$）相符合，可证明所使用的勾缝灰为白灰。

（四）土

1. XRD

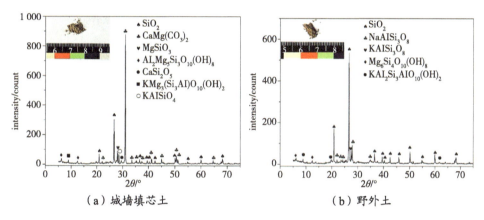

图5-10　平谷区彰作段长城土样品XRD测试结果

（a）城墙填芯土　　　　　　（b）野外土

由上图测试结果可知，彰作段长城城墙填芯土及野外土成分较为复杂，其中城墙填芯土主要成分为SiO_2（石英）和$CaMg(CO_3)_2$（白云石），且含有$MgSiO_3$、$Al_2Mg_5Si_3O_{10}(OH)_8$（淡斜绿泥石）、$CaSi_2O_5$、$KMg_3(Si_3Al)O_{10}(OH)_8$（金云母）、$KAlSiO_4$（钾霞石）等，而野外土中主要有$SiO_2$（石英），且有$NaAlSi_3O_8$（钠长石）、$KAlSi_3O_8$（微斜长石）、$Mg_6Si_4O_{10}(OH)_8$（斜绿泥石）、$KAl_2Si_3AlO_{10}(OH)_2$（白云母）等。自然界的黏土成分比较复杂，主要含有石英、硅酸盐、硅铝酸盐等，且存在少量长石、云母等矿物成分。此外，城墙填芯土较野外土检测出了$CaMg(CO_3)_2$成分，推测原因是所取土样品主要是用于城墙填芯，而填芯材料又主要是土与碎石混合，在上述XRD测试结果中，可知填芯碎石为白云岩，主要成分为$CaMg(CO_3)_2$，在填芯土中可能混杂有因风化而脱落的填芯石碎屑，故能在填芯土中检测出填芯石的化学成分。还有可能是填芯土中加入了石灰作为胶结材料，还需要进一步证实。

2. XRF

表5-4　平谷区彰作段长城土样品XRF测试结果（wt%）

名称	含量(%)										
	SiO_2	CaO	MgO	Fe_2O_3	Al_2O_3	K_2O	SO_3	MnO	P_2O_5	ZnO	CuO
填芯土	45.002	27.713	2.455	10.330	10.416	2.560	0.773	0.181	0.570	—	—
野外土	66.114	3.231	—	11.957	12.685	4.027	1.048	0.171	0.660	0.063	0.044

由上表可知，彰作段长城城墙填芯土样品主要存在SiO_2、CaO、Fe_2O_3、Al_2O_3，含量分别约为45.002%、27.713%、10.330%和10.416%，而野外土主要含SiO_2、Fe_2O_3、Al_2O_3，含量约为66.114%、11.957%和12.685%，两者相比较，填芯土的CaO含量明显高于野外土，可能填芯土中混杂有石灰岩、白云岩等因风化脱落的碎屑或在填芯土中另加了石灰来增加其强度。

二、平谷区黄松峪段长城

（一）石材

1.宏观形貌

（a）白色毛石　　　　　　　　　（b）红色毛石

（c）黄色毛石　　　　　　　　　　（d）灰色毛石

（e）野外石

图5-11　平谷区黄松峪段长城石材样品宏观形貌

由上图可知，黄松峪段长城（城墙）石材样品都取自于形状不规则的毛石，且存在一定的颜色差异，石材表面风化较严重，样品宏观形貌可为以下成分、含量及微观形貌分析提供基本信息。

2. XRD

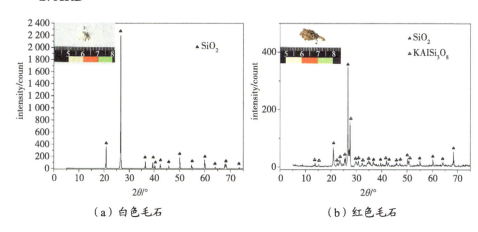

（a）白色毛石　　　　　　　　　　（b）红色毛石

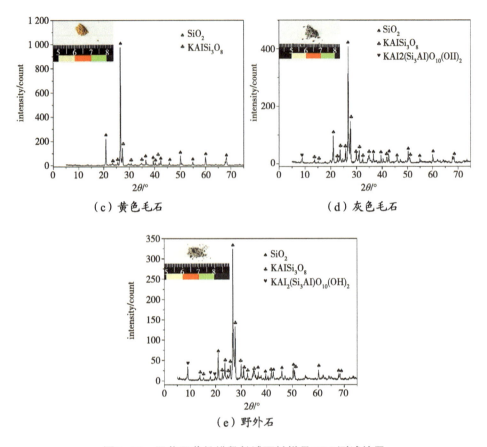

（c）黄色毛石　　　　　　　　（d）灰色毛石

（e）野外石

图5-12　平谷区黄松峪段长城石材样品XRD测试结果

　　由上图及长城砌筑方式相关信息可知，黄松峪段长城（城墙）所用石材主要是砌筑毛石，按颜色又可分为白色、黄色、红色、灰色等几种石材，其中除白色毛石主要化学成分只含SiO_2（石英）外，红色毛石和黄色毛石主要化学成分基本都为SiO_2（石英）和$KAlSi_3O_8$（微斜长石），而灰色毛石与野外石化学成分类似，主要成分也是SiO_2（石英）和$KAlSi_3O_8$（微斜长石），且含有$KAl_2(Si_3Al)O_{10}(OH)_2$（白云母）。据石材相关化学成分，推测所用的白色石材应为石英岩，其石英含量大于90%。其他砌筑毛石和野外石均为长石石英岩，石英含量大于75%，常含长石及云母等矿物，且长石含量一般少于20%，若长石含量增多，则过渡为浅粒岩。

3. SEM

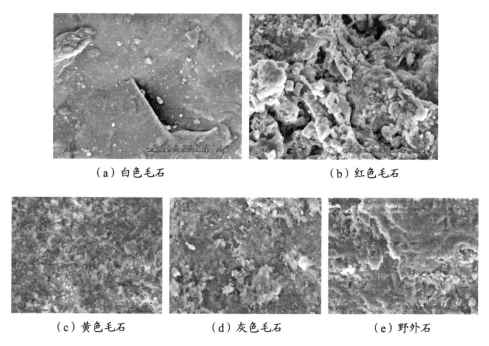

（a）白色毛石　　　　　　　　　　　　（b）红色毛石

（c）黄色毛石　　　　　（d）灰色毛石　　　　　（e）野外石

图5-13　平谷区黄松峪段长城石材样品SEM测试结果（×1000）

　　由上图可知，黄松峪段长城（城墙）所用白色毛石整个表面结构较为致密，风化程度小，微观表面未见较多风化碎屑或风化结构，表面平整，存在一定的台阶状结构，可能和某些机械原因如碰撞磨蚀等有关。红色毛石风化较为严重，整个微观表面被黏土状物质覆盖，存在较多孔隙，结构疏松，无明显棱角分明的晶体结构；黄色毛石整个微观表面由许多细小的颗粒物质组成，存在较多风化碎屑，结构疏松，说明其风化情况也较为严重。此外，表面还可见少量棱角较分明的块状晶体颗粒，结合上述XRD测试结果，推测应是尚未风化的石英晶体颗粒；灰色毛石微观表面存在许多颗粒较小的风化碎屑和少量棱角不明显的块状晶体结构，其应为石英晶体，整个微观表面呈坑洼状，这是表面溶蚀导致的结果；野外石较灰色毛石风化程度轻，微观表面是由许多层片状的石英晶体结构所组成，存在少量孔隙和裂隙，但未见数量较多的风化碎屑。

4. XRF

表5-5　平谷区黄松峪段石材样品XRF测试结果（wt%）

名称	含量(%)									
	SiO₂	CaO	MgO	Fe₂O₃	Al₂O₃	K₂O	SO₃	MnO	P₂O₅	ZnO
白色毛石	96.056	0.346	—	0.214	1.603	1.008	0.773	—	—	—
红色毛石	57.292	1.394	—	16.846	9.815	13.611	—	—	1.042	—
黄色毛石	72.394	—	—	8.480	7.516	9.358	1.340	0.179	0.708	0.023
灰色毛石	70.752	—	—	2.174	11.098	14.680	0.801	—	0.458	0.038
野外石	67.431	—	—	2.467	13.135	15.694	0.741	—	0.486	0.047

由上表可知，白色毛石的SiO_2含量最高，约96.056%，符合XRD测试结果（石英岩，主要成分为SiO_2）；红色毛石和黄色毛石主要含SiO_2、Fe_2O_3、Al_2O_3和K_2O，两者含量基本相似，与XRD测试结果（长石石英岩，主要成分为SiO_2和$KAlSi_3O_8$）相比，两者基本一致；而灰色毛石与野外石各成分、含量基本相同，主要含SiO_2、Al_2O_3和K_2O，也符合XRD测试结果（长石石英岩，主要成分为SiO_2和$KAlSi_3O_8$），可说明就地取材原则。

（二）土

1. XRD

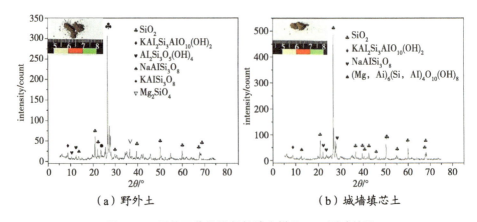

（a）野外土　　　　　　　　　（b）城墙填芯土

图5-14　平谷区黄松峪段长城土样品XRD测试结果

由上图可知，黄松峪段所用长城城墙填芯土的主要化学成分为

SiO_2（石英），且含有$NaAlSi_3O_8$（钠长石）、$KAl_2Si_3AlO_{10}(OH)_2$（白云母）和$(Mg，Al)_6(Si，Al)_4O_{10}(OH)_8$（镁绿泥石）；野外土的主要化学成分为$SiO_2$，且含有$NaAlSi_3O_8$（钠长石）、$KAlSi_3O_8$（微斜长石）、$Al_2Si_2O_5(OH)_4$（高岭土）、$KAl_2Si_3AlO_{10}(OH)_2$（白云母）和$Mg_2SiO_4$（镁橄榄石）。城墙填芯土与野外土主要化学成分基本相似，均含有石英、钠长石、白云母等，符合自然界黏土的一般矿物成分，如石英、长石、云母硅酸盐、硅铝酸盐等矿物，黏土中矿物成分较为复杂。城墙填芯土及野外土可能因自身所处状态或使用位置不同，其黏土中杂质有所偏差，但主要矿物成分基本一致，推测应为就地取材。

2. XRF

表5-6　平谷区黄松峪段长城土样品XRF测试结果（wt%）

名称	含量（%）							
	SiO_2	CaO	Fe_2O_3	Al_2O_3	K_2O	SO_3	MnO	P_2O_5
填芯土	64.178	2.897	12.389	12.559	5.674	1.023	0.326	0.955
野外土	69.172	3.152	12.117	12.185	3.134	1.048	0.171	—

由上表可知，黄松峪段长城城墙填芯土与野外土成分基本相同，主要含SiO_2、Fe_2O_3和Al_2O_3，且两者相比较，各成分、含量基本相同，故可推测使用的填芯土应为就地取材。

三、密云区营房台段长城

（一）石材

1. 宏观形貌

（a）红色毛石　　　　　　　　　　　　　（b）灰色毛石

（c）白色毛石　　　　　　　（d）野外石

图5-15　密云区营房台段长城石材样品宏观形貌

　　由上图可知，营房台段长城（城墙）石材样品取自于各形状不规则的砌筑毛石，且存在一定的颜色和形貌差异，石材表面都存在一定的风化现象，如表面溶蚀等，石材样品的宏观形貌可为后续成分、含量及微观形貌分析提供必要的依据。

2. XRD

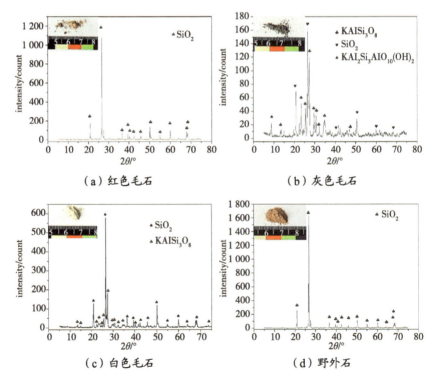

图5-16　密云区营房台段长城石材样品XRD测试结果

根据上图结果及相关砌筑方式信息可知，营房台段长城（城墙）所用石材主要为砌筑毛石，按颜色可分为红色、灰色和白色毛石。其中，红色毛石和野外石的主要化学成分均为SiO_2（石英），而灰色毛石主要含SiO_2（石英）和$KAlSi_3O_8$（微斜长石），且存在$KAl_2Si_3AlO_{10}(OH)_2$（白云母），白色毛石的主要化学成分为SiO_2（石英），且含$KAlSi_3O_8$（微斜长石）。据此，推测红色毛石和野外石应为石英岩或石英砂岩，灰色毛石应为浅粒岩，白色毛石为长石石英岩，其中石英岩分为两类：一是长石石英岩，石英含量大于75%，常含长石及云母等矿物，若长石含量增多，一般大于25%，则过渡为浅粒岩；二是石英岩，石英含量大于90%，可含少量云母、长石、磁铁矿等矿物。

3. SEM

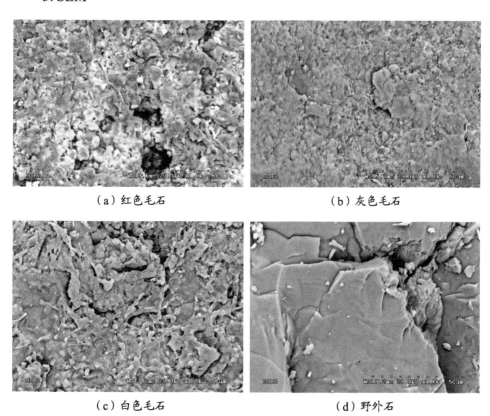

（a）红色毛石　　　　　　　　　　　　（b）灰色毛石

（c）白色毛石　　　　　　　　　　　　（d）野外石

图5-17　密云区营房台段长城石材样品SEM测试结果（×1000）

由上图可知,营房台段长城红色毛石微观表面存在许多片状石英晶体风化结构和风化碎屑,无棱角分明的晶体颗粒,风化较为严重,可清晰观察到存在较大孔隙,可能与某些机械原因,如撞击、磨蚀等有关。灰色毛石整个微观表面由许多颗粒状物质组成,整个表面呈坑洼状,存在一定的片状结构和风化碎屑,主要受表面溶蚀的影响。白色毛石风化较为严重,整个微观表面存在许多层片状晶体结构和细小的风化碎屑,结合XRD测试结果,推测层片状的晶体结构应是风化后的石英晶体,且整个结构较疏松,呈坑洼状,存在一定的孔隙,这都是石材表面溶蚀的结果。野外石整个微观表面由许多石英块状晶体结构所组成,整个结构较为致密,但存在一定的裂隙、裂痕、台阶状结构,可能与某些机械原因有关,如碰撞等。

4. XRF

表5-7　密云区营房台段石材样品XRF测试结果（wt%）

名称	含量（%）						
	SiO_2	Fe_2O_3	Al_2O_3	Na_2O	K_2O	SO_3	MnO
红色毛石	83.980	2.506	5.418	2.058	5.521	0.516	—
灰色毛石	54.664	1.870	14.610	10.680	17.648	0.493	0.036
白色毛石	72.916	0.453	11.380	—	14.546	0.705	—
野外石	84.413	4.273	5.356	—	5.957	—	—

由上表可知,营房台段长城（城墙）所用红色毛石和野外石成分、含量基本相同,主要含SiO_2,且含量超过80%,与XRD测试结果（均为石英岩,主要成分为SiO_2）基本一致,符合就地取材原则。灰色毛石主要含SiO_2（54.664%）、Al_2O_3（14.610%）、Na_2O（10.680%）和K_2O（17.648%）,与XRD测试结果［为浅粒岩,主要成分为SiO_2、$KAlSi_3O_8$、$KAl_2Si_3AlO_{10}(OH)_2$］相比,基本相同,可能灰色毛石中还含有少量钠长石。白色毛石主要含SiO_2（72.916%）、Al_2O_3（11.380%）和K_2O（14.546%）,基本符合XRD测试结果（为长石石英岩,主要成分为SiO_2和$KAlSi_3O_8$）。

（二）砖

1. 宏观形貌

图5-18 密云区营房台段长城砖样品宏观形貌

由上图可知，营房台段长城（城墙）砖样品主要取自于残损或破坏的城墙砖，在其表面宏观形貌中可见许多孔隙，结构较为疏松，宏观形貌测试结果有助于自身成分、含量及微观形貌分析。

2. XRD

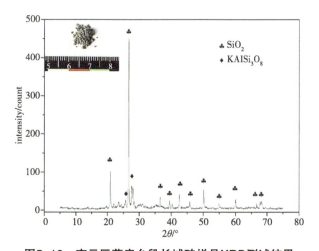

图5-19 密云区营房台段长城砖样品XRD测试结果

　　由上图可知，营房台段长城（城墙）所用砖的化学成分主要为SiO_2（石英）和$KAlSi_3O_8$（微斜长石），微斜长石属于钾长石系列，纯的钾长石在1150℃开始局部熔融，分解产生白榴石，1510℃时完全熔融。结合青砖在砖窑中的煅烧温度范围900℃～1100℃，并检测出微斜长石，可判断砖的烧制温度低于1150℃，因此改青砖样品的烧制温度范围为900℃～1150℃。

　　3. SEM

图5-20　密云区营房台段长城砖样品SEM测试结果（×1000）

　　由上图可知，营房台段长城（城墙）所用砖表面的微观形貌是由许多尺寸较小的晶体颗粒和尺寸较大且棱角较为分明的块状晶体结构所组成，结合XRD测试结果，推测其中晶体物质应是石英晶体，其中尺寸较小的晶体颗粒应是石英晶体颗粒风化脱落的碎屑，且在某些大型晶体颗粒表面还可见黏土状或片状物质覆盖，导致晶体棱角不完全可见，整个微观表面结构较疏松，存在一定孔隙，说明砖材风化较为严重。

4. XRF

表5-8　密云区营房台段长城砖样品XRF测试结果（wt%）

SiO₂	CaO	Fe₂O₃	Al₂O₃	Na₂O	K₂O	SO₃	MnO
55.115	1.886	10.584	9.853	3.662	17.501	1.269	0.168

由上表可知，营房台段长城（城墙）砖样品主要含SiO_2（55.111%）、Fe_2O_3（10.584%）、Al_2O_3（9.853%）和K_2O（17.501%），基本为黏土的一般矿物成分，与XRD测试结果（主要化学成分为SiO_2和$KAlSi_3O_8$）相比，基本一致。

（三）瓦

1.宏观形貌

图5-21　密云区营房台段长城瓦样品宏观形貌

由上图可知，营房台段长城瓦样品主要取自于敌台，敌台现已坍塌消失，周围散落有少量瓦片。瓦样品主要为板瓦，其外表面为素面、无布纹，而在内表面存在纵横交错的布纹，整个瓦样品存在一定风化，表面存在少量孔隙和裂隙，其宏观形貌测试结果可为后续成分、含量及微观形貌分析提供依据。

2. XRD

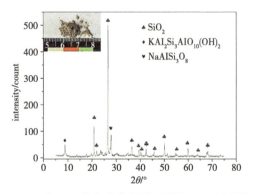

图5-22　密云区营房台段长城瓦样品XRD测试结果

由上图可知，营房台段长城（敌台，敌台已不存，周边有少量瓦片）所用瓦的主要化学成分为SiO_2（石英），且含少量$NaAlSi_3O_8$（钠长石）和$KAl_2Si_3AlO_{10}(OH)_2$（白云母），与黏土的矿物成分基本相似。根据现场勘察观察可知，所用瓦为青瓦，青瓦一般指黏土青瓦，以黏土为主要原料，经泥料处理（过筛、踩泥等）、成型、干燥和焙烧而制成，颜色并非是青色，而是暗蓝色或灰蓝色。钠长石的熔融温度为1100℃~1200℃，比钾长石低，其熔化时没有新的晶相产生。长石在高温下熔融，形成黏稠的玻璃熔体，能降低胚体组分的融化温度，有利于降低烧成温度，故推测瓦的烧制温度约为1100℃~1200℃。

3. SEM

图5-23　密云区营房台段长城瓦样品SEM测试结果（×1000）

由上图可知，在营房台段长城瓦样品的表面微观形貌中，可见许多尺寸较小的颗粒状物质和块状或片状晶体结构，这些晶体尺寸分布较均匀，无尺寸特别大的晶体颗粒，结合XRD测试结果，推测这些尺寸较大的块状晶体结构应是石英晶体；少量片状晶体结构应是钠长石晶体和白云母晶体，钠长石晶体常呈板片状或条状，而白云母晶体也常呈假六方片状，集合体片状或鳞片状；颗粒状物质应是晶体结构风化破坏脱落后的产物或部分微量黏土矿物成分，且整个表面结构较疏松，存在一定孔隙，风化情况较严重。

4. XRF

表5-9　密云区营房台段长城瓦样品XRF测试结果（wt%）

SiO$_2$	CaO	Fe$_2$O$_3$	Al$_2$O$_3$	K$_2$O	SO$_3$	MnO	ZnO
64.971	2.944	12.540	13.717	4.424	0.143	0.231	0.029

由上表可知，营房台段长城瓦样品的主要成分及含量分别为SiO$_2$（64.971%）、Fe$_2$O$_3$（12.540%）和Al$_2$O$_3$（13.717%），且含少量K$_2$O（4.424%），符合黏土的一般矿物成分，与XRD测试结果［主要化学成分为SiO$_2$、NaAlSi$_3$O$_8$和KAl$_2$Si$_3$AlO$_{10}$(OH)$_2$］相比，基本相同，未检测出Na$_2$O，可能自身含量较低，与检测制样也存在一定关系。

（四）勾缝灰

1. 宏观形貌

图5-24　密云区营房台段长城勾缝灰样品宏观形貌

由上图可知，营房台段长城（城墙）勾缝灰样品主要取自于石材缝隙或城砖之间的缝隙处，所取勾缝灰样品呈白色，表面覆盖有少量尘土，其宏观形貌可为后续自身成分、含量及微观形貌分析提供相关依据。

2. XRD

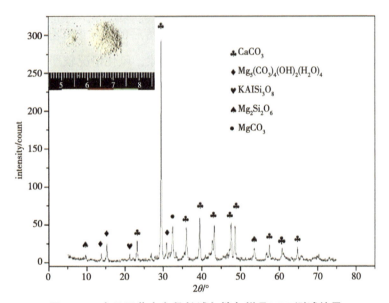

图5-25　密云区营房台段长城勾缝灰样品XRD测试结果

由上图可知，营房台段长城（城墙）所用勾缝灰的主要化学成分为$CaCO_3$（方解石），且含有$MgCO_3$、$Mg_5(CO_3)_4(OH)_2(H_2O)_4$（水菱镁矿）、$KAlSi_3O_8$（微斜长石）和$Mg_2Si_2O_6$（镁橄榄石）。据长城砌筑方式相关信息可知，所用勾缝灰为白灰，其原主要化学成分应该是CaO和MgO，长期暴露在外，与空气中的CO_2和H_2O反应生成$CaCO_3$、$MgCO_3$、$Mg_5(CO_3)_4(OH)_2$（碱式碳酸镁）等，且不稳定的碱式碳酸镁会缓慢形成稳定的水合产物，即$Mg_5(CO_3)_4(OH)_2(H_2O)_4$（水菱镁矿）。其次，由于风沙等因素，勾缝灰表面会覆盖一些黏土，从而检测出一些黏土中的化学成分，如$KAlSi_3O_8$（微斜长石）、$Mg_2Si_2O_6$（镁橄榄石）等。

3. SEM

图5-26　密云区营房台段长城勾缝灰样品SEM测试结果（×1000）

由上图可知，营房台段长城（城墙）所用勾缝灰微观表面基本是由许多细小的颗粒状物质所组成，此外，还能看见少量层片状或块状晶体结构，结合XRD测试结果，判断这些晶体结构应是方解石晶体。勾缝灰表面因酸雨、风霜等原因，表面粘接强度减弱，勾缝灰变质，逐渐粉化成颗粒状物质[①]。

4. XRF

表5-10　密云区营房台段长城勾缝灰样品XRF测试结果（wt%）

SiO_2	CaO	MgO	Fe_2O_3	K_2O	SO_3
5.662	86.800	5.453	1.187	0.335	0.563

由上表可知，营房台段长城（城墙）勾缝灰样品主要含CaO（86.800%），且含少量MgO（5.453%），基本符合XRD测试结果［主要化学成分为$CaCO_3$，且含少量$MgCO_3$、$Mg_5(CO_3)_4(OH)_2(H_2O)_4$等］，说明勾缝灰为白灰（原化学成分为CaO和MgO）。

---

① 陆新华，周萍. 渔业使用生石灰"六忌"[J]. 科学养鱼. 2003,（9）：23.

（五）土

1. XRD

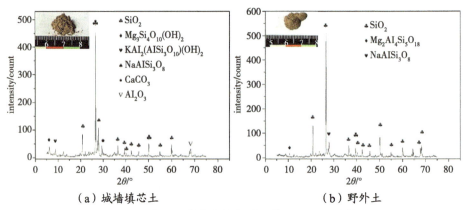

（a）城墙填芯土　　　　　（b）野外土

图5-27　密云区营房台段长城土样品XRD测试结果

由上图可知，营房台段长城城墙填芯土化学成分较为复杂，主要为
SiO_2，同时存在$Mg_3Si_4O_{10}(OH)_2$（镁橄榄石）、$NaAlSi_3O_8$（钠长石）、
$KAl_2Si_3AlO_{10}(OH)_2$（白云母）、$CaCO_3$（方解石）和Al_2O_3，出现$CaCO_3$的原
因可能是有少量白灰混杂进填芯土中，也有可能是砌筑时加入了石灰，需要
进一步证实。而野外土的主要化学成分为SiO_2，且含少量$NaAlSi_3O_8$（钠长
石）和$Mg_2Al_4Si_5O_{18}$（堇青石）。自然界黏土化学成分较为复杂，主要含石
英、氧化铝、长石、云母等，常含橄榄石、堇青石等杂质，而填芯土又与碎
石作为填芯材料共同使用，其中可能会混杂许多石材矿物碎屑，化学成分更
为复杂，但长城土与野外土主要化学成分基本相似，均含石英、钠长石等，
应为就地取材。

2. XRF

表5-11　密云区营房台段长城土样品XRF测试结果（wt%）

名称	含量（%）									
	SiO_2	CaO	MgO	Fe_2O_3	Al_2O_3	K_2O	SO_3	MnO	ZnO	P_2O_5
填芯土	61.346	8.524	1.677	12.240	11.386	3.920	—	0.223	0.036	0.650
野外土	69.959	2.151	—	10.064	11.160	4.523	1.107	0.166	0.028	0.843

由上表可知，营房台段长城填芯土和野外土成分及含量基本相同，符合就地取材原则，填芯土主要含SiO_2（61.346%）、Fe_2O_3（12.240%）、Al_2O_3（11.386%）和CaO（8.524%），而野外土主要含SiO_2（69.959%）、Fe_2O_3（10.064%）、Al_2O_3（11.160%），与XRD测试结果（填芯土主要化学成分为SiO_2，且含$NaAlSi_3O_8$、$KAl_2Si_3AlO_{10}(OH)_2$、$CaCO_3$和Al_2O_3；野外土主要化学成分为SiO_2，且含$NaAlSi_3O_8$和$Mg_2Al_4Si_5O_{18}$）基本相一致。填芯土和野外土检测结果相比，填芯土中出现较多CaO可能是有少量白灰混杂进填芯土中，也有可能是砌筑时加入了石灰。

四、密云区黄岩口段长城

（一）石材

1.宏观形貌

（a）黄色毛石　　　　　　　　　（b）灰色毛石

（c）白色毛石　　　　（d）基础石　　　　（e）野外石

图5-28　密云区黄岩口段长城石材样品宏观形貌

由上图可知，黄岩口段长城（城墙）石材样品主要取自于各颜色不同、形状不规则的城墙砌筑毛石，且砌筑毛石表面存在一定的风化现象，毛石排列较杂乱，石材样品的宏观形貌有利于后续成分、含量及微观形貌分析。

2. XRD

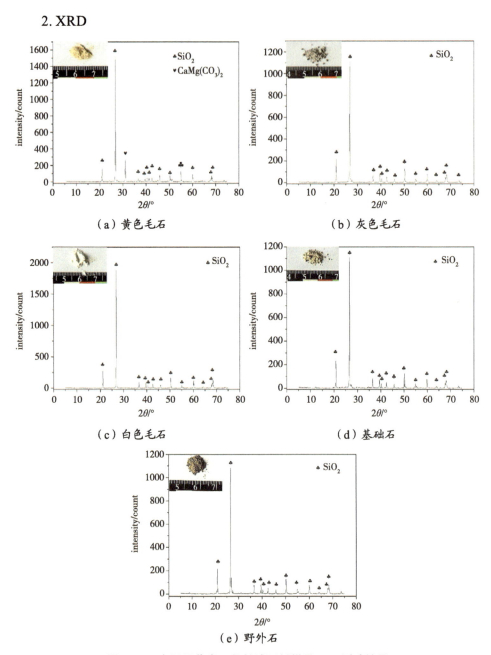

图5-29　密云区黄岩口段长城石材样品XRD测试结果

由上图和长城砌筑方式相关信息可知，黄岩口段长城（城墙）所用石材主要有砌筑毛石和基础石，其中砌筑毛石按颜色可分为黄色、灰色和白色毛石。黄色毛石的主要化学成分为SiO_2（石英），且含$CaMg(CO_3)_2$（白云石）；灰色毛石、白色毛石、基础石和野外石的化学成分主要为SiO_2（石英）。根据相关测试结果，推测黄岩口段长城（城墙）所用石材基本为石英岩，石英岩是一种主要由石英组成的变质岩（石英含量大于85%），可含有云母类矿物及赤铁矿、针铁矿等，大部分砌筑毛石、基础石与野外石种类相同，可证明就地取材原则。

3. SEM

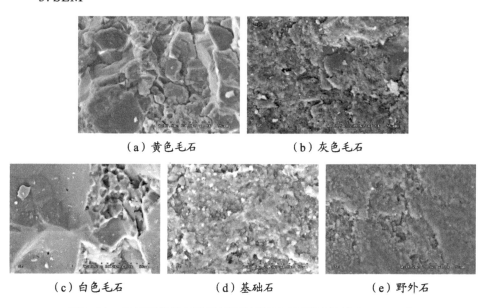

(a) 黄色毛石　　　　　　　(b) 灰色毛石

(c) 白色毛石　　　　(d) 基础石　　　　(e) 野外石

图5-30　密云区黄岩口段长城石材样品SEM测试结果（×1000）

由上图可知，黄岩口段长城（城墙）所用黄色毛石微观表面由许多尺寸不一的块状晶体构成，呈镶嵌状结构分布，在表面上还可见许多台阶状结构、裂纹、断口、黏土状物质等，这些与石材表面风化、某些机械原因，如撞击、磨蚀等有关。白色毛石整个微观表面是由尺寸较大、棱角分明的块状晶体构成，结合XRD测试结果，判断这些晶体结构应为石英晶体。此外，部分位置表面上可见坑洼状的结构和断口，推测是由石材表面溶蚀和脱落造成。

灰色毛石、基础石与野外石的微观形貌极为相似，都是由许多细小的颗粒状物质和片状晶体物质所组成，结合XRD测试结果，这些物质应是石英晶体，且整个表面呈坑洼状，并可见少量孔隙，说明石材表面存在一定溶蚀现象。

4. XRF

表5-12　密云区黄岩口段长城石材样品XRF测试结果（wt%）

名称	含量（%）									
	SiO_2	CaO	MgO	Fe_2O_3	Al_2O_3	K_2O	SO_3	MnO	P_2O_5	ZnO
白色毛石	95.201	0.192	1.047	0.088	1.708	0.883	0.882	—	—	—
黄色毛石	52.102	34.147	5.015	2.241	1.281	2.183	1.179	0.219	1.667	0.056
灰色毛石	92.968	0.685	—	0.385	3.462	1.811	0.688	—	—	—
基础石	86.558	0.926	—	2.390	5.342	3.439	1.345	—	—	—
野外石	87.302	0.437	—	2.755	5.506	3.243	0.665	0.092	—	—

由上表可知，在黄岩口段长城（城墙）所用砌筑毛石中，除黄色毛石主要含SiO_2和CaO外，白色毛石、灰色毛石、基础石和野外石主要含SiO_2，且含量基本都超过85%，与XRD测试结果（黄色毛石主要含SiO_2和$CaMg(CO_3)_2$，灰色毛石、白色毛石、基础石和野外石的化学成分主要为SiO_2）基本相一致，说明黄岩口段所用砌筑毛石基本为石英岩，且取材原则应为就地取材。

（二）砖

1. 宏观形貌

图5-31　密云区黄岩口段长城砖样品宏观形貌

由上图可知，黄岩口段长城（城墙）砖样品主要取自于城墙砌筑的外包砖，样品呈黄灰色，且表面存在较多孔隙，风化较为严重，其宏观形貌可为后续成分、含量及微观形貌分析提供依据。

2. XRD

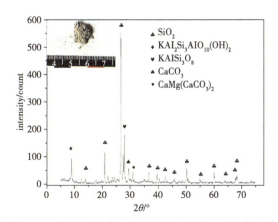

图5-32　密云区黄岩口段长城砖样品XRD测试结果

由上图可知，黄岩口段长城（城墙）所用砖的主要化学成分为SiO_2（石英），且含有$KAlSi_3O_8$（微斜长石）、$KAl_2Si_3AlO_{10}(OH)_2$（白云母）、$CaCO_3$（方解石）和$CaMg(CO_3)_2$（白云石），其中SiO_2（石英）、$KAlSi_3O_8$（微斜长石）和$KAl_2Si_3AlO_{10}(OH)_2$（白云母）都是黏土的一般矿物成分，来源于黏土原料，而出现$CaCO_3$和$CaMg(CO_3)_2$的原因是砖的烧结过程中加入了白灰或烧结砖的黏土原料中混杂有石灰石，若砖中掺杂石灰过多，石灰会在砖体内吸水膨胀，导致砖体膨胀破坏，造成石灰爆裂现象。此外，白云母主要来源于变质岩中，如云英岩、变质片岩和片麻岩，它可由黏土质岩石在较高温度和钾的参与作用下形成，黏土原料中可能混杂有部分变质岩碎屑。据长城相关砌筑方式信息，可知所用砖为青砖，呈青灰色，再根据$KAlSi_3O_8$（微斜长石）（1150℃）、$KAl_2Si_3AlO_{10}(OH)_2$（白云母）（900℃~1300℃）的分解温度以及一般烧结砖的烧制温度（900℃~1100℃），推测砖样品烧制温度约900℃~1150℃。

3. SEM

图5-33　密云区黄岩口段长城砖样品SEM测试结果（×1000）

由上图可知，在黄岩口段（城墙）所用砖的微观形貌中，可见许多尺寸较小的颗粒状物质和少量尺寸较大的块状或片状晶体物质，结合XRD测试结果，推测表面未被小颗粒物覆盖的块状晶体是石英颗粒，表面底层被小颗粒物覆盖的晶体结构可能是方解石，而少量片状晶体碎屑可能是微斜长石晶体和白云母晶体，微斜长石晶体常呈板片状或柱状，而白云母晶体常呈假六方片状，集合体片状或鳞片状，那些小颗粒物可能是晶体结构风化产生的碎屑或部分微量黏土矿物。此外，块状晶体结构棱角模糊，且整个表面结构疏松，存在孔隙，说明砖样品风化较严重，表面粉化明显。

4. XRF

表5-13　密云区黄岩口段长城砖样品XRF测试结果（wt%）

SiO_2	CaO	MgO	Fe_2O_3	Al_2O_3	K_2O	SO_3	MnO	P_2O_5	ZnO
60.422	10.629	0.959	9.658	11.920	3.694	1.205	0.154	1.333	0.025

由上表可知，黄岩口段长城（城墙）砖样品主要含SiO_2（60.422%）、CaO（10.629%）、Fe_2O_3（9.658%）和Al_2O_3（11.920%），其中SiO_2、Fe_2O_3、Al_2O_3均为黏土的主要成分，CaO的存在可能是由于砖的烧结过程中加入了白灰或烧结砖的黏土原料中混杂有石灰石，符合XRD测试结果［主要

化学成分为SiO_2（石英）、$KAlSi_3O_8$（微斜长石）、$KAl_2Si_3AlO_{10}(OH)_2$（白云母）、$CaCO_3$（方解石）和$CaMg(CO_3)_2$（白云石）〕。

（三）瓦

1. 宏观形貌

图5-34　密云区黄岩口段长城瓦样品宏观形貌

由上图可知，黄岩口段长城所取瓦样品主要来自已坍塌损毁的敌台，在损毁处可见少量瓦片，瓦样品呈青灰色，表面存在横纵交错的布纹，可能是瓦坯压模时，模具中铺有带花纹的布，便于脱模，使瓦表面出现布纹，且表面有尘土覆盖，存在少量孔隙和裂痕，存在一定风化现象，其宏观形貌可为后续成分、含量及微观分析提供基础信息。

2. XRD

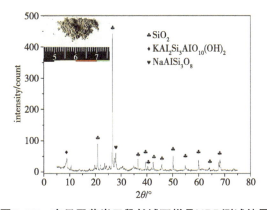

图5-35　密云区黄岩口段长城瓦样品XRD测试结果

由上图可知，黄岩口段长城（敌台，已坍塌损毁，附近有瓦片散落）所用瓦的主要化学成分为SiO_2（石英），且含有$KAl_2Si_3AlO_{10}(OH)_2$（白云母）和$NaAlSi_3O_8$（钠长石），均为黏土的一般矿物成分，石英、长石主要来源于烧制用黏土原料，白云母主要产于变质岩，可能黏土原料中混杂有变质岩碎屑，推测其应为黏土烧结瓦。结合长城相关砌筑方式信息，可知所用瓦为黏土青瓦，按形状又可分为板瓦和筒瓦，其是以黏土为主要原料，经黏土处理（过筛、踩泥等）、成型、干燥和焙烧而制成。钠长石的熔融温度为1100℃～1200℃，比钾长石低，其熔化时没有新的晶相产生。长石在高温下熔融，形成黏稠的玻璃熔体，能降低坯体组分的融化温度，有利于降低烧成温度，故推测瓦的烧制温度约为1100℃～1200℃。

3. SEM

图5-36 密云区黄岩口段长城瓦样品SEM测试结果（×1000）

由上图可知，黄岩口段长城敌台所用瓦的表面微观形貌是由许多尺寸较小的晶体颗粒、层片状晶体结构和尺寸很大，棱角较分明的块状晶体结构所组成，结合XRD测试结果，推测这些块状且棱角较为分明的晶体物质是石英，少量层片状的晶体物质是钠长石和白云母，钠长石晶体常呈板片状或条状，白云母晶体常呈集合体片状或鳞片状。整个微观表面结构较疏松，存在一定孔隙，说明瓦样品风化较严重。

4. XRF

表5-14　密云区黄岩口段长城瓦样品XRF测试结果（wt%）

SiO$_2$	CaO	Fe$_2$O$_3$	Al$_2$O$_3$	K$_2$O	MnO	ZnO
66.828	2.238	12.023	14.395	4.298	0.186	0.032

由上表可知，黄岩口段长城（敌台）瓦样品主要含SiO$_2$（66.828%）、Fe$_2$O$_3$（12.023%）和Al$_2$O$_3$（14.395%），三者均为黏土原料的主要化学成分，基本与XRD测试结果相符合。

（四）勾缝灰

1. 宏观形貌

图5-37　密云区黄岩口段长城勾缝灰样品宏观形貌

由上图可知，黄岩口段长城（城墙）勾缝灰样品取自于城砖连接的缝隙处，样品呈白色，表面有少量尘土覆盖，表面有一定的粉化，其宏观形貌可为后续成分、含量及微观形貌分析提供基础信息。

2. XRD

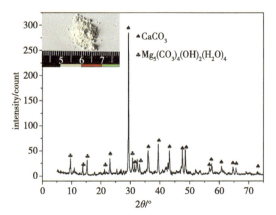

图5-38 密云区黄岩口段长城勾缝灰样品XRD测试结果

由上图可知，黄岩口段长城（城墙）所用勾缝灰的主要化学成分为 $CaCO_3$（方解石）和 $Mg_5(CO_3)_4(OH)_2(H_2O)_4$（水菱镁矿）。结合长城相关砌筑方式信息和现场勘察，可知所用勾缝灰为白灰，原主要化学成分应为 CaO 和 MgO，长期与空气接触，与空气中的 CO_2 和 H_2O 缓慢反应逐渐生成了 $CaCO_3$（方解石）和 $Mg_5(CO_3)_4(OH)_2$（碱式碳酸镁），不稳定的碱式碳酸镁会逐渐生成稳定的水合产物，即 $Mg_5(CO_3)_4(OH)_2(H_2O)_4$（水菱镁矿）。此外，由于风沙等原因，在白灰表面会覆盖尘土，可能会引入某些黏土的矿物成分。

3. SEM

图5-39 密云区黄岩口段长城勾缝灰样品SEM测试结果（×1000）

由上图及XRD测试结果可知，黄岩口段长城（城墙）所用勾缝灰表面微观形貌是由许多片状晶体结构和尺寸较小的颗粒状物质所组成，这些片状晶体为方解石，勾缝灰表面因酸雨、风霜等原因，长时间暴露在空气中，表面粘接强度减弱，勾缝灰变质，逐渐粉化成颗粒状物质。

4. XRF

表5-15　密云区黄岩口段长城勾缝灰样品XRF测试结果（wt%）

SiO$_2$	CaO	MgO	Fe$_2$O$_3$	Al$_2$O$_3$	K$_2$O	SO$_3$	MnO
8.900	67.771	18.009	1.201	1.708	2.552	1.401	0.116

由上表可知，黄岩口段长城（城墙）所用勾缝灰样品主要含CaO（67.771%）和MgO（18.009%），说明使用的勾缝灰为白灰，与XRD测试结果［主要化学成分为CaCO$_3$和Mg$_5$(CO$_3$)$_4$(OH)$_2$(H$_2$O)$_4$］相比，基本相一致。

（五）灰土

1. 宏观形貌

图5-40　密云区黄岩口段长城灰土样品宏观形貌

由上图可知，黄岩口段长城（城墙）所用灰土样品取自于城墙底部基础石之间缝隙处，作为粘接材料使用，在灰土样品表面清晰可见少量白灰，其宏观形貌可为后续成分、含量及微观形貌分析提供基础信息。

2. XRD

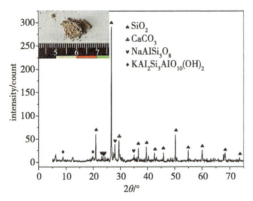

图5-41 密云区黄岩口段长城灰土样品XRD测试结果

由上图可知，黄岩口段长城（城墙）所用灰土的主要化学成分为 SiO_2（石英），且含有 $NaAlSi_3O_8$（钠长石）、$CaCO_3$（方解石）和 $KAl_2Si_3AlO_{10}(OH)_2$（白云母）。其中，石英、长石、云母均为黏土中的一般矿物成分，而 $CaCO_3$ 应为白灰的主要化学成分，从而证明所用灰土是由白灰和黏土按照一定比例混合而成。

3. SEM

图5-42 密云区黄岩口段长城灰土样品SEM测试结果（×1000）

由上图可知，黄岩口段长城（城墙）所用灰土的微观形貌是由许多大小不一的颗粒状物质或晶体结构所组成，分布较均匀，整个表面结构较疏松，存在一定孔隙。结合XRD测试结果，其中少量镶嵌在颗粒物质中且尺寸较大的晶体物质，应是方解石晶体，即白灰成分，而颗粒状的物质可能是晶体结构因风化脱落的颗粒碎屑和某些黏土矿物成分颗粒。

4. XRF

表5-16　密云区黄岩口段长城灰土样品XRF测试结果（wt%）

SiO$_2$	CaO	Fe$_2$O$_3$	Al$_2$O$_3$	Na$_2$O	K$_2$O	SO$_3$	P$_2$O$_5$	MnO
79.586	0.275	2.419	4.593	8.387	2.741	1.167	0.774	0.059

由上表可知，黄岩口段长城（城墙）所用灰土主要含SiO$_2$（79.586%），而CaO的含量只有0.275%，可能与测试样品所取位置有关，石灰用量较少，推测所用灰土为一九灰土，所谓灰土是将石灰粉和黏土按一定比例拌和均匀，在一定含水率条件下夯实而成。石灰粉用量常为灰土总重的10%~30%，即一九灰土、二八灰土和三七灰土。

（六）土

1. XRD

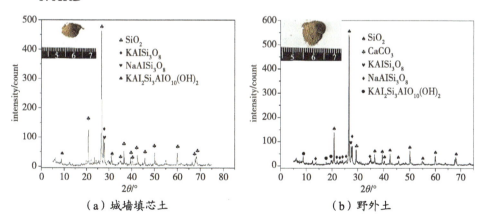

（a）城墙填芯土　　　　　　　　　（b）野外土

图5-43　密云区黄岩口段长城土样品XRD测试结果

由上图可知，黄岩口段长城（城墙）所用城墙填芯土的主要化学成分是SiO$_2$（石英），且含有NaAlSi$_3$O$_8$（钠长石）、KAlSi$_3$O$_8$（微斜长石）和KAl$_2$Si$_3$AlO$_{10}$(OH)$_2$（白云母），为黏土中的一般矿物成分。野外土与城墙填芯土的化学成分基本相同，应为就地取材，唯一区别是野外土中检测出了$CaCO_3$（方解石），可能是由于野外土中杂质较多，混杂有石灰石或其他碳酸盐矿物石材，导致检测出$CaCO_3$。

2. XRF

表5-17　密云区黄岩口段长城土样品XRF测试结果（wt%）

名称	含量（%）									
	SiO$_2$	CaO	MgO	Fe$_2$O$_3$	Al$_2$O$_3$	K$_2$O	SO$_3$	MnO	P$_2$O$_5$	ZnO
填芯土	60.185	5.274	5.104	11.005	12.045	4.090	1.156	0.189	0.926	0.026
野外土	57.689	12.275	1.225	12.112	10.595	4.112	0.964	0.234	0.793	—

由上表可知，黄岩口段长城（城墙）填芯土样品主要含SiO_2（60.185%）、Fe_2O_3（11.005%）和Al_2O_3（12.045%），均为黏土中的一般矿物成分。而野外土主要含SiO_2（57.689%）、CaO（12.275%）、Fe_2O_3（12.112%）和Al_2O_3（10.595%），两者相比较，野外土中检测出相对较多的CaO，可能野外土中混杂一定量的石灰石杂质或白灰，与XRD测试结果基本一致。

五、怀柔区撞道口段长城

（一）石材

1. 宏观形貌

（a）填芯碎石　　　　　（b）基础石　　　　　（c）野外石

图5-44　怀柔区撞道口段长城石材样品宏观形貌

由上图可知，撞道口段长城（敌台、城墙）所用填芯碎石主要取自于城墙或敌台内部，基础石取自于城墙或敌台下部基础条石，条石呈长方体状，而所取的填芯碎石和野外石均为不规则毛石，石材样品的宏观形貌可为后续成分、含量及微观形貌分析提供基础信息。

2. XRD

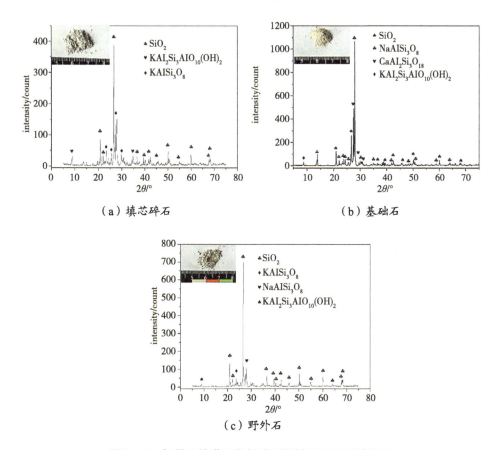

（a）填芯碎石　　　　　　　　　　（b）基础石

（c）野外石

图5-45　怀柔区撞道口段长城石材样品XRD测试结果

由上图可知，撞道口段长城（敌台、城墙）所用的填芯碎石与野外石的化学成分基本相似，主要化学成分为SiO_2（石英），并含有$NaAlSi_3O_8$（钠长石）、$KAlSi_3O_8$（微斜长石）和$KAl_2Si_3AlO_{10}(OH)_2$（白云母），根据其化学成分，推测均为长石石英岩，且选材原则为就地取材。此外，基础石的主要化学成分为NaAlSi$_3$O$_8$（钠长石）、CaAl$_2$Si$_2$O$_8$（钙长石）和SiO$_2$（石英）三种，且存在KAl$_2$Si$_3$AlO$_{10}$(OH)$_2$（白云母），根据其成分推测应为花岗岩，花岗岩是岩浆在地下深处经冷凝而形成的酸性火成岩，花岗岩主要组成矿物为长石、石英、黑白云母等，其中石英含量是10%～50%，长石含量约为总量的2/3，分为正长石、斜长石（碱石灰）及微斜长石（钾碱）等。

3. SEM

（a）填芯碎石 　　　（b）基础石 　　　（c）野外石

图5-46　怀柔区撞道口段长城石材样品SEM测试结果（×1000）

由上图可知，撞道口段长城（城墙、敌台）所用填芯碎石的微观表面是由许多片状的晶体结构和细小的颗粒状物质所组成，结合XRD测试结果，推测含量较多的片状晶体物质是石英晶体，小颗粒状物质应是晶体结构风化脱落的碎屑，且整个表面结构较酥松，说明其风化较严重。基础石的表面微观形貌呈网状或树枝状的晶体结构，结合XRD测试结果，推测这种网状或树枝状的晶体结构应是钠长石晶体，钠长石常呈纺锤状、细脉状、杆状、泡状等嵌晶，在钾长石中产出，还常在钾长石中呈条纹和棋盘格状。且还可见许多黏土状的物质覆盖在表面上，整个表面上还存在一定孔隙，说明石材存在一定的风化现象。野外石的微观表面上主要存在块状和片状的晶体物质，结合XRD测试结果，这些晶体物质应是石英晶体，其中片状晶体主要是由石英晶体风化产生，同时可见部分裂隙和孔隙，可能与碰撞、磨损等机械原因有关。

4. XRF

表5-18　怀柔区撞道口段长城石材样品XRF测试结果（wt%）

名称	含量（%）								
	SiO_2	CaO	Fe_2O_3	Al_2O_3	Na_2O	K_2O	SO_3	MnO	ZnO
填芯碎石	68.480	0.366	4.730	14.801	—	10.863	0.567	0.151	0.042
基础石	41.391	2.720	1.674	12.675	31.004	10.259	—	0.202	0.073
野外石	75.409	0.971	1.944	11.579	3.810	5.941	0.234	0.114	—

由上表可知，撞道口段长城填芯碎石和野外石主要成分及含量基本相同，主要含SiO_2、Al_2O_3、K_2O等，与XRD测试结果［均为长石石英岩，主要化学成分为SiO_2（石英），$NaAlSi_3O_8$（钠长石）、$KAlSi_3O_8$（微斜长石）和$KAl_2Si_3AlO_{10}(OH)_2$（白云母）］基本相同，且可说明就地取材原则。基础石主要含SiO_2、Al_2O_3、K_2O、Na_2O，且SiO_2和Na_2O含量较高，符合XRD测试结果［为花岗岩，主要成分为$NaAlSi_3O_8$（钠长石）、$CaAl_2Si_2O_8$（钙长石）和SiO_2（石英）］。

〔二〕砖

1. 宏观形貌

图5-47　怀柔区撞道口段长城砖样品宏观形貌

由上图可知，撞道口段长城（敌台、城墙）砖样品主要取自于敌台或城墙的外包砖，样品呈青灰色，表面有尘土覆盖，存在较多孔隙，风化较严重，其宏观形貌可为后续成分、含量及微观形貌分析提供基础信息。

2. XRD

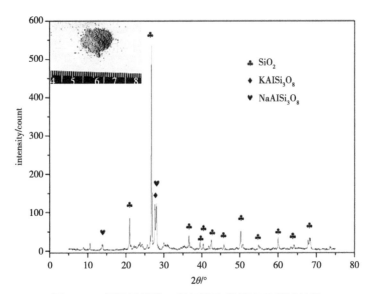

图5-48 怀柔区撞道口段长城砖样品XRD测试结果

由上图可知，撞道口段长城（敌台、城墙）所用砖的主要化学成分为 SiO_2（石英），同时含 $NaAlSi_3O_8$（钠长石）和 $KAlSi_3O_8$（微斜长石）等矿物，均为黏土的一般矿物成分，所用砖应为黏土烧结砖。其中，在烧结过程中，长石具有促使石英和黏土熔融的效果。再根据 $KAlSi_3O_8$（微斜长石）（1150℃）、$NaAlSi_3O_8$（钠长石）（1100℃～1200℃）的分解温度及一般烧结砖的烧制温度（900℃～1100℃），推测砖样品烧制温度约为1100℃～1150℃。此外，据长城相关砌筑方式信息和现场勘察可知，所用砖为青砖，因在烧制过程中加水冷却，使黏土中的铁不完全氧化（生成 Fe_3O_4）则呈青色。

3. SEM

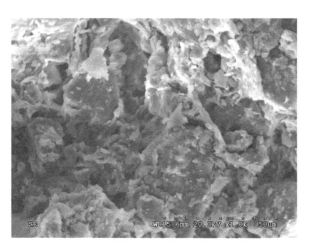

图5-49　怀柔区撞道口段长城砖样品SEM测试结果（×1000）

由上图可知，撞道口段长城（敌台、城墙）所用砖的微观形貌是由许多尺寸较小的颗粒状物质、层片状结构和尺寸较大的块状晶体结构，结合XRD测试结果，推测其中块状晶体应是石英晶体，片状晶体应是微斜长石晶体和钠长石晶体，微斜长石晶形呈短柱状或厚板状，钠长石晶体呈板片状或条状，而尺寸较小的颗粒状物质应为晶体风化而脱落下来的碎屑或某些微量黏土矿物。此外，整个表面结构疏松，存在较多孔隙，说明所用砖表面风化较严重。

4. XRF

表5-19　怀柔区撞道口段长城砖样品XRF测试结果（wt%）

SiO_2	CaO	Fe_2O_3	Al_2O_3	K_2O	P_2O_5	MnO	ZnO
68.286	2.845	10.684	12.955	4.336	0.666	0.200	0.028

由上表可知，撞道口段长城（城墙、敌台）所用砖样品主要含SiO_2（68.286%）、Fe_2O_3（10.684%）、Al_2O_3（12.955%），均为黏土中的一般矿物成分，说明所用砖为黏土烧结砖。

（三）勾缝灰

1. 宏观形貌

图5-50 怀柔区撞道口段长城勾缝灰样品宏观形貌

由上图可知，撞道口段长城（城墙、敌台）所用勾缝灰样品取自于砖材连接的缝隙处，作为粘接材料，样品呈白色，表面有少量尘土覆盖，且结构较为致密，其宏观形貌可为后续成分、含量及微观形貌测试提供基础信息。

2. XRD

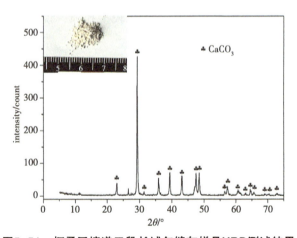

图5-51 怀柔区撞道口段长城勾缝灰样品XRD测试结果

由上图可知，撞道口段长城（城墙、敌台）所用勾缝灰的主要化学成分为$CaCO_3$（方解石），结合长城相关砌筑方式信息和现场勘察，可知所用勾缝灰为白灰，白灰的原主要化学成分为CaO，与空气长时间接触，与空气中的CO_2、H_2O等逐渐反应生成了$CaCO_3$。

3. SEM

图5-52　怀柔区撞道口段长城勾缝灰样品SEM测试结果（×2000）

由上图可知，撞道口段长城（城墙、敌台）所用勾缝灰表面粉化较为严重，整个微观表面是由许多尺寸较小，分布较为均匀的颗粒状物质组成，结合XRD测试结果，可知这些颗粒状物质应是方解石颗粒。此外，也可见少量片状晶体物质，推测应是尚未粉化的方解石晶体。

4. XRF

表5-20　怀柔区撞道口段长城勾缝灰样品XRF测试结果（wt%）

SiO$_2$	CaO	MgO	Fe$_2$O$_3$	K$_2$O	P$_2$O$_5$	ZnO
2.843	90.750	0.925	2.114	0.366	2.723	0.279

由上表可知，撞道口段长城（城墙、敌台）所用勾缝灰样品主要含CaO，含量约为90.750%，说明样品中存在较多含Ca的化合物，符合XRD的测试结果（主要化学成分为$CaCO_3$）。

（四）土

1. XRD

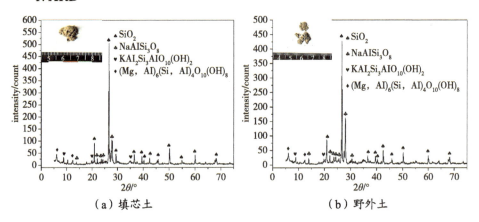

（a）填芯土 　　　　　　　（b）野外土

图5-53　怀柔区撞道口段长城土样品XRD测试结果

由上图可知，撞道口段长城（城墙、敌台）所用填芯土与当地野外土化学成分基本类似，主要为SiO_2（石英），且含$NaAlSi_3O_8$（钠长石）、$KAl_2Si_3AlO_{10}(OH)_2$（白云母）和$(Mg, Al)_6(Si, Al)_4O_{10}(OH)_8$（镁绿泥石），黏土本身化学成分较为复杂，此外，黏土作为填芯材料的一部分，与碎石混杂一起使用，黏土中可能混杂有许多石材碎屑，检测结果中可能会出现有些石材成分。所用土与野外土的化学成分基本相同，说明就地取材的原则。

2. XRF

表5-21　怀柔区撞道口段长城土样品XRF测试结果（wt%）

名称	含量（%）								
	SiO_2	CaO	MgO	Fe_2O_3	Al_2O_3	K_2O	MnO	P_2O_5	ZnO
填芯土	63.493	6.499	—	12.405	12.298	4.126	0.208	0.654	0.317
野外土	60.266	4.680	2.774	14.256	13.667	3.399	0.218	0.694	0.046

由上表可知，撞道口段长城（城墙、敌台）所用填芯土与野外土成分及含量基本一致，主要含SiO_2、Fe_2O_3和Al_2O_3，均为黏土的一般矿物成分，说

明所用填芯土为就地取材。

六、怀柔区官地段长城

（一）石材

1. 宏观形貌

图5-54　怀柔区官地段长城基础石样品宏观形貌

由上图可知，官地段长城（城墙、敌台）所用基础石主要取自于城墙或敌台下部基础条石，整个样品表面凹凸不平，且可见许多颗粒状物质，其宏观形貌可为后续成分、含量及微观形貌分析提供基础信息，因样品所取位置位于条石边缘处，存在一定风化，颜色有所差异。

2. XRD

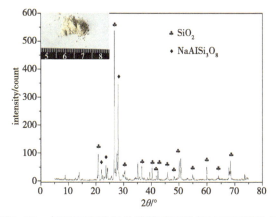

图5-55　怀柔区官地段长城基础石样品XRD测试结果

由上图及长城相关砌筑方式信息可知，官地段长城（城墙、敌台）所用石材主要为基础石，其主要化学成分为SiO_2（石英）和$NaAlSi_3O_8$（钠长石），故推测所用基础为花岗岩，花岗岩以石英、长石和云母为主要成分，其石英含量约20~50%，少数可达50~60%。此外，钠长石是斜长石固溶体系列中的钠质矿物，在伟晶岩和花岗岩中最常见。

3. SEM

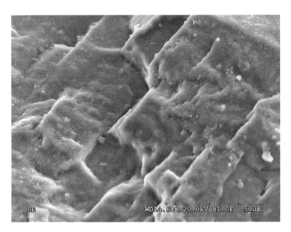

图5-56　怀柔区官地段长城基础石样品SEM测试结果（×1000）

由上图可知，官地段长城（城墙、敌台，敌台坍塌严重但仍存在）所用基础石微观表面是由大量块状晶体所组成的，结合XRD测试结果，推测其应是石英晶体。观察发现整个表面上存在许多台阶状的结构，这可能与某些机械原因如碰撞、磨损有关。同时，可见表面上存在片状结构（推测应是钠长石晶体，钠长石晶体呈板片状或条状）和少量的风化碎屑，部分晶体的棱角不很明显，说明石材表面存在一定的风化溶蚀情况。

4. XRF

表5-22　怀柔区官地段长城基础石样品XRF测试结果（wt%）

SiO_2	CaO	Fe_2O_3	Al_2O_3	Na_2O	K_2O	SO_3	MnO	ZnO
62.135	2.136	1.360	14.836	12.675	6.088	0.717	0.037	0.017

由上表可知，官地段长城（城墙、敌台）基础石样品主要含 SiO_2（62.135%）、Al_2O_3（14.836%）和Na_2O（12.675%），与XRD测试结果（为花岗岩，主要化学成分为SiO_2和$NaAlSi_3O_8$）基本相符合。

（二）砖

1. 宏观形貌

图5-57 怀柔区官地段长城砖样品宏观形貌

由上图可知，官地段长城（城墙、敌台）所用砖样品主要取自于城墙或敌台砌筑外包砖，样品呈青灰色，表面存在较多孔隙，风化较明显，其宏观形貌可为后续成分、含量及微观形貌分析提供基础信息。

2. XRD

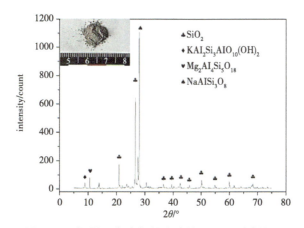

图5-58 怀柔区官地段长城砖样品XRD测试结果

由上图及现场勘察相关信息可知，官地段长城（城墙、敌台）所用砖为青砖，呈青灰色，其主要化学成分为SiO_2（石英）和$NaAlSi_3O_8$（钠长石），且存在$KAl_2Si_3AlO_{10}(OH)_2$（白云母）和$Mg_2Al_4Si_5O_{18}$（堇青石），符合黏土的一般矿物成分，故可判断所用砖为黏土烧结砖，因在烧制过程中加水冷却，使黏土中的铁因不完全氧化而生成了Fe_3O_4而呈青色。再根据$NaAlSi_3O_8$（钠长石）（1100℃~1200℃，熔融过后不会有新相产生）的分解温度及一般烧结砖的烧制温度（900℃~1100℃），此外，检测结果中出现了微量堇青石，可由Al_2O_3、SiO_2和MgO在一定高温（约1200℃~1350℃）下进行合成[1]，推测砖的烧制温度约为1100℃~1350℃。

3. SEM

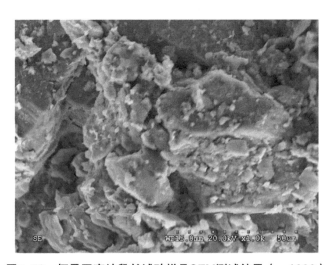

图5-59 怀柔区官地段长城砖样品SEM测试结果（×1000）

由上图可知，在官地段长城（城墙、敌台）所用砖的表面微观形貌中，可见尺寸较小的颗粒状物质、小型层片状晶体结构及数量较多、尺寸较大的块状晶体结构，结合XRD测试结果，推测块状晶体结构为石英晶体，层片状晶体是钠长石晶体和白云母晶体，钠长石晶体呈板片状或条状，白云母晶体常呈集合体片状或鳞片状。尺寸较小的颗粒状物质应是晶体破坏、粉化的碎

---

① 张巍. 堇青石合成的研究进展[J]. 岩石矿物学杂志. 2014（33）：747—762.

屑或某些微量黏土矿物。此外，整个表面结构较为疏松，存在一定的风化粉化现象。

4. XRF

表5-23　怀柔区官地段长城砖样品XRF测试结果（wt%）

SiO$_2$	CaO	Fe$_2$O$_3$	Al$_2$O$_3$	Na$_2$O	K$_2$O	SO$_3$	MnO	P$_2$O$_5$
65.991	5.609	6.650	11.239	4.869	4.611	0.402	0.117	0.511

由上表可知，官地段长城（城墙、敌台）砖样品主要含SiO$_2$（65.991%）、Al$_2$O$_3$（11.239%）、Fe$_2$O$_3$（6.650%），且含少量Na$_2$O（4.869%），为黏土的一般矿物成分，与XRD测试结果［主要化学成分为SiO$_2$和NaAlSi$_3$O$_8$，且含少量KAl$_2$Si$_3$AlO$_{10}$(OH)$_2$和Mg$_2$Al$_4$Si$_5$O$_{18}$］相比，检测结果基本相符，说明所用砖为黏土烧结砖。而检测结果中还存在CaO（5.609%），可能烧制原料中混杂有石灰石。

（三）勾缝灰

1. 宏观形貌

图5-60　怀柔区官地段长城勾缝灰样品宏观形貌

由上图可知，官地段长城（城墙、敌台）所用勾缝灰样品主要取自于城砖间的缝隙处，用作粘接材料，样品呈白色，表面有微量尘土覆盖，其宏观形貌可为后续成分、含量及微观形貌分析提供基础信息。

2. XRD

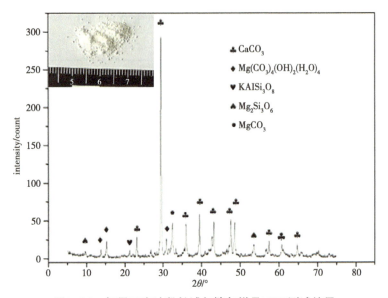

图5-61　怀柔区官地段长城勾缝灰样品XRD测试结果

由上图可知，官地段长城（城墙、敌台）所用勾缝灰的主要化学成分为$CaCO_3$（方解石），且含$Mg_5(CO_3)_4(OH)_2(H_2O)_4$（水菱镁矿）、$KAlSi_3O_8$（微斜长石）、$Mg_2Si_2O_6$（镁橄榄石）和$MgCO_3$。据长城相关砌筑方式信息，可知勾缝灰为白灰，其原有化学成分应为CaO和MgO，长期暴露在自然环境下，与空气中的水分、二氧化碳等反应，逐渐生成了$CaCO_3$、$MgCO_3$及$Mg_5(CO_3)_4(OH)_2$（碱式碳酸镁）等，不稳定的碱式碳酸镁会缓慢形成稳定的水合产物，即$Mg_5(CO_3)_4(OH)_2(H_2O)_4$（水菱镁矿）。此外，由于风沙等因素，勾缝灰表面覆盖少量尘土，故在测试结果中出现了黏土的矿物成分，如微斜长石、橄榄石等。

3. SEM

图5-62　怀柔区官地段长城勾缝灰样品SEM测试结果（×2000）

由上图可知，官地段长城（城墙、敌台）所用勾缝灰的微观表面形貌是由许多尺寸较小的颗粒状物质和少量块状晶体物质组成，结合XRD测试结果，推测这些物质多为方解石，且整个表面结构较疏松，可能受酸雨或风沙等影响严重，表面的方解石晶体逐渐粉化成细小颗粒，导致表面粘接强度减弱。

4. XRF

表5-24　怀柔区官地段长城勾缝灰样品XRF测试结果（wt%）

SiO$_2$	CaO	MgO	Fe$_2$O$_3$	K$_2$O	SO$_3$
3.061	79.814	14.198	0.595	0.290	2.042

由上表可知，官地段长城（城墙、敌台）所用勾缝灰样品主要含CaO（79.814%）和MgO（14.198%），说明使用的勾缝灰为白灰，与XRD测试结果［白灰，主要化学成分为CaCO$_3$，且含Mg$_5$(CO$_3$)$_4$(OH)$_2$(H$_2$O)$_4$、KAlSi$_3$O$_8$、Mg$_2$Si$_2$O$_6$和MgCO$_3$］基本相一致。此外，检测结果中存在微量SO$_3$（2.042%），说明酸雨对勾缝灰表面存在一定影响。

（四）土

1. XRD

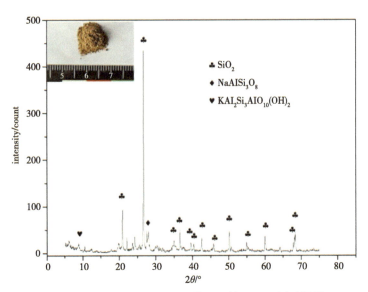

图5-63 怀柔区官地段长城填芯土样品XRD测试结果

由上图可知，官地段长城（城墙、敌台）所用填芯土的主要化学成分为SiO_2（石英），且含有$NaAlSi_3O_8$（钠长石）和$KAl_2Si_3AlO_{10}(OH)_2$（白云母），黏土本身成分较为复杂，主要含有石英、硅酸盐、硅铝酸盐等，且存在少量长石、云母等矿物成分，因此填芯土为就地取土。

2. XRF

表5-25 怀柔区官地段长城填芯土样品XRF测试结果（wt%）

SiO_2	CaO	MgO	Fe_2O_3	Al_2O_3	K_2O	SO_3	MnO	P_2O_5	ZnO
62.130	1.723	1.392	13.969	13.659	4.659	1.646	0.254	0.500	0.070

由上表可知，官地段长城（城墙、敌台）所用填芯土主要含SiO_2（62.130%）、Fe_2O_3（13.969%）和Al_2O_3（13.659%），均为黏土的一般矿物成分，应为就地取材。与XRD测试结果〔主要化学成分为SiO_2、

$NaAlSi_3O_8$、$KAl_2Si_3AlO_{10}(OH)_2$〕相比，基本相符合，未检测出Na_2O，可能是因为填芯土中本身钠长石含量较低，与取样制样也有一定关系。

七、昌平区黄楼洼段长城

（一）石材

1.宏观形貌

（a）填芯碎石

（b）块状砌筑石

（c）片状砌筑石

（d）野外石

图5-64　昌平区黄楼洼段长城石材样品宏观形貌

由上图可知，黄楼洼段长城（敌台、城墙）所用石材样品主要取自于敌台内部填芯及城墙砌筑毛石，各石材样品形状不规则，且颜色存在一定差别，块状砌筑石的宏观形貌与野外石相似，石材样品的宏观形貌可为后续成分、含量及微观形貌分析提供基础信息。

2. XRD

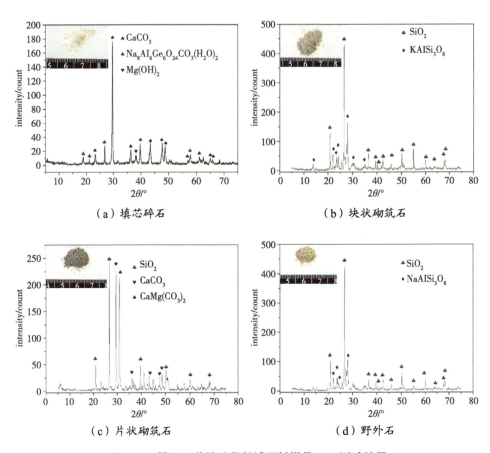

（a）填芯碎石　　　　　　　　　　（b）块状砌筑石

（c）片状砌筑石　　　　　　　　　　（d）野外石

图5-65　昌平区黄楼洼段长城石材样品XRD测试结果

由上图及长城相关砌筑方式信息可知，黄楼洼段长城（城墙、敌台）所用石材主要有填芯碎石、砌筑毛石、基础石三种，其中基础石由于取样困难，未能测量，填芯碎石的主要化学成分为$CaCO_3$（方解石），此外还含有$Na_8Al_6Ge_6O_{24}CO_3(H_2O)_2$（钙霞石）和$Mg(OH)_2$（水镁石），据此推测填芯石应为石灰岩或石灰石类大理岩，是以方解石为主要成分的碳酸盐岩，有时含有白云石、黏土矿物和碎屑矿物。钙霞石是似长石矿物的一种，变质岩、石灰岩与岩浆接触后可生成这种矿物。块状砌筑石与野外石的成分基本类似，主要化学成分为SiO_2（石英），且含少量$NaAlSi_3O_8$（钠长石）或$KAlSi_3O_8$（微斜长石），故应均为长石石英岩，符合就地取材原则。片状砌筑石主要含CaCO₃（方解石）、SiO_2（石英）、$CaMg(CO_3)_2$（白云石），推测其应为石灰岩或大理岩，其中大理岩是碳酸盐类岩石经变质而成的岩石，主要矿物为重结晶的方解石、白云石，此外含有硅灰石、滑石、透闪石、透辉石、斜长石、石英、方镁石等。

3. SEM

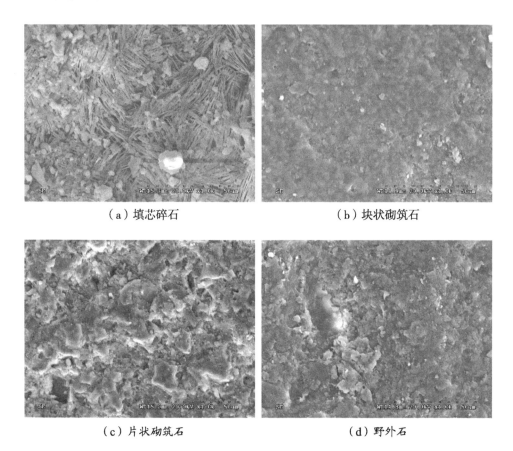

（a）填芯碎石　　　　　　　　　　　　　　（b）块状砌筑石

（c）片状砌筑石　　　　　　　　　　　　　　（d）野外石

图5-66　昌平区黄楼洼段长城石材样品SEM测试结果（×1000）

由上图可知，黄楼洼段长城所用填芯碎石微观表面是大量纤维状或片状晶体物质的集合体，且表面上存在许多细小的风化颗粒碎屑，结合XRD测试结果，其中纤维状晶体应是方解石。方解石的晶体形状多样，它们的集合体可以是一簇簇的晶体，也可以是粒状、块状、纤维状、钟乳状、土状等。块状砌筑石与野外石的微观形貌极相似，表面上都存在许多片层状结构物质和较小的颗粒状物质，结合XRD测试结果，推测片层状的晶体结构和颗粒状物质是石英晶体因风化破坏而脱落或粉化的碎屑，且整个表面呈坑洼状，可能与石材表面溶蚀有关。在片状砌筑石表面微观形貌中，可见许多尺寸较大的块状或菱面体状的晶体，结合XRD测试结果，推测是方解石或白云石晶体，白云石的晶体结构像方解石的，常呈菱面体。此外，整个表面呈坑洼状结构，并存在许多颗粒较小的风化碎屑，说明石材风化较严重。

4. XRF

表5-26　昌平区黄楼洼段长城石材样品XRF测试结果（wt%）

名称	含量（%）										
	SiO_2	CaO	MgO	Fe_2O_3	Al_2O_3	Na_2O	K_2O	SO_3	MnO	ZnO	P_2O_5
填芯碎石	10.856	75.047	12.142	0.852	—	—	0.231	0.873	—	—	—
块状砌石	75.921	1.289	—	2.278	10.877	0.618	7.173	1.285	0.068	—	0.489
片状砌石	31.455	58.683	3.988	2.426	1.860	—	1.588	—	—	—	—
野外石	73.792	2.464	—	3.974	11.881	—	7.219	0.426	0.049	0.195	—

由上表可知，黄楼洼段长城所用填芯碎石样品主要含CaO（75.047%）、MgO（12.142%）和SiO_2（10.856%），可知样品中含较多Ca、Mg的化合物，结合XRD测试结果（主要化学成分为$CaCO_3$），说明所用填芯石为石灰岩或大理岩。块状砌筑石与野外石成分及含量基本相似，符合就地取材原则，块状砌筑石主要含SiO_2（75.921%）、Al_2O_3（10.887%）和K_2O（7.173%），且野外石主要含SiO_2（73.792%）、Al_2O_3（11.881%）和K_2O（7.219%），对比XRD测试结果（均为长石石英岩，主要化学成分为SiO_2、$NaAlSi_3O_8$和$KAlSi_3O_8$），两者结果基本一致。片状砌筑石的主要成分及含量分别为SiO_2（31.455%）、CaO（58.683%），且含少量

MgO（3.988%），符合XRD测试结果［为石灰岩或大理岩，主要化学成分为 $CaCO_3$、SiO_2、$CaMg(CO_3)_2$］。

（二）砖

1. 宏观形貌

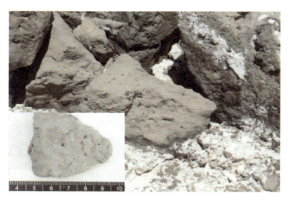

图5-67　昌平区黄楼洼段长城砖样品宏观形貌

由上图可知，黄楼洼段长城（敌台）所用砖样品主要取自于敌台外包砖或内部填芯碎砖，样品呈青灰色，表面较多孔隙，存在一定风化，其宏观形貌可为后续成分、含量及微观形貌分析提供基础信息。

2. XRD

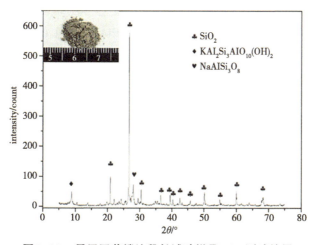

图5-68　昌平区黄楼洼段长城砖样品XRD测试结果

由上图可知，黄楼洼段长城（敌台）所用砖主要化学成分为SiO_2（石英），同时含有$NaAlSi_3O_8$（钠长石）和$KAl_2Si_3AlO_{10}(OH)_2$（白云母），其化学成分与黏土的一般矿物成分基本相同，推测应为黏土烧结砖，结合长城砌筑方式相关信息和现场勘察，可知所用砖为烧结青砖。长石在高温下熔融，形成黏稠的玻璃熔体，能降低坯体组分的融化温度，有利于降低烧成温度，钠长石的熔融温度为1100℃～1200℃，比钾长石的低，且熔化时没有新的晶相产生。故推测砖的烧制温度约为1100℃～1200℃。

3. SEM

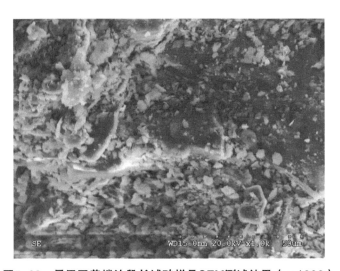

图5-69　昌平区黄楼洼段长城砖样品SEM测试结果（×1000）

由上图可知，黄楼洼段长城（敌台）所用砖的表面微观形貌是由大量尺寸较小的颗粒状物质、层片状晶体结构及尺寸较大、棱角较分明的块状晶体结构组成，结合XRD测试结果，块状晶体结构应是石英晶体，少量层片状晶体结构应是钠长石晶体和白云母晶体，钠长石晶体常呈板片状或条状，白云母晶体也常呈集合体片状或鳞片状。颗粒状物质应是晶体结构风化脱落下来的碎屑或某些微量黏土矿物成分，且整个表面结构较疏松，说明所用砖表面风化较为严重。

4. XRF

表5-27　昌平区黄楼洼段长城砖样品XRF测试结果（wt%）

SiO_2	CaO	MgO	Fe_2O_3	Al_2O_3	K_2O	Na_2O	MnO	ZnO
47.180	4.158	10.244	10.120	7.997	1.996	18.055	0.186	0.066

由上表可知，黄楼洼段长城（敌台）所用砖样品主要含 SiO_2（47.180%）、Na_2O（18.055%）、MgO（10.244%）、Fe_2O_3（10.120%）和Al_2O_3（7.997%），其中SiO_2、Fe_2O_3、Al_2O_3为黏土的一般矿物成分，结合XRD测试结果［主要化学成分为SiO_2、$NaAlSi_3O_8$、$KAl_2Si_3AlO_{10}(OH)_2$］，两者结果基本相对应。检测结果中出现的CaO、MgO，可能是由于烧制黏土原料中混杂有石灰石、白云石等。

（三）勾缝灰

1. 宏观形貌

图5-70　昌平区黄楼洼段长城勾缝灰样品宏观形貌

由上图可知，黄楼洼段长城（敌台）所用勾缝灰样品取自于敌台外包砖连接的缝隙处，样品呈白色，且表面存在一定粉化，其宏观形貌可为后续成分、含量及微观形貌分析提供基础信息。

2. XRD

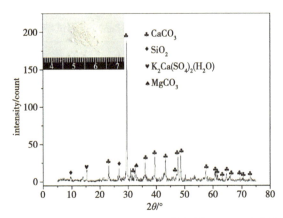

图5-71 昌平区黄楼洼段长城勾缝灰样品XRD测试结果

由上图可知，黄楼洼段长城（敌台）所用勾缝灰的主要化学成分为 $CaCO_3$（方解石），且含有 SiO_2（石英）、$K_2Ca(SO_4)_2(H_2O)$（钾石膏）和 $MgCO_3$。结合长城砌筑方式相关信息和现场勘察，可知所用勾缝灰为白灰，原主要化学成分应为CaO和MgO，与空气长时间接触，与空气中的 H_2O 和 CO_2 反应，逐渐生成了稳定的 $CaCO_3$、$MgCO_3$ 等矿物成分，此外受酸雨影响，生成如 $K_2Ca(SO_4)_2(H_2O)$ 的含钙的硫酸盐。由于风沙的影响，勾缝灰表面有尘土覆盖，故检测出了黏土的矿物成分。

3. SEM

图5-72 昌平区黄楼洼段长城勾缝灰样品SEM测试结果（×2000）

由上图可知，黄楼洼段长城（敌台）所用勾缝灰微观表面主要是由大量尺寸较小的颗粒物质所组成，表面部分区域可见少量尺寸较大、棱角分明的层片状晶体物质，结合XRD测试结果，推测这些层片状晶体物质是方解石晶体。由于长时间受酸雨、风霜等因素的影响，勾缝灰表面的粘接强度变弱，方解石晶体逐渐粉化成颗粒状，整个结构变得疏松。此外，这些颗粒状物质还可能是某些微量黏土矿物或盐类化合物，如$K_2Ca(SO_4)_2(H_2O)$（钾石膏）等。

4. XRF

表5-28　昌平区黄楼洼段长城勾缝灰样品XRF测试结果（wt%）

SiO$_2$	CaO	MgO	Fe$_2$O$_3$	SO$_3$
4.411	84.080	9.397	0.755	1.357

由上表可知，黄楼洼段长城（敌台）所用勾缝灰样品主要含CaO（84.080%）和MgO（9.397%），说明样品中含较多钙镁化合物，与XRD测试结果［为白灰，主要化学成分为$CaCO_3$、且含少量SiO_2、$K_2Ca(SO_4)_2(H_2O)$和$MgCO_3$］相比，两者基本相一致，说明使用的勾缝灰为白灰。检测结果中出现SO_3，说明酸雨对勾缝灰有一定侵蚀。

（四）灰土

1. 宏观形貌

图5-73　昌平区黄楼洼段长城灰土样品宏观形貌

由上图可知，黄楼洼段长城（敌台）灰土样品主要取自于敌台内部局部位置填芯处，样品表面清晰可见少量白灰，白灰与土混合较均匀，其宏观形貌可为后续成分、含量及微观形貌分析提供基础信息。

2. XRD

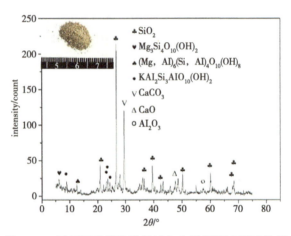

图5-74　昌平区黄楼洼段长城灰土样品XRD测试结果

由上图可知，黄楼洼段长城（敌台）所用灰土主要化学成分为 SiO_2（石英）和 $CaCO_3$（方解石），且含 $KAl_2Si_3AlO_{10}(OH)_2$（白云母）、$Mg_3Si_4O_{10}(OH)_2$（镁橄榄石）、$(Mg，Al)_6(Si，Al)_4O_{10}(OH)_8$（镁绿泥石）、$CaO$ 和 Al_2O_3，其中 $CaCO_3$ 和 CaO 为白灰的主要化学成分，说明白灰的存在；石英、氧化铝、云母等是黏土的主要矿物成分，而黏土中也常含橄榄石、绿泥石等杂质，说明黏土的存在。综上，灰土应是白灰和黏土按照一定比例混合而成的产物。

3. XRF

表5-29　昌平区黄楼洼段长城灰土样品XRF测试结果（wt%）

SiO_2	CaO	MgO	Fe_2O_3	Al_2O_3	K_2O	SO_3	ZnO
40.776	31.920	6.186	9.935	7.572	2.369	1.133	0.108

由上表可知，黄楼洼段长城（敌台）所用灰土样品主要含 SiO_2（40.776%）、

CaO（31.920%）、MgO（6.186%）、Fe_2O_3（9.935%）和Al_2O_3（7.572%），其中SiO_2、Fe_2O_3、Al_2O_3为黏土的一般矿物成分，根据CaO及MgO的含量，推测使用灰土为三七灰土或四六灰土。此外，与XRD测试结果（主要化学成分为SiO_2和$CaCO_3$）相比，两者结果相互印证。

（五）土

1. XRD

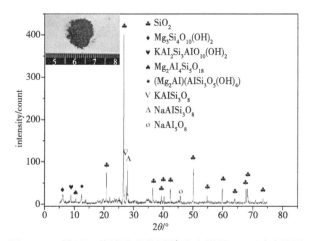

图5-75 昌平区黄楼洼段长城填芯土样品XRD测试结果

由上图可知，黄楼洼段长城（敌台）所用填芯土的主要化学成分为SiO_2（石英），且含有$KAl_2Si_3AlO_{10}(OH)_2$（白云母）、$Mg_3Si_4O_{10}(OH)_2$（镁橄榄石）、$Mg_2Al_4Si_5O_{18}$（董青石）、$NaAlSi_3O_8$（钠长石）、$KAlSi_3O_8$（微斜长石）、$NaAl_5O_8$（矾土）和（Mg_2Al）[$AlSiO_5(OH)_4$]（镁绿泥石）。自然界黏土本身化学成分较复杂，主要含长石、石英、云母、硅酸盐、硅铝酸盐，常混杂有橄榄石、董青石等杂质。

2. XRF

表5-30 昌平区黄楼洼段长城填芯土样品XRF测试结果（wt%）

SiO_2	CaO	MgO	Fe_2O_3	Al_2O_3	K_2O	SO_3	MnO
65.548	1.968	1.597	12.262	13.924	3.741	0.799	0.162

由上表可知，黄楼洼段长城（敌台）所用填芯土样品主要含 SiO_2（65.548%）、Fe_2O_3（12.262%）和 Al_2O_3（13.924%），且含少量 CaO（1.968%）、MgO（1.597%）、K_2O（3.741%）等，与XRD测试结果［主要化学成分为 SiO_2，且含 $KAl_2Si_3AlO_{10}(OH)_2$、$Mg_2Al_4Si_5O_{18}$、$NaAlSi_3O_8$、$KAlSi_3O_8$ 等］相互印证。

八、延庆区八达岭段长城

（一）石材

1.宏观形貌

（a）填芯碎石

（b）基础石

（c）片状砌筑石

（d）野外石

图5-76　延庆区八达岭段长城石材样品宏观形貌

由上图可知，八达岭段长城（敌台）所用的石材样品主要取自于敌台内部填芯处、敌台下部基础条石及敌台上部铺房，各石材样品宏观形貌相异，形状与颜色各异，表面存在一定风化，其宏观形貌可为后续成分、含量及微观形貌分析提供基础信息。

2. XRD

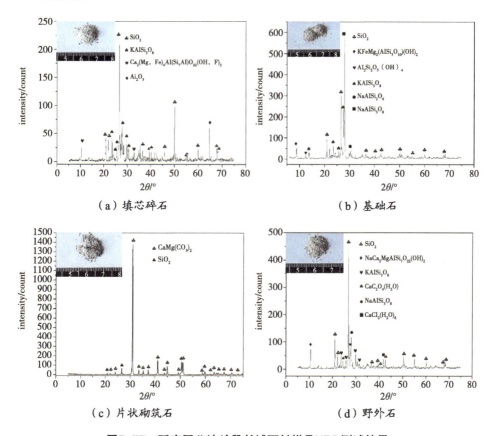

图5-77　延庆区八达岭段长城石材样品XRD测试结果

由上图可知，八达岭段长城（敌台）所用石材主要有填芯碎石、砌筑石及基础石三种，其中所用的填芯碎石与野外石的主要化学成分基本类似，均为SiO_2（石英），而填芯碎石还存在$KAlSi_3O_8$（微斜长石）、Al_2O_3和$Ca_2(Mg，Fe)_4Al(Si_7Al)O_{22}(OH，F)_2$（角闪石）；野外石含$NaAlSi_3O_8$（钠长石）、$KAlSi_3O_8$（微斜长石）、$NaCa_2Mg_5AlSi_7O_{22}(OH)_2$（浅闪石）、$CaC_2O_4(H_2O)$（草酸钙）、$CaCl_2(H_2O)_6$（氯化钙）等，据主要化学成分推测均为长石石英岩，其石英含量大于75%，常含长石及云母等矿物，长石含量一般少于20%，符合就地取材原则。而基础石的主要化学成分为$NaAlSi_3O_8$（钠长石）和SiO_2（石英），且含$KAlSi_3O_8$（微斜长石）、$Al_2Si_2O_5(OH)_4$（高岭土）（$KAlSi_3O_8$能风化生成高岭土）、$NaAlSi_2O_6$和$KFeMg_2(AlSi_3O_{10})(OH)_2$（黑云母），根据其成分推测基础石为花岗岩，花岗岩主要组成矿物为长石、石英、黑白云母等，石英含量是10%~50%，长石含量约为总量之2/3，分为正长石、斜长石（碱石灰）及微斜长石（钾碱）。片状砌筑石的主要化学成分为$CaMg(CO_3)_2$（白云石），且含SiO_2（石英），结合XRF检测出较多的CaO，推测片状砌筑石应为石灰岩或大理岩，其主要由石灰石或白云石组成，常混入石英、长石、方解石和黏土矿物。

3. SEM

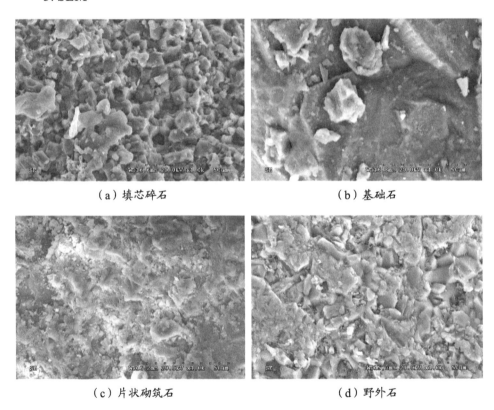

（a）填芯碎石　　　　　　　　　　　（b）基础石

（c）片状砌筑石　　　　　　　　　　（d）野外石

图5-78　延庆区八达岭段长城石材样品SEM测试结果（×1000）

由上图可知，八达岭段长城（敌台）所用填芯碎石与野外石表面的微观形貌基本相同，整个表面由大量尺寸较小的晶体颗粒构成，晶体间呈镶嵌结构，结合XRD测试结果，推测其是石英晶体颗粒。此外，表面可见细小的风化碎屑、片状结构及黏土状物质，且整个表面呈坑洼状，说明石材受酸雨等影响，存在一定的风化。基础石微观表面较为致密，只有少量风化碎屑、无较大孔隙，基础石风化程度低。在片状砌筑石表面的微观形貌中，可见许多片状或块状结构的晶体，结合XRD测试结果，推测是白云石。片状砌筑石可能受酸雨等因素影响，风化溶蚀较严重，表面可见较多尺寸较小的风化碎屑颗粒，且整个表面结构较疏松。

4. XRF

表5-31　延庆区八达岭段长城石材样品XRF测试结果（wt%）

名称	含量（%）									
	SiO_2	CaO	MgO	Fe_2O_3	Al_2O_3	Na_2O	K_2O	SO_3	MnO	P_2O_5
填芯碎石	71.145	7.703	1.564	3.312	9.696	—	5.982	—	0.134	0.564
基础石	57.565	3.799	—	6.841	12.322	10.711	6.661	1.142	0.142	0.816
片状砌石	11.721	75.003	9.970	1.158	—	—	0.936	1.211	—	—
野外石	70.323	6.692	0.913	3.604	10.819	—	6.000	1.041	0.139	0.470

由上表可知，八达岭段长城（敌台）所用填芯碎石与野外石的成分及含量基本相同，符合就地取材原则，两者主要含SiO_2、CaO、Al_2O_3、K_2O，对比XRD测试结果（均为长石石英岩，主要化学成分为SiO_2、$NaAlSi_3O_8$、$KAlSi_3O_8$等），两者基本吻合。基础石主要含SiO_2（57.565%）、Fe_2O_3（6.841%）、Al_2O_3（12.322%）、Na_2O（10.711%）和K_2O（6.661%），符合XRD测试结果〔为花岗岩，主要化学成分为$NaAlSi_3O_8$和SiO_2，且含少量$KAlSi_3O_8$、$Al_2Si_2O_5(OH)_4$和$KFeMg_2(AlSi_3O_{10})(OH)_2$〕，可判断其为花岗岩。片状砌筑石中CaO、MgO、SiO_2含量较多，分别约为75.003%、9.970%和11.721%，说明其中

含有较多钙镁化合物，结合XRD测试结果〔主要化学成分为$CaMg(CO_3)_2$，且含SiO_2〕，说明所用片状砌筑石为石灰岩或石灰石类大理岩。

（二）砖

1.宏观形貌

（a）旧砖　　　　　　　　　　（b）新砖

图5-79　延庆区八达岭段长城砖样品宏观形貌

由上图可知，八达岭段长城（敌台）砖样品主要取自于敌台所用外包砖和修缮所用新砖，样品呈青灰色，表面存在一定孔隙，风化明显，其宏观形貌可为后续成分、含量及微观形貌分析提供基础信息。

2. XRD

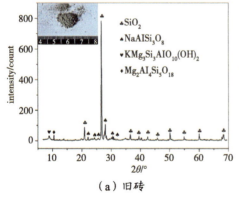 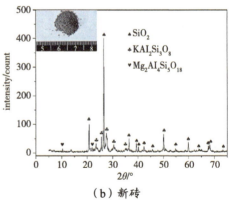

（a）旧砖　　　　　　　　　　（b）新砖

图5-80　延庆区八达岭段长城砖样品XRD测试结果

由上图可知，八达岭段长城（敌台）所用旧砖的主要化学成分为 SiO_2（石英），且含 $NaAlSi_3O_8$（钠长石）、$KMg_3Si_3AlO_{10}(OH)_2$（金云母）和 $Mg_2Al_4Si_5O_{18}$（堇青石）。石英、长石、云母都是黏土的一般矿物成分，且黏土中也常含堇青石等杂质，故八达岭段所用旧砖应为黏土烧结砖。八达岭修缮新砖化学成分与旧砖的化学成分基本相同，主要化学成分为 SiO_2（石英），含有 $KAlSi_3O_8$（微斜长石）和 $Mg_2Al_4Si_5O_{18}$（堇青石），也均为黏土矿物，为黏土烧结砖。结合长城砌筑方式相关信息和现场勘察可知，所用旧砖和新砖呈青灰色，故两者均为烧结青砖。此外，两者检测结果都存在堇青石，它可由 Al_2O_3、SiO_2 和 MgO 在一定高温（约1200℃~1350℃）下进行合成，推测砖的烧制温度约为1200℃~1350℃。在旧砖检测结果中，还出现了金云母，金云母产于富镁的岩石（如白云岩）或富镁石灰岩与岩浆岩的接触变质带中，可能在旧砖的烧制原料中混杂有变质岩杂质。

3. SEM

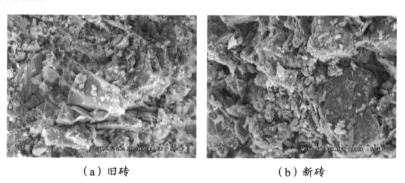

（a）旧砖　　　　　　　　　（b）新砖

图5-81　延庆区八达岭段长城砖样品SEM测试结果（×1000）

由上图可知，八达岭段长城（敌台）所用旧砖及修缮新砖的表面微观形貌基本相似，主要由许多尺寸较小的颗粒状物质、层片状晶体结构和尺寸较大的块状晶体结构所组成，结合XRD测试结果，推测块状的晶体结构是石英晶体，层片状晶体结构是微斜长石晶体、钠长石晶体或金云母晶体，微斜长石晶形呈短柱状或厚板状，钠长石晶体呈板片状或条状，金云母晶体也常呈假六方板状、短柱状，而颗粒状物质应是晶体因风化而粉化的碎屑或某些微量黏土矿物。此外，可见旧砖中部分块状晶体棱角较为分明，而新砖中块状晶体表面都被黏土状物质覆盖，棱角不很分明，说明新砖的风化程度比旧砖的高，可能与烧制工艺有关。

4. XRF

表5-32　延庆区八达岭段长城砖样品XRF测试结果（wt%）

名称	含量（%）									
	SiO$_2$	CaO	MgO	Fe$_2$O$_3$	Al$_2$O$_3$	K$_2$O	SO$_3$	MnO	P$_2$O$_5$	ZnO
旧砖	65.571	3.314	1.527	10.863	13.350	4.005	0.546	0.217	0.560	0.048
新砖	68.076	3.938	—	10.310	12.400	3.895	0.657	0.230	0.493	—

由上表可知，八达岭段长城（敌台）所用旧砖与修缮新砖样品主要成分及含量基本相同，两者主要含SiO$_2$、Fe$_2$O$_3$和Al$_2$O$_3$，均为黏土的一般矿物成分，与XRD测试结果［主要化学成分为SiO$_2$，且含NaAlSi$_3$O$_8$、KAlSi$_3$O$_8$、KMg$_3$Si$_3$AlO$_{10}$(OH)$_2$和Mg$_2$Al$_4$Si$_5$O$_{18}$］相比，两者结果基本吻合。

（三）瓦

1. 宏观形貌

图5-82　延庆区八达岭段长城瓦样品宏观形貌

由上图可知，八达岭段长城（敌台）所用瓦样品取自于敌台铺房房顶，现铺房已坍塌，周围散落有瓦片，瓦样品呈青灰色，外表面分布有绳纹，且表面有一定的风化，其宏观形貌可为成分、含量及微观形貌分析提供基础信息。

2. XRD

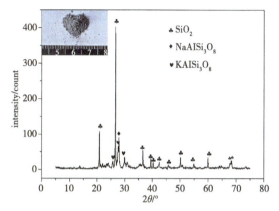

图5-83　延庆区八达岭段长城瓦样品XRD测试结果

由上图可知，八达岭段长城（敌台）所用瓦的化学成分结果与黏土的一般矿物成分相同，主要含SiO_2（石英），且含$NaAlSi_3O_8$（钠长石）和$KAlSi_3O_8$（微斜长石），故所用瓦应为黏土烧结瓦。长石在烧制过程的高温作用下熔融，形成黏稠的玻璃熔体，能降低坯体组分的融化温度，有利于降低烧成温度，钠长石的熔融温度为1100℃～1200℃，且未有新相产生，而微斜长石熔融分解温度为1150℃，且会产生白榴石，故推测瓦的烧制温度为1100℃～1150℃。

3. SEM

图5-84　延庆区八达岭段长城瓦样品SEM测试结果（×1000）

由上图可知，在八达岭段长城（敌台）所用瓦样品的表面微观形貌中，可见许多尺寸较小的颗粒状物质和层片状晶体结构，还可见少量尺寸较大，棱角较分明的块状晶体结构，结合XRD测试结果，推测块状晶体结构应为石英晶体，层片状晶体结构应是微斜长石晶体和钠长石晶体，微斜长石晶形呈短柱状或厚板状，钠长石晶体呈板片状或条状，而颗粒状物质应是晶体因风化而粉化的碎屑或某些微量黏土矿物。此外，整个表面结构较为疏松，存在一定孔隙，所用瓦表面风化较严重。

4. XRF

表5-33　延庆区八达岭段长城瓦样品XRF测试结果（wt%）

SiO$_2$	CaO	Fe$_2$O$_3$	Al$_2$O$_3$	K$_2$O	SO$_3$	CuO	P$_2$O$_5$	ZnO
63.179	6.211	11.109	12.176	4.051	2.528	0.037	0.665	0.034

由上表可知，八达岭段长城（敌台）所用瓦样品主要含SiO$_2$（63.179%）、Fe$_2$O$_3$（11.109%）和Al$_2$O$_3$（12.176%），且含少量K$_2$O（4.051%），与黏土矿物成分基本类似，说明其为黏土烧结砖。此外，相比于XRD测试结果（烧结瓦，主要化学成分为SiO$_2$、NaAlSi$_3$O$_8$和KAlSi$_3$O$_8$），两者结果基本吻合。同时，检测结果中存在少量CaO（6.211%），可能黏土原料中混杂有少量石灰石等杂质。

（四）勾缝灰

1. 宏观形貌

（a）旧灰　　　　　　　　　　　（b）新灰

图5-85　延庆区八达岭段长城勾缝灰样品宏观形貌

由上图可知，八达岭段长城（敌台）所用的勾缝灰样品主要取自于敌台外包砖连接的缝隙处，作为粘接材料，旧灰样品呈白色，新灰样品呈青色，里面混杂有白灰，其宏观形貌可为后续成分、含量及微观形貌分析提供基础信息。

2. XRD

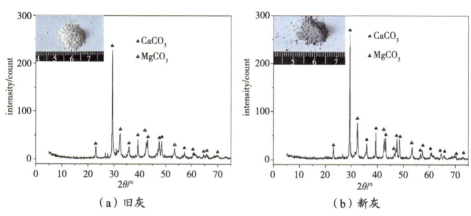

（a）旧灰　　　　　　　　（b）新灰

图5-86　延庆区八达岭段长城勾缝灰样品XRD测试结果

由上图可知，八达岭段长城（敌台）所用勾缝旧灰主要化学成分为$CaCO_3$和$MgCO_3$，据现场勘察相关信息可知，所用勾缝旧灰为白灰，其原有主要化学成分应为CaO和MgO，长期处于自然环境下，与空气中的CO_2和H_2O反应逐渐生成了$CaCO_3$和$MgCO_3$。由长城砌筑方式和现场勘察相关信息可知，修缮新灰使用的为青灰，勾缝青灰检测出来的主要成分仍为$CaCO_3$和$MgCO_3$，主要是白灰的成分，其呈青色，可能是石灰中掺有少量草木灰、烟灰等。

3. SEM

（a）旧灰　　　　　　　　（b）新灰

图5-87　延庆区八达岭段长城勾缝灰样品SEM测试结果（×2000）

　　由上图可知，在表面微观形貌上，八达岭段长城（敌台）所用勾缝旧灰和修缮新灰差别不大，由于长时间处于自然环境下，勾缝灰表面受酸雨、风霜等影响，粘接强度减弱，逐渐粉化，故在微观表面上可见许多细小的颗粒物，且还存在少量未完全粉化的片状方解石晶体，整个结构较疏松。此外，新灰微观形貌中的片状晶体物质多于旧灰，说明旧灰的粉化程度较高。

4. XRF

表5-34　延庆区八达岭段长城勾缝灰样品XRF测试结果（wt%）

名称	含量（%）						
	SiO₂	CaO	MgO	Fe₂O₃	K₂O	SO₃	MnO
旧灰	3.893	79.535	14.504	0.667	0.142	1.256	—
新灰	4.784	80.598	6.372	1.742	1.579	4.492	0.072

　　由上表可知，八达岭段长城（敌台）所用勾缝旧灰主要含CaO（79.535%）和MgO（14.504%），修缮新灰主要含CaO（80.598%）和MgO（6.372%），两者成分及含量基本相同，与XRD测试结果（两者主要化学成分均为$CaCO_3$和$MgCO_3$）基本一致。

（五）土

1. XRD

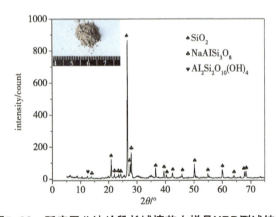

图5-88　延庆区八达岭段长城填芯土样品XRD测试结果

由上图可知，八达岭段长城（敌台）所用填芯土的主要成分为SiO_2（石英），且含$NaAlSi_3O_8$（钠长石）和$Al_2Si_2O_5(OH)_4$（高岭土），均为黏土中的一般矿物成分。

2. XRF

表5-35　延庆区八达岭段长城填芯土样品XRF测试结果（wt%）

SiO_2	CaO	Fe_2O_3	Al_2O_3	K_2O	SO_3	MnO	P_2O_5	ZnO
67.715	4.217	9.840	11.237	4.197	1.887	0.155	0.691	0.061

由上表可知，八达岭段长城（敌台）所用填芯土样品主要含SiO_2（67.715%）、Fe_2O_3（9.840%）和Al_2O_3（11.237%），均为黏土的一般矿物成分，对比XRD测试结果［主要化学成分为SiO_2，且含少量$NaAlSi_3O_8$和$Al_2Si_2O_5(OH)_4$］，两者测试结果基本吻合。

（六）砖表面酥粉

1.宏观形貌

图5-89　延庆区八达岭段长城砖表面酥粉样品宏观形貌

由上图可知，八达岭段长城（敌台）砖材表面析出灰白色的粉末状物质，导致砖材表面被粉末状物质覆盖，可能是某些盐类化合物的结晶产物，且样品宏观形貌可为后续成分、含量及微观形貌分析提供基础信息。

2. XRD

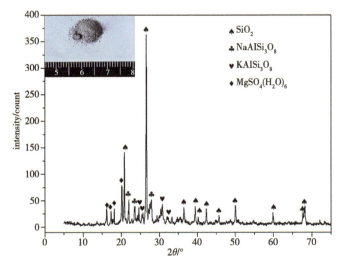

图5-90　延庆区八达岭段长城砖表面酥粉样品XRD测试结果

由上图可知，八达岭段长城（敌台）砖材表面上的酥粉主要化学成分为SiO_2（石英），同时存在$NaAlSi_3O_8$（钠长石）、$KAlSi_3O_8$（微斜长石）和$MgSO_4(H_2O)_6$（六水泻盐），石英和长石为砖材的相关化学成分，而出现$MgSO_4(H_2O)_6$（六水泻盐）可能是由酸雨影响导致，砖材某些成分与酸雨反应生成了硫酸盐。

3. XRF

表5-36　延庆区八达岭段长城砖表面酥粉样品XRF测试结果（wt%）

SiO_2	CaO	MgO	Fe_2O_3	Al_2O_3	K_2O	SO_3	P_2O_5	ZnO
26.617	9.313	4.921	7.335	3.921	2.340	44.731	0.783	0.037

由上表可知，八达岭段长城（敌台）砖表面酥粉主要含SO_3（44.731%）、SiO_2（26.617%）、CaO（9.3135）和Fe_2O_3（7.334%），其中SO_3的含量尤其高，对应于XRD测试结果中的$MgSO_4(H_2O)_6$（六水泻盐），说明砖表面受酸雨影响严重，生成较多硫酸盐。

九、延庆区西拨子段长城

（一）石材

1. 宏观形貌

（a）填芯碎石 （b）基础石

图5-91 延庆区西拨子段长城石材样品宏观形貌

由上图可知，西拨子段长城（墩台）所用石材样品主要取自于墩台内部填芯处和下部基础处，所取样品颜色及形状均存在差异，其宏观形貌可为后续成分、含量及微观形貌分析提供基础信息。

2. XRD

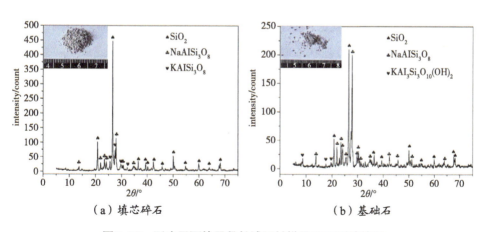

（a）填芯碎石 （b）基础石

图5-92 延庆区西拨子段长城石材样品XRD测试结果

由上图可知，西拨子段长城（墩台）所用石材主要有填芯碎石和基础石，其中填芯碎石的主要化学成分为SiO_2（石英），且含$NaAlSi_3O_8$（钠长石）和$KAlSi_3O_8$（微斜长石），故推测所用填芯碎石为长石石英岩。所用基础石的主要成分为$NaAlSi_3O_8$（钠长石）和SiO_2（石英），且存在$KAl_3Si_3O_{10}(OH)_2$（白云母），故推测所用基础石为花岗岩，花岗岩主要组成矿物为长石、石英、黑白云母等，石英含量是10%～50%。

3. SEM

图5-93　延庆区西拨子段长城填芯碎石样品SEM测试结果（×1000）

由上图可知，西拨子段长城（墩台）所用填芯碎石的表面微观形貌主要由呈块状的晶体所构成，结合XRD测试结果，这些晶体物质应是石英晶体，且在表面上还可见少量层片状晶体结构，推测是微斜长石晶体和钠长石晶体，微斜长石晶形呈短柱状或厚板状，钠长石晶体呈板片状或条状。此外，表面存在一定的孔隙，可能与石材表面溶蚀等相关，石材表面风化现象较明显。所用基础石因自身硬度较大，制样难度较高，未能测量。

4. XRF

表5-37　延庆区西拨子段长城石材样品XRF测试结果（wt%）

名称	含量（%）						
	SiO_2	CaO	Fe_2O_3	Al_2O_3	K_2O	SO_3	P_2O_5
填芯碎石	75.201	0.289	2.490	11.409	9.509	0.724	0.558

　　由上表可知，西拨子段长城（墩台）所用填芯碎石样品主要含 SiO_2（75.201%）、Al_2O_3（11.409%）和K_2O（9.509%），结合XRD测试结果（为长石石英岩，主要化学成分为SiO_2，且含$NaAlSi_3O_8$和$KAlSi_3O_8$），两者测试结果基本吻合，说明所用填芯石为长石石英岩。

（二）砖

1.宏观形貌

图5-94　延庆区西拨子段长城砖样品宏观形貌

　　由上图可知，西拨子段长城（墩台）所用砖样品主要取自于墩台脱落的外包砖，样品呈青灰色，表面存在较多孔隙，风化严重，其宏观形貌可为后续成分、含量及微观形貌分析提供基础信息。

2. XRD

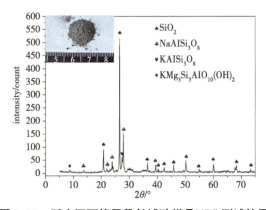

图5-95　延庆区西拨子段长城砖样品XRD测试结果

由上图可知，西拨子段长城（墩台）所用砖的主要化学成分为SiO_2（石英），同时存在$NaAlSi_3O_8$（钠长石）、$KAlSi_3O_8$（微斜长石）和$KMg_3Si_3AlO_{10}(OH)_2$（金云母），与黏土矿物成分基本相同，其中金云母主要来源于富镁的岩石（如白云岩）或富镁石灰岩与岩浆岩的接触变质带中，可能黏土原料中混杂有变质岩杂质。结合长城砌筑方式相关信息和现场勘察可知，所用砖呈青灰色，故西拨子所用砖应为黏土烧结青砖。长石在高温下熔融，形成黏稠的玻璃熔体，能降低坯体组分的融化温度，有利于降低烧成温度，钠长石的熔融温度为1100℃～1200℃，且未有新相产生，而微斜长石熔融分解温度为1150℃，且会产生白榴石，故推测砖的烧制温度为1100℃～1150℃。

3. SEM

图5-96　延庆区西拨子段长城砖样品SEM测试结果（×1000）

由上图可知，西拨子段长城（墩台）所用砖的表面微观形貌由许多尺寸较小的颗粒状物质、尺寸较小的层片状晶体结构和少量尺寸较大、棱角较分明的块状晶体结构所组成，结合XRD测试结果，推测块状的晶体结构是石英晶体，层片状晶体结构是微斜长石晶体、钠长石晶体和金云母晶体，微斜长石晶形呈短柱状或厚板状，钠长石晶体呈板片状或条状，金云母晶体也常呈假六方板状、短柱状，而颗粒状物质应是晶体因风化破坏而粉化的碎屑或某些微量黏土矿物，且表面结构疏松，风化较为严重。

4. XRF

表5-38　延庆区西拨子段长城砖样品XRF测试结果（wt%）

SiO$_2$	CaO	MgO	Fe$_2$O$_3$	Al$_2$O$_3$	K$_2$O	MnO	P$_2$O$_5$	ZnO
60.032	6.014	4.621	12.900	11.972	3.528	0.220	0.656	0.057

由上表可知，西拨子段长城（墩台）所用砖样品主要含SiO$_2$（60.032%）、Fe$_2$O$_3$（12.900%）和Al$_2$O$_3$（11.972%），且含少量MgO（4.621%）和K$_2$O（3.528%），均为黏土的一般矿物成分，也符合XRD测试结果［主要化学成分为SiO$_2$，且含少量NaAlSi$_3$O$_8$、KAlSi$_3$O$_8$和KMg$_3$Si$_3$AlO$_{10}$(OH)$_2$］，说明其为黏土烧结砖。此外，检测结果中还存在CaO（6.014%），可能烧制黏土原料中混杂有少量石灰石。

（三）瓦

1. 宏观形貌

图5-97　延庆区西拨子段长城瓦样品宏观形貌

由上图可知，西拨子段长城（墩台）所用瓦样品主要取自于墩台顶部建筑，现墩台顶部建筑已完全坍塌，表面残留有少量瓦片，样品呈青灰色，表面存在布纹，存在一定风化，其宏观形貌可为后续成分、含量及微观形貌分析提供基础信息。

2. XRD

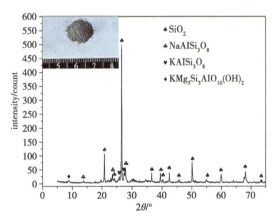

图5-98　延庆区西拨子段长城瓦样品XRD测试结果

由上图可知，西拨子段长城（墩台）所用瓦的主要化学成分与黏土矿物成分基本相似，其主要化学成分为SiO_2（石英），且含$NaAlSi_3O_8$（钠长石）、$KAlSi_3O_8$（微斜长石）和$KMg_3Si_3AlO_{10}(OH)_2$（金云母），故推测其应为烧结瓦，此外，据现场勘察可知其呈青灰色，应为烧结青瓦。钠长石在1100℃～1200℃，形成黏稠的玻璃熔体，能降低坯体组分的融化温度，有利于降低烧成温度，且未有新相产生，而微斜长石会在1150℃分解，产生白榴石，故推测瓦的烧制温度为1100℃～1150℃。

3. SEM

图5-99　延庆区西拨子段长城瓦样品SEM测试结果（×1000）

由上图可知，西拨子段长城（墩台）瓦样品表面的微观形貌中，存在颗粒状物质、层片状晶体结构和块状晶体结构，且整个表面结构较为疏松，结合XRD测试结果，判断块状晶体结构应是石英晶体，层片状晶体结构应是微斜长石晶体、钠长石晶体和金云母晶体，微斜长石晶形呈短柱状或厚板状，钠长石晶体呈板片状或条状，金云母晶体也常呈假六方板状、短柱状，颗粒状物质应是晶体物质因风化破坏而脱落的碎屑或者为某些微量黏土矿物，且所用瓦表面风化较严重。

4. XRF

表5-39　延庆区西拨子段长城瓦样品XRF测试结果（wt%）

SiO_2	CaO	MgO	Fe_2O_3	Al_2O_3	K_2O	MnO	SO_3	ZnO
67.900	2.297	0.887	10.391	13.628	4.014	0.186	0.668	0.039

由上表可知，西拨子段长城（墩台）所用瓦样品主要含SiO_2（67.900%）、Fe_2O_3（10.391%）和Al_2O_3（13.628%），且含少量K_2O（4.014%）和MgO（0.887%），符合黏土的一般矿物成分，说明其为黏土烧结瓦，对比XRD测试结果［主要化学成分为SiO_2，且含$NaAlSi_3O_8$、$KAlSi_3O_8$和$KMg_3Si_3AlO_{10}(OH)_2$］，两者测试结果基本吻合。此外，在检测结果中发现存在CaO（2.297%），可能烧制原料中混杂有微量石灰石。

（四）勾缝灰

1. 宏观形貌

图5-100　延庆区西拨子段长城勾缝灰样品宏观形貌

　　由上图可知，西拨子段长城（墩台）所用勾缝灰样品主要取自于散落在地面上的白灰，原白灰主要位于外包砖连接的缝隙处，作为粘接材料，样品呈白色，表面存在一定的粉化，其宏观形貌可为后续成分、含量及微观形貌分析提供基础信息。

2. XRD

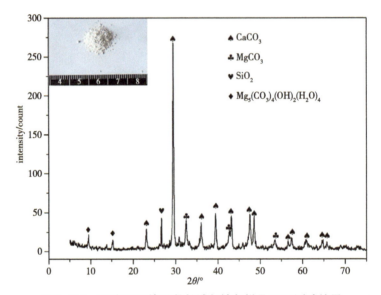

图5-101　延庆区西拨子段长城勾缝灰样品XRD测试结果

　　由上图可知，西拨子段长城（墩台）所用勾缝灰的主要化学成分为 $CaCO_3$（方解石）和 $MgCO_3$，且含 SiO_2（石英）和 $Mg_5(CO_3)_4(OH)_2(H_2O)_4$（水菱镁矿）。据现场勘察可知所用勾缝灰为白灰，原勾缝白灰的主要化学成分应为CaO和MgO，长期处于自然环境下，吸收空气中的 CO_2 和 H_2O 逐渐生成了 $CaCO_3$、$MgCO_3$ 和不稳定的 $Mg_5(CO_3)_4(OH)_2$（碱式碳酸镁），不稳定的碱式碳酸镁再逐渐生成了稳定的水合产物，即 $Mg_5(CO_3)_4(OH)_2(H_2O)_4$（水菱镁矿）。此外，由于风沙等原因，勾缝灰表面覆盖有黏土，检测结果中可能会出现某些黏土矿物成分如石英等。

3. SEM

图5-102 延庆区西拨子段长城勾缝灰样品SEM测试结果（×1000）

由上图可知，西拨子段长城（墩台）勾缝灰微观表面上存在许多尺寸较小，分布较为均匀的颗粒状物质和少量片状或块状的晶体物质，结合XRD测试结果，推测这些晶体物质是方解石，可能由于酸雨、风霜等原因，原先为晶体状的方解石逐渐粉化成颗粒状，颗粒之间的粘接强度减弱。这些颗粒状物质还可能是某些盐类化合物，如$MgCO_3$、$Mg_5(CO_3)_4(OH)_2(H_2O)_4$等。

4. XRF

表5-40 延庆区西拨子段长城勾缝灰样品XRF测试结果（wt%）

SiO_2	CaO	MgO	Fe_2O_3	K_2O	MnO	SO_3
4.899	84.171	8.261	1.856	0.341	0.087	0.384

由上表可知，西拨子段长城（墩台）勾缝灰样品主要含CaO（84.171%）和MgO（8.261%），推测使用的勾缝灰为白灰，对应于XRD测试结果中的$CaCO_3$和$MgCO_3$，两者测试结果基本吻合。

（五）灰土

1. 宏观形貌

图5-103　延庆区西拨子段长城灰土样品宏观形貌

由上图可知，西拨子段长城（墩台）所用灰土样品中白灰与黏土混合比较均匀，且白灰颗粒尺寸较为均匀，其宏观形貌可为后续成分、含量及微观形貌分析提供基础信息。

2. XRD

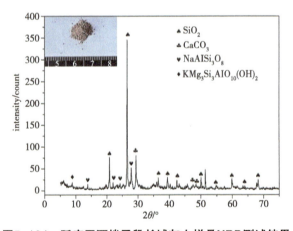

图5-104　延庆区西拨子段长城灰土样品XRD测试结果

由上图可知，西拨子段长城（墩台）所用灰土的主要成分为SiO_2（石英），且存在$CaCO_3$（方解石）、$NaAlSi_3O_8$（钠长石）和

$KMg_3Si_3AlO_{10}(OH)_2$（金云母）。其中，$CaCO_3$为白灰的成分，可证明白灰的存在，其余化学成分为黏土的矿物成分，说明灰土是白灰和黏土按一定比例混合而成的产物。

3. XRF

表5-41　延庆区西拨子段长城灰土样品XRF测试结果（wt%）

SiO_2	CaO	MgO	Fe_2O_3	Al_2O_3	K_2O	MnO	SO_3	ZnO
50.478	22.542	4.520	9.209	8.750	3.080	0.162	1.195	0.064

由上表可知，西拨子段长城（墩台）所用灰土样品主要含SiO_2（50.478%）、CaO（22.542%）、Fe_2O_3（9.209%）和Al_2O_3（8.750%），其中SiO_2、Fe_2O_3、Al_2O_3为黏土的一般矿物成分，CaO为白灰的主要成分，与XRD测试结果［主要化学成分为SiO_2，且含$CaCO_3$、$NaAlSi_3O_8$和$KMg_3Si_3AlO_{10}(OH)_2$］对比，两者相互印证。此外，根据CaO加MgO含量，推测使用灰土为三七灰土。

（六）土

1. XRD

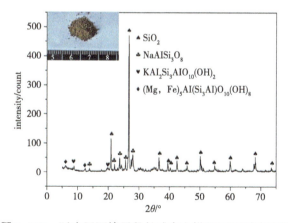

图5-105　延庆区西拨子段长城夯土样品XRD测试结果

由上图可知，西拨子段长城（墩台、城墙）长城夯土的主要化学成分为

SiO_2（石英），且含$NaAlSi_3O_8$（钠长石）、$KAl_2Si_3AlO_{10}(OH)_2$（白云母）和$(Mg，Fe)_5Al(Si_3Al)O_{10}(OH)_8$（斜绿泥石），石英、长石、云母均为黏土的一般矿物成分，西拨子段长城夯土是作为边墙夯筑和墩台内部填芯使用，土中混杂有许多细小的石块，检测结果中会出现某些石材的矿物成分，如斜绿泥石。

2. XRF

表5-42　延庆区西拨子段长城夯土样品XRF测试结果（wt%）

SiO_2	CaO	Fe_2O_3	Al_2O_3	K_2O	MnO	P_2O_5
67.866	2.646	10.719	13.318	4.505	0.183	0.764

由上表可知，西拨子段长城（墩台、城墙）所用夯土样品主要含SiO_2（67.866%）、Fe_2O_3（10.179%）和Al_2O_3（13.318%），其中SiO_2含量最高，均为黏土的一般矿物成分，且与XRD测试结果存在一定对应关系。

十、延庆区九眼楼段长城

（一）石材

1. 宏观形貌

图5-106　延庆区九眼楼段长城砌筑毛石样品宏观形貌

由上图可知，九眼楼段长城（城墙）所用石材样品主要取自于城墙砌筑毛石，所取样品偏黄灰色，形状不规则，其宏观形貌可为后续成分、含量及微观形貌分析提供基础信息。

2. XRD

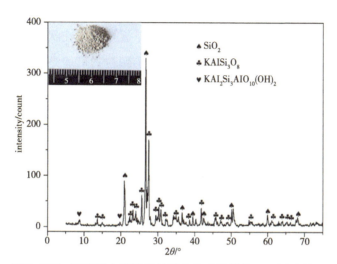

图5-107　延庆区九眼楼段长城砌筑毛石样品XRD测试结果

由上图可知，九眼楼段长城（城墙）所用石材主要是砌筑毛石，其主要化学成分为SiO_2（石英）和$KAlSi_3O_8$（微斜长石），且含$KAl_2Si_3AlO_{10}(OH)_2$（白云母），推测其为变粒岩，变粒岩矿物成分为石英和长石（长石含量>25%），有时含有黑云母、白云母、角闪石，其总量不超过30%。

3. SEM

图5-108　延庆区九眼楼段长城砌筑毛石样品SEM测试结果（×1000）

由上图可知，九眼楼段长城（城墙）砌筑毛石微观表面有许多颗粒状物质、少量尺寸较小的层片状晶体结构及表面底层尺寸较大的块状晶体结构，结合XRD测试结果，推测块状晶体结构是石英晶体，层片状晶体结构是微斜长石晶体和白云母晶体，微斜长石晶体常呈板片状或柱状，白云母晶体常呈假六方片状、集合体片状或鳞片状，那些小颗粒物可能是晶体结构风化粉化产生的碎屑或部分微量黏土矿物。

4. XRF

表5-43　延庆区九眼楼段长城砌筑毛石样品XRF测试结果（wt%）

SiO$_2$	CaO	Fe$_2$O$_3$	Al$_2$O$_3$	K$_2$O	MnO	P$_2$O$_5$
65.028	0.377	5.617	12.524	15.807	0.115	0.532

由上表可知，九眼楼段长城（城墙）所用砌筑毛石样品主要含SiO$_2$（65.028%）、Al$_2$O$_3$（12.524%）和K$_2$O（15.807%），对比XRD测试结果［为变粒岩，主要化学成分为SiO$_2$和KAlSi$_3$O$_8$，且含KAl$_2$Si$_3$AlO$_{10}$(OH)$_2$］，两者结果相互印证，说明砌筑毛石为变粒岩。

（二）砖

1. 宏观形貌

（a）旧砖　　　　　　　　　　（b）新砖

图5-109　延庆区九眼楼段长城砖样品宏观形貌

由上图可知，九眼楼段长城（敌台）砖样品主要取自于敌台砌筑的外包砖，样品呈青灰色（新砌的砖表面呈现土黄色是因为做旧时采用了泥土），且表面存在较多孔隙，旧砖比新砖风化程度高，样品宏观形貌可为后续成分、含量及微观形貌分析提供基础信息。

2. XRD

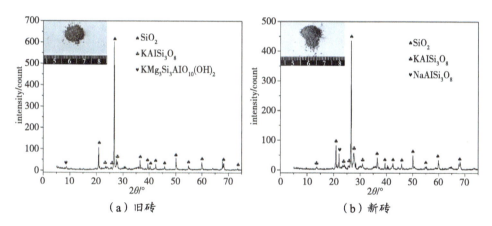

（a）旧砖　　　　　　　　　　　（b）新砖

图5-110　延庆区九眼楼段长城砖样品XRD测试结果

由上图可知，九眼楼段长城（敌台）所用旧砖与修缮新砖化学成分基本相似，检测出的结果也均为黏土的一般矿物成分，其主要化学成分为 SiO_2（石英），同时含 $KAlSi_3O_8$（微斜长石），修缮新砖中还含有 $NaAlSi_3O_8$（钠长石），所用旧砖中还含 $KMg_3Si_3AlO_{10}(OH)_2$（金云母），金云母主要来源于变质岩，可能旧砖烧制原料中混杂有变质岩杂质，且石英、长石、云母均为黏土的一般矿物成分，应均为黏土烧结砖。此外，钠长石在1100℃～1200℃，形成黏稠的玻璃熔体，能降低坯体组分的融化温度，有利于降低烧成温度，且未有新相产生，而微斜长石会在1150℃分解，产生白榴石，故推测旧砖及新砖的烧制温度为1100℃～1150℃。

3. SEM

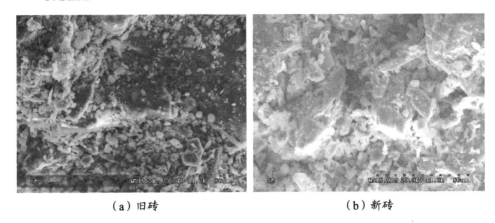

（a）旧砖　　　　　　　　　　　　（b）新砖

图5-111　延庆区九眼楼段长城砖样品SEM测试结果（×1000）

由上图可知，九眼楼段长城（敌台）旧砖与修缮新砖的微观形貌基本一致，主要是由颗粒状物质、层片状晶体结构及块状晶体结构三种形貌所组成，结合XRD测试结果，可知尺寸较大的块状晶体结构应是石英晶体，尺寸较小的层片状晶体结构应是微斜长石晶体、钠长石晶体和金云母晶体，微斜长石晶形呈短柱状或厚板状，钠长石晶体呈板片状或条状，金云母晶体常呈假六方板状、短柱状，颗粒状物质应是晶体物质因风化破坏而脱落的碎屑或者为某些微量黏土矿物，且整个表面结构较为疏松，风化现象明显。

4. XRF

表5-44　延庆区九眼楼段长城砖样品XRF测试结果（wt%）

名称	含量（%）										
	SiO_2	CaO	MgO	Fe_2O_3	Al_2O_3	K_2O	SO_3	MnO	P_2O_5	ZnO	CuO
旧砖	64.429	2.459	4.397	11.451	12.088	3.764	0.692	0.615	—	0.044	0.062
新砖	67.334	3.036	—	9.469	13.090	4.068	1.312	0.169	1.460	0.033	0.029

由上表可知，九眼楼段长城（敌台）旧砖样品与修缮新砖样品成分及含量基本相似，主要含SiO_2、Fe_2O_3和Al_2O_3，均为烧制黏土原料的一般矿物成分，对应于XRD测试结果中的SiO_2、$KAlSi_3O_8$、$NaAlSi_3O_8$、

$KMg_3Si_3AlO_{10}(OH)_2$，说明所用砖为黏土烧结砖。此外，检测结果中微量的 CaO，可能来源于黏土原料中微量的石灰石杂质。

（三）瓦

1. 宏观形貌

图5-112　延庆区九眼楼段长城瓦样品宏观形貌

由上图可知，九眼楼段长城（敌台）瓦样品主要取自于敌台周围，现今敌台部分区域存在一定坍塌，部分区域也经过一定修缮，在敌台周围可找到零星散落的瓦片，瓦样品呈青灰色，表面为素面，存在一定的风化，其宏观形貌可为后续成分、含量及微观形貌分析提供基础信息。

2. XRD

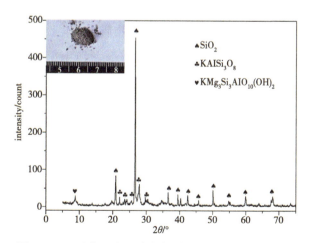

图5-113　延庆区九眼楼段长城瓦样品XRD测试结果

由上图可知，九眼楼段长城（敌台）所用瓦的主要化学成分为SiO_2（石英），且含$KAlSi_3O_8$（微斜长石）和$KMg_3Si_3AlO_{10}(OH)_2$（金云母），为黏土的一般矿物成分，故所用瓦应为黏土烧结瓦。结合一般砖瓦烧制温度（900℃～1100℃）和微斜长石的熔融分解温度（1150℃，且会产生白榴石），初步判断瓦的烧制温度为900℃～1150℃。

3. SEM

图5-114　延庆区九眼楼段长城瓦样品SEM测试结果（×1000）

由上图可知，九眼楼段长城（敌台）瓦的表面微观形貌由许多尺寸较小的颗粒状物质和层片状晶体结构所组成，且可见少量尺寸较大的块状晶体结构，结合XRD测试结果，判断块状晶体结构应是石英晶体，层片状晶体结构应是微斜长石晶体和金云母晶体，微斜长石晶形呈短柱状或厚板状，金云母晶体常呈假六方板状、短柱状，颗粒状物质应是晶体物质因风化破坏而脱落的碎屑或为某些微量黏土矿物，且整个表面结构较为酥松，故所用瓦表面风化严重。

4. XRF

表5-45　延庆区九眼楼段长城瓦样品XRF测试结果（wt%）

SiO_2	CaO	MgO	Fe_2O_3	Al_2O_3	K_2O	SO_3	MnO	P_2O_5	ZnO
66.292	2.398	0.580	10.652	14.408	4.136	0.726	0.181	0.604	0.023

由上表可知，九眼楼段长城（敌台）瓦样品主要含SiO_2（66.292%）、Fe_2O_3（10.652%）和Al_2O_3（14.408%），均为黏土原料的一般矿物成分，

与XRD测试结果〔主要化学成分为SiO_2，且含少量$KAlSi_3O_8$和KMg_3Si_3 $AlO_{10}(OH)_2$〕相比，两者吻合，说明其为黏土烧结瓦。

（四）勾缝灰

1.宏观形貌

（a）旧灰　　　　　　　　　　　（b）新灰

图5-115　延庆区九眼楼段长城勾缝灰样品宏观形貌

由上图可知，九眼楼段长城（敌台、城墙）所用勾缝灰样品主要取自于敌台砌筑砖的连接处和城墙修缮段砌筑毛石间的缝隙处，做粘接材料，所取样品呈白色，表面有尘土覆盖，其宏观形貌可为后续成分、含量及微观形貌分析提供基础信息。

2. XRD

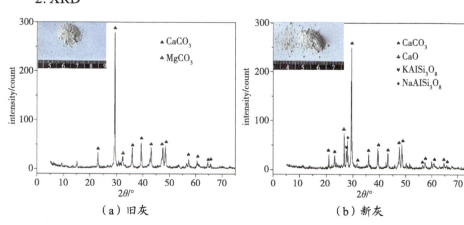

（a）旧灰　　　　　　　　　　　（b）新灰

图5-116　延庆区九眼楼段长城勾缝灰样品XRD测试结果

由上图可知，九眼楼段长城（敌台）勾缝旧灰的主要化学成分为 $CaCO_3$（方解石）和 $MgCO_3$，结合长城砌筑方式相关信息和现场勘察，可知勾缝旧灰为白灰，白灰的原化学成分应为 CaO 和 MgO，在空气下与 CO_2 和 H_2O 反应逐渐转变成 $CaCO_3$ 和 $MgCO_3$。修缮新灰的主要化学成分为 $CaCO_3$ 和 CaO，且含少量 $KAlSi_3O_8$（微斜长石）和 $NaAlSi_3O_8$（钠长石），据现场勘察可判断其也为白灰，可能白灰表面上覆盖有尘土或混杂有石材碎屑，所以检测出有长石等化学成分。修缮新灰中还存在 CaO 是因为新灰暴露时间较短，尚有部分未变成碳酸钙。

3. SEM

（a）旧灰　　　　　　　　　　　　　（b）新灰

图5-117　延庆区九眼楼段长城勾缝灰样品SEM测试结果（×1000）

由上图可知，在九眼楼段长城（敌台）所用旧灰表面微观形貌中，可见许多尺寸较小的颗粒状物质，结合XRD测试结果，判断这些颗粒状物质应是方解石颗粒，由于所用旧灰长期暴露在外，受酸雨、风霜等影响，方解石逐渐风化破坏而粉化成比较细小的颗粒。九眼楼段长城（城墙）修缮用新灰微观表面由大量尺寸较小的颗粒状物质和少量层片状晶体物质组成，根据XRD测试结果，判断这些颗粒状物质为方解石，方解石晶体在酸雨、风霜等因素的影响下逐渐风化破坏而粉化成比较细小的颗粒。少量层片状晶体可能是微斜长石晶体和钠长石晶体，微斜长石晶形呈短柱状或厚板状，钠长石晶体呈板片状或条状。

4. XRF

表5-46　延庆区九眼楼段长城勾缝灰样品XRF测试结果（wt%）

名称	含量(%)									
	SiO_2	CaO	MgO	Fe_2O_3	Al_2O_3	K_2O	SO_3	MnO	ZnO	CuO
旧灰	3.717	83.637	8.529	1.615	—	0.626	1.563	0.311	—	—
新灰	24.033	62.734	—	4.135	4.632	3.315	0.827	0.180	0.221	0.102

由上表可知，九眼楼段长城（敌台）所用勾缝旧灰样品主要含
CaO（83.637%）和MgO（8.529%），推测其为白灰，对应于XRD测
试结果中的$CaCO_3$和$MgCO_3$，而修缮新灰主要含CaO（62.734%）和
SiO_2（24.033%），其SiO_2含量较多，结合XRD测试结果，可能是由于其中
含$KAlSi_3O_8$和$NaAlSi_3O_8$，导致SiO_2含量增多，据现场勘察可判断其也为白
灰，可能白灰表面上覆盖有尘土或混杂有石材碎屑。

（五）砖表面的酥粉

1. 宏观形貌

图5-118　延庆区九眼楼段长城砖材表面酥粉样品宏观形貌

由上图可知，九眼楼段长城（敌台）砖材表面酥粉样品呈灰白色，表面
有部分黏土覆盖，其宏观形貌可为后续成分、含量及微观形貌分析提供相关
基础信息。

2. XRD

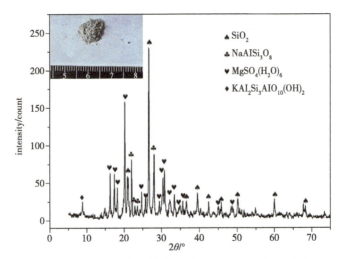

图5-119　延庆区九眼楼段长城砖材表面酥粉样品XRD测试结果

由上图可知，九眼楼段长城（敌台）砖材表面酥粉的主要化学成分为 SiO_2（石英）和 $MgSO_4(H_2O)_6$（六水泻盐），且含 $NaAlSi_3O_8$（钠长石）和 $KAl_2Si_3AlO_{10}(OH)_2$（白云母），其中石英、长石、云母为黏土的一般矿物成分，应是砖材的主要化学成分，而检测出的硫酸盐，可能受酸雨影响，或可溶盐与砖中的成分反应生成。

3. XRF

表5-47　延庆区九眼楼段长城砖表面酥粉样品XRF测试结果（wt%）

SiO$_2$	CaO	MgO	Fe$_2$O$_3$	Al$_2$O$_3$	K$_2$O	SO$_3$	MnO	P$_2$O$_5$
19.675	2.555	6.970	7.035	2.558	2.552	56.231	0.129	2.475

由上表可知，九眼楼段长城（敌台）砖表面酥粉样品主要含 SO_3（56.231%）、SiO_2（19.675%）、Fe_2O_3（7.035%）和 MgO（6.970%），其中 SiO_2 和 Fe_2O_3 为砖本身的主要化学成分，而 SO_3 和 MgO 对应于XRD测试结果中的 $MgSO_4(H_2O)_6$（六水泻盐），说明酸雨对砖材有较严重的影响。

十一、门头沟区洪水口段长城

（一）石材

1.宏观形貌

图5-120　门头沟区洪水口段长城基础石样品宏观形貌

由上图可知，洪水口段长城（敌台）所用石材主要为基础石，样品主要取自于敌台下部基础条石，敌台顶部已基本坍塌，且部分区域经过适当修缮，样品呈灰白色，表面凹凸不平，其宏观形貌可为后续成分、含量及微观形貌分析提供基础信息。

2. XRD

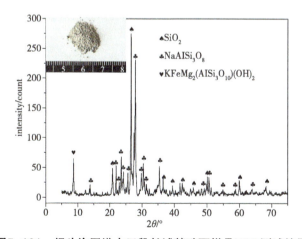

图5-121　门头沟区洪水口段长城基础石样品XRD测试结果

由上图可知，洪水口段长城（敌台）所用基础石的主要化学成分为SiO_2（石英）和$NaAlSi_3O_8$（钠长石），且含$KFeMg_2(AlSi_3O_{10})(OH)_2$（黑云母），根据其相关成分，推测所用基础石为花岗岩，花岗岩主要组成矿物为长石、石英、黑白云母等，石英含量是10%～50%。

3. SEM

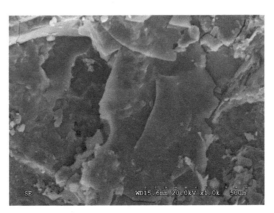

图5-122 门头沟区洪水口段长城基础石样品SEM测试结果（×1000）

由上图可知，在洪水口段长城（敌台）基础石样品的微观形貌中，可见许多片状的晶体物质，结合XRD测试结果，推测这些晶体物质是石英晶体或长石晶体，且在晶体上可见裂隙的存在，可能与石材处于受压位置，受机械原因如撞击等有关。此外，在表面部分位置可见许多细小的风化颗粒和黏土状物质，说明石材存在一定的风化现象。

4. XRF

表5-48 门头沟区洪水口段长城基础石样品XRF测试结果（wt%）

SiO_2	CaO	Fe_2O_3	Al_2O_3	Na_2O	K_2O	SO_3	MnO	P_2O_5	ZnO	CuO
55.405	5.503	6.305	14.117	10.110	6.805	0.578	0.268	0.832	0.049	0.029

由上表可知，洪水口段长城（敌台）所用基础石样品主要含SiO_2（55.405%）、Al_2O_3（14.117%）和Na_2O（10.110%），且含少量

Fe_2O_3（6.305%）和K_2O（6.805%），对应于XRD测试结果中的SiO_2、$NaAlSi_3O_8$、$KFeMg_2(AlSi_3O_{10})(OH)_2$，说明所用基础石为花岗岩。

（二）砖

1. 宏观形貌

图5-123　门头沟区洪水口段长城砖样品宏观形貌

由上图可知，洪水口段长城（城墙）砖样品主要取自于城墙砌筑砖，样品呈青灰色，表面多孔，存在一定的风化，其宏观形貌可为后续成分、含量及微观形貌分析提供基础信息。

2. XRD

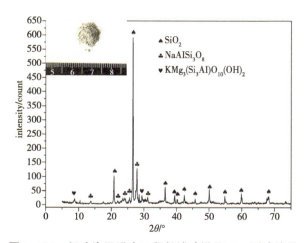

图5-124　门头沟区洪水口段长城砖样品XRD测试结果

由上图可知，洪水口段长城（城墙）所用砖的主要化学成分为SiO_2（石英），同时存在$NaAlSi_3O_8$（钠长石）和$KMg_3Si_3AlO_{10}(OH)_2$（金云母）。石英、长石、云母均为黏土的一般矿物成分，故所用砖应为黏土烧结砖。根据钠长石在1100℃～1200℃，形成黏稠的玻璃熔体，能降低坯体组分的融化温度，有利于降低烧成温度，且未有新相产生，故推测砖的烧制温度为1100℃～1200℃。

3. SEM

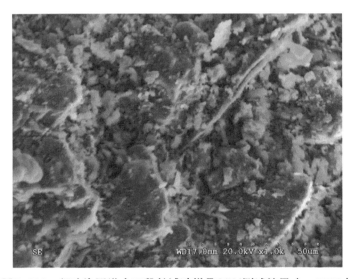

图5-125 门头沟区洪水口段长城砖样品SEM测试结果（×1000）

由上图可知，洪水口段长城（城墙）砖样品的表面微观形貌是由颗粒状物质、层片状晶体结构和块状晶体结构三种形貌组成，结合XRD测试结果，推测块状的晶体结构是风化破坏较小的石英晶体，片状晶体结构应是钠长石晶体和金云母晶体，钠长石晶体呈板片状或条状，金云母晶体常呈假六方板状、短柱状，而颗粒状物质是晶体物质因风化破坏而粉化或脱落的碎屑。此外，整个微观表面结构较为疏松，存在孔隙，说明砖材表面风化较严重。

4. XRF

表5-49　门头沟区洪水口段长城砖样品XRF测试结果（wt%）

SiO_2	CaO	MgO	Fe_2O_3	Al_2O_3	K_2O	SO_3	MnO	ZnO
54.240	18.150	0.825	11.234	11.069	3.432	0.843	0.177	0.031

由上表可知，洪水口段长城（城墙）所用砖样品主要含SiO_2（54.240%）、CaO（18.150%）、Fe_2O_3（11.234%）和Al_2O_3（11.069%），其中SiO_2、Fe_2O_3和Al_2O_3为黏土原料的一般矿物成分，对应于XRD测试结果中的SiO_2、$NaAlSi_3O_8$、$KMg_3Si_3AlO_{10}(OH)_2$，说明其为黏土烧结砖。此外，CaO含量较高，可能是由于所取样品表面粘附有白灰，或者所用的烧制原料中石灰石杂质较多。

（三）瓦

1. 宏观形貌

图5-126　门头沟区洪水口段长城瓦样品宏观形貌

由上图可知，洪水口段长城（敌台）瓦样品主要取自于敌台顶部，敌台顶部已完全坍塌、消失，修缮后敌台只留下下部基础，顶部建筑已不存，瓦样品呈青灰色，且表面分布有绳纹，其宏观形貌可为后续成分、含量及微观形貌分析提供基础信息。

2. XRD

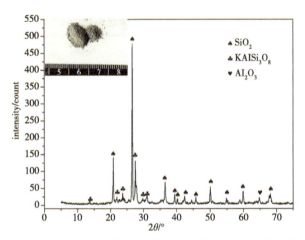

图5-127　门头沟区洪水口段长城瓦样品XRD测试结果

由上图可知，洪水口段长城（敌台）所用瓦的主要化学成分为SiO_2（石英），且含$KAlSi_3O_8$（微斜长石）和Al_2O_3，与黏土矿物成分基本相似，故所用瓦为黏土烧结瓦。结合一般砖瓦烧制温度（900℃~1100℃）和微斜长石的熔融分解温度（1150℃，且会产生白榴石），初步判断瓦的烧制温度为900℃~1150℃。

3. SEM

图5-128　门头沟区洪水口段长城瓦样品SEM测试结果（×1000）

由上图可知，洪水口段长城（敌台）瓦样品的表面微观形貌由许多尺寸较小的颗粒状物质，微量层片状晶体结构和尺寸较大、棱角较分明的块状晶体结构所组成，结合XRD测试结果，推测其中尺寸较大的块状晶体结构是石英晶体，层片状晶体结构是微斜长石晶体，微斜长石晶形呈短柱状或板片状，颗粒状物质是晶体结构因风化破坏而粉化、脱落的碎屑。整个表面呈坑洼状，结构较疏松，说明所用瓦受风霜、酸雨等因素影响而风化严重。

4. XRF

表5-50　门头沟区洪水口段长城瓦样品XRF测试结果（wt%）

SiO$_2$	CaO	MgO	Fe$_2$O$_3$	Al$_2$O$_3$	K$_2$O	P$_2$O$_5$	MnO	ZnO
65.791	3.532	0.672	11.419	13.803	3.995	0.526	0.192	0.070

由上表可知，洪水口段长城（敌台）所用瓦样品主要含SiO$_2$（65.791%）、Fe$_2$O$_3$（11.419%）和Al$_2$O$_3$（13.803%），且含K$_2$O（3.995%），对应于XRD测试结果中的SiO$_2$、KAlSi$_3$O$_8$和Al$_2$O$_3$，均为黏土的一般矿物成分，说明所用瓦为黏土烧结瓦。

（四）勾缝灰

1. 宏观形貌

（a）旧灰　　　　　　　　　　　　（b）新灰

图5-129　门头沟区洪水口段长城勾缝灰样品宏观形貌

由上图可知，洪水口段长城（城墙）勾缝灰样品主要取自于城墙周围散落的旧灰和城墙修缮处砌筑砖连接所用的新灰，旧灰呈白色，颗粒较细，新灰呈青灰色，颗粒较粗，其宏观形貌可为后续成分、含量及微观形貌分析提供基础信息。

2. XRD

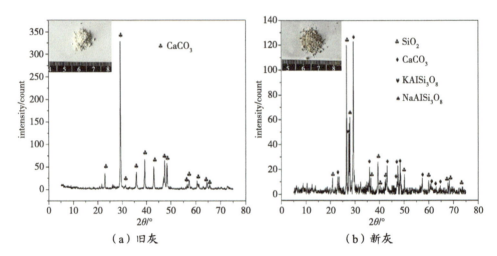

（a）旧灰　　　　　　　　　　（b）新灰

图5-130　门头沟区洪水口段长城勾缝灰样品XRD测试结果

由上图可知，洪水口段长城（城墙）所用勾缝旧灰的主要化学成分为$CaCO_3$（方解石），结合现场勘察可知其为白灰，原主要化学成分应为CaO，长期处于自然环境中，吸收空气中的CO_2和H_2O逐渐转变为$CaCO_3$。据现场勘察所用修缮新灰为青灰，其主要化学成分为SiO_2（石英）和$CaCO_3$（方解石），且含$KAlSi_3O_8$（微斜长石）和$NaAlSi_3O_8$（钠长石），根据相关成分及颜色推测新灰应是青色石灰浆，由石灰膏、青灰矿及水按照一定配比制成，青灰矿中含有一定的泥土成分，因此检测出石英、微斜长石、钠长石成分。

3. SEM

图5-131　门头沟区洪水口段长城勾缝旧灰样品SEM测试结果（×2000）

由上图及XRD测试结果可知，洪水口段长城（城墙）勾缝旧灰的微观表面有许多尺寸较小的颗粒状物质和尺寸较大的块状晶体结构，这些块状晶体结构应是方解石晶体，而颗粒状物质可能是方解石晶体粉化后的产物，可能受酸雨、风霜等影响较大，导致表面片状的方解石晶体逐渐粉化成小颗粒状，整个表面结构变得疏松，表面粘接强度减弱。

4. XRF

表5-51　门头沟区洪水口段长城勾缝灰样品XRF测试结果（wt%）

名称	含量(%)								
	SiO_2	CaO	MgO	Fe_2O_3	Al_2O_3	K_2O	SO_3	ZnO	CuO
旧灰	2.794	93.113	—	1.322	1.117	0.476	1.178	—	—
新灰	18.198	57.770	2.978	14.660	3.362	1.859	—	0.814	0.360

由上表可知，洪水口段长城（城墙）所用勾缝旧灰样品主要含CaO（93.113%），应为白灰，对应于XRD测试结果中的$CaCO_3$。而修缮新灰主要含CaO（57.770%）、SiO_2（18.198%）和Fe_2O_3（14.660%），结合XRD测试结果（主要化学成分为SiO_2和$CaCO_3$），进一步证实了其为青灰浆，其中SiO_2和Fe_2O_3为青灰矿的化学成分，CaO为白灰的化学成分。因此新灰是石灰与青灰矿加水拌合而成。

（五）灰土

1.宏观形貌

图5-132　门头沟区洪水口段长城灰土样品宏观形貌

由上图可知，洪水口段长城（城墙）灰土样品主要取自于城墙下部基础石连接的缝隙处，作为粘接材料使用，灰土样品中白灰与黏土混合均匀，且白灰颗粒尺寸较大，其宏观形貌可为后续成分、含量及微观形貌分析提供基础信息。

2.XRD

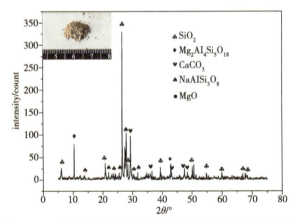

图5-133　门头沟区洪水口段长城灰土样品XRD测试结果

由上图可知，洪水口段长城（城墙）所用灰土的主要化学成分为 SiO_2（石英），同时存在 $NaAlSi_3O_8$（钠长石）、$CaCO_3$（方解石）、MgO 和

$Mg_2Al_4Si_5O_{18}$（堇青石），其中$CaCO_3$（方解石）和MgO为白灰的主要化学成分。其余如石英、长石等均为黏土的一般矿物成分，土中可能还混杂一些杂质或石材碎屑如堇青石等。综上，说明所用灰土是由白灰和黏土按一定比例混合而成的产物。

3. XRF

表5-52　门头沟区洪水口段长城灰土样品XRF测试结果（wt%）

SiO_2	CaO	MgO	Fe_2O_3	Al_2O_3	K_2O	SO_3	P_2O_5	MnO	ZnO
43.791	29.556	4.672	9.436	8.215	2.644	0.912	0.585	0.147	0.044

由上表可知，洪水口段长城（城墙）所用灰土样品主要含SiO_2（43.791%）、CaO（29.556%）、Fe_2O_3（9.436%）和Al_2O_3（8.215%），且含少量MgO（4.672%），对应于XRD测试结果中的SiO_2、$NaAlSi_3O_8$、$CaCO_3$、MgO和$Mg_2Al_4Si_5O_{18}$，其中SiO_2、Fe_2O_3、Al_2O_3为黏土的一般矿物成分，CaO为白灰成分。此外，根据CaO及MgO含量推测，所用灰土为三七灰土。

十二、门头沟区梨园岭段长城

（一）石材

1. 宏观形貌

（a）白色毛石　　　　　（b）青色毛石　　　　　（c）灰色毛石

图5-134　门头沟区梨园岭段长城石材样品宏观形貌

由上图可知，梨园岭段长城（城墙）石材样品主要取自于城墙各种砌筑毛石，砌筑毛石间颜色和形状都存在一定差别，且表面略有尘土覆盖，其宏观形貌可为后续成分、含量及微观形貌分析提供基础数据。

2. XRD

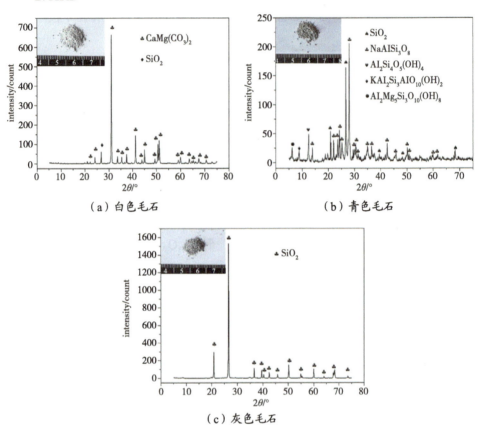

（a）白色毛石　　　　　　　　　　（b）青色毛石

（c）灰色毛石

图5-135　门头沟区梨园岭段长城石材样品XRD测试结果

由上图及长城砌筑方式相关信息可知，梨园岭段长城（城墙）所用石材主要是砌筑毛石，按颜色又可分为白色、青色和灰色毛石，其中白色毛石的主要化学成分为$CaMg(CO_3)_2$（白云石），且含SiO_2（石英），青色毛石的主要成分为SiO_2（石英）和$NaAlSi_3O_8$（钠长石），存在$Al_2Si_2O_5(OH)_4$（高岭石）、$KAl_2Si_3AlO_{10}(OH)_2$（白云母）和$Al_2Mg_5Si_3O_{10}(OH)_8$（淡斜绿泥石），推测为花岗岩，花岗岩以石英、长石和云母为主要化学成分，其中长石含量为40%～60%，石英含量为20%～40%；灰色毛石的主要化学成分为SiO_2（石英），推测为石英岩。

3. SEM

（a）白色毛石　　　　（b）青色毛石　　　　（c）灰色毛石

图5-136　门头沟区梨园岭段长城石材样品SEM测试结果（×1000）

由上图可知，梨园岭段长城（城墙）白色毛石的微观表面由许多片状或块状的晶体物质构成，结合XRD测试结果，推测是白云石晶体，晶体之间呈镶嵌结构分布。此外，在微观形貌中可见少量风化碎屑和黏土状物质，导致晶体棱角不分明，说明白色毛石存在一定的风化现象。在青色毛石表面的微观形貌中，可见许多片状或层状的晶体物质，结合XRD测试结果，推测是石英晶体和钠长石晶体，晶体之间存在横纵交替的结构，整个结构呈坑洼状，可能受酸雨的影响。灰色毛石的微观表面由大量尺寸较小的颗粒状物质和少量大的晶体物质组成，结合XRD测试结果，推测这些物质是石英，石材表面风化较严重，由大的晶体状结构逐渐溶蚀风化成颗粒状。

4. XRF

表5-53　门头沟区梨园岭段长城石材样品XRF测试结果（wt%）

名称	含量（%）										
	SiO_2	CaO	MgO	Fe_2O_3	Al_2O_3	K_2O	Na_2O	SO_3	MnO	P_2O_5	ZnO
白色毛石	9.716	76.264	9.580	1.785	0.822	0.930	—	0.760	0.142	—	—
青色毛石	58.003	2.515	0.757	13.186	14.378	5.107	3.918	0.867	0.171	1.097	—
灰色毛石	94.543	0.656	—	—	3.189	1.579	—	—	—	—	0.033

由上表可知，梨园岭段长城（城墙）所用白色毛石主要含CaO（76.264%）、SiO_2（9.716%）和MgO（9.580%），对应于XRD测试

结果中的CaMg(CO₃)₂和SiO₂，判断其应为石灰岩或大理岩。青色毛石主要含SiO_2（58.003%）、Fe_2O_3（13.186%）和Al_2O_3（14.378%），且含K_2O（5.107%）和Na_2O（3.918%），对比XRD测试结果［主要化学成分为SiO_2和$NaAlSi_3O_8$，且含$Al_2Si_2O_5(OH)_4$、$KAl_2Si_3AlO_{10}(OH)_2$和$Al_2Mg_5Si_3O_{10}(OH)_8$］，两者吻合，说明所用青色毛石为花岗岩。灰色毛石主要含SiO_2（94.543%），含量较高，应为石英岩，对应于XRD测试结果中的SiO_2。

（二）灰土

1. 宏观形貌

图5-137　门头沟区梨园岭段长城灰土样品宏观形貌

由上图可知，梨园岭段长城（城墙）灰土样品主要取自于城墙两侧砌筑毛石间的缝隙处，作为粘接材料，或者取自于砌筑毛石表面，作为抹面材料。样品表面清晰可见少量白灰，样品宏观形貌可为后续成分、含量分析提供基础信息。

2. XRD

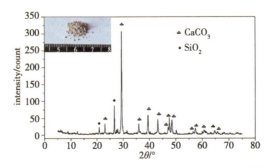

图5-138　门头沟区梨园岭段长城灰土样品XRD测试结果

由上图可知，梨园岭段长城（城墙）所用灰土的主要化学成分为$CaCO_3$（方解石）和SiO_2（石英），其中$CaCO_3$为白灰的主要化学成分，SiO_2为黏土的主要化学成分，说明灰土由白灰和黏土按一定比例和工艺混合而成。

3. XRF

表5-54　门头沟区梨园岭段长城灰土样品XRF测试结果（wt%）

SiO_2	CaO	MgO	Fe_2O_3	Al_2O_3	K_2O	SO_3	MnO
12.904	77.542	0.966	4.466	2.661	1.031	0.319	0.112

由上表可知，梨园岭段（城墙）灰土样品主要含CaO（77.542%）和SiO_2（12.904%），对应于XRD测试结果中的$CaCO_3$和SiO_2，其中CaO为白灰成分，SiO_2为黏土成分，根据CaO及MgO含量，推测所用灰土是由80%的白灰和20%的黏土配制而成。

（三）土

1. XRD

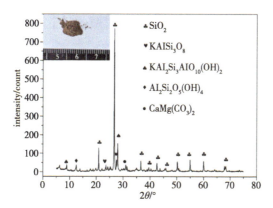

图5-139　门头沟区梨园岭段长城填芯土样品XRD测试结果

由上图可知，梨园岭段长城（城墙）所用填芯土的主要化学成分为SiO_2（石英），且含$KAlSi_3O_8$（微斜长石）、$KAl_2Si_3AlO_{10}(OH)_2$（白云母）、$Al_2Si_2O_5(OH)_4$（高岭石）和$CaMg(CO_3)_2$（白云石），石英、长石、云母都是黏土的一般矿物，同时，填芯土和碎石相互混合，作为修筑的填芯材料，土中可能混杂有微小的石材风化碎屑，检测结果中会出现某些石材的矿物成分，如高岭石、白云石等。也有可能填芯土中加入了少量石灰或填芯土样品受到了周边石灰粘接材料的污染。

2. XRF

表5-55　门头沟区梨园岭段长城填芯土样品XRF测试结果（wt%）

SiO_2	CaO	MgO	Fe_2O_3	Al_2O_3	K_2O	SO_3	MnO	P_2O_5	ZnO
62.551	7.290	0.772	10.890	12.019	3.804	1.538	0.213	0.890	0.034

由上表可知，梨园岭段长城（城墙）填芯土样品主要含SiO_2（62.551%）、Fe_2O_3（10.890%）、Al_2O_3（12.019%）和CaO（7.290%），结合XRD测试结果［主要化学成分为SiO_2，且含$KAlSi_3O_8$、$KAl_2Si_3AlO_{10}(OH)_2$、$Al_2Si_2O_5(OH)_4$和$CaMg(CO_3)_2$］，其中SiO_2、Fe_2O_3、Al_2O_3均为黏土的一般矿物成分，而检测结果中CaO含量较多，可能是填芯土中混杂有少量白云石、石灰石等杂质。也有可能填芯土中加入了少量石灰或填芯土样品受到了周边石灰粘接材料的污染。

第三节　本章小结

本章着重对北京明长城所用主要砌筑材料（砖、石、瓦、灰、灰土、土）进行化学成分、含量及微观形貌测试，主要包括SEM、XRD、XRF等测试指标，根据所得测试结果推断出砌筑材料相关材料类别、烧制温度、成分配比等信息，具体结果如下。

表5-56　北京明长城主要砌筑材料成分、含量、微观形貌及其推测结果

区名	长城段	材料名称		主要化学成分	主要成分含量（以氧化物形式表示）	微观形貌信息	推测结果
平谷	彰作	石	灰色毛石	方解石	CaO（90.675%）	见文中详细内容	石灰岩
			黄色毛石	石英	SiO_2（94.351%）		石英岩或大理岩

（续表）

区名	长城段	材料名称		主要化学成分	主要成分含量（以氧化物形式表示）	微观形貌信息	推测结果
平谷	彰作	石	青色毛石	方解石	CaO（97.496%）	见文中详细内容	石灰岩或大理岩
			填芯碎石	白云石	CaO（65.854%）MgO（33.096%）		白云岩或大理岩
		瓦		石英、微斜长石	SiO$_2$（57.164%）CaO（9.645%）Fe$_2$O$_3$（11.456%）Al$_2$O$_3$（12.292%）	见文中详细内容	青瓦，烧制温度约为900℃~1150℃，原料中可能混杂有石灰石
		勾缝灰		方解石、水菱镁矿	CaO（84.462%）MgO（9.419%）	见文中详细内容	白灰（主要成分为CaO和MgO）
		土	填芯土	石英、白云石	SiO$_2$（45.002%）CaO（27.113%）Fe$_2$O$_3$（10.330%）Al$_2$O$_3$（10.441%）	—	基本符合就地取材原则，填芯土中混杂有白云岩碎屑，或填芯土中加入了石灰
			野外土	石英	SiO$_2$（66.114%）Fe$_2$O$_3$（11.957%）Al$_2$O$_3$（12.685%）		
	黄松峪	石	白色毛石	石英	SiO$_2$（96.056%）	见文中详细内容	石英岩
			红色毛石	石英、微斜长石	SiO$_2$（57.292%）Fe$_2$O$_3$（16.846%）Al$_2$O$_3$（9.815%）K$_2$O（13.661%）		长石石英岩，符合就地取材
			黄色毛石	石英、微斜长石	SiO$_2$（72.394%）Fe$_2$O$_3$（8.480%）Al$_2$O$_3$（7.516%）K$_2$O（9.358%）		长石石英岩，符合就地取材
			灰色毛石	石英、微斜长石	SiO$_2$（70.752%）Al$_2$O$_3$（11.098%）K$_2$O（14.680%）		长石石英岩，符合就地取材
			野外石	石英、微斜长石	SiO$_2$（67.431%）Al$_2$O$_3$（13.135%）K$_2$O（15.694%）		长石石英岩

（续表）

区名	长城段	材料名称		主要化学成分	主要成分含量（以氧化物形式表示）	微观形貌信息	推测结果
平谷	黄松峪	土	填芯土	石英、钠长石、白云母	SiO₂（64.178%） Fe₂O₃（12.389%） Al₂O₃（12.559%）	—	符合就地取材原则
			野外土	石英、钠长石、微斜长石、白云母	SiO₂（69.172%） Fe₂O₃（12.117%） Al₂O₃（12.185%）		
密云	营房台	石	红色毛石	石英	SiO₂（83.980%）	见文中详细内容	石英岩，符合就地取材原则
			灰色毛石	石英、微斜长石	SiO₂（54.664%） Na₂O（10.680%） Al₂O₃（14.610%） K₂O（17.648）		浅粒岩
			白色毛石	石英、微斜长石	SiO₂（72.916%） Al₂O₃（11.380%） K₂O（14.546）		长石石英岩
			野外石	石英	SiO₂（84.413%）		石英岩
		砖		石英、微斜长石	SiO₂（55.111%） Fe₂O₃（10.584%） Al₂O₃（9.853%） K₂O（17.501）	见文中详细内容	青砖，烧制温度约为900℃~1150℃
		瓦		石英、钠长石、白云母	SiO₂（64.971%） Fe₂O₃（12.540%） Al₂O₃（13.717%）	见文中详细内容	青瓦，烧制温度约为1100℃~1200℃
		勾缝灰		方解石、碳酸镁、水菱镁矿	CaO（86.800%）	见文中详细内容	白灰（主要成分为CaO和MgO）

（续表）

区名	长城段		材料名称	主要化学成分	主要成分含量（以氧化物形式表示）	微观形貌信息	推测结果
密云	营房台	土	填芯土	石英、钠长石、白云母、方解石	SiO$_2$（61.346%） Fe$_2$O$_3$（12.240%） Al$_2$O$_3$（11.386%） CaO（8.524%）	—	基本符合就地取材原则，有少量石灰混杂进填芯土中或砌筑时加入了石灰，需进一步证实
			野外土	石英、钠长石、堇青石	SiO$_2$（69.959%） Fe$_2$O$_3$（10.064%） Al$_2$O$_3$（11.160%）		
	黄岩口	石	黄色毛石	石英、白云石	SiO$_2$（52.102%） CaO（34.147%）	见文中详细内容	石英岩
			灰色毛石	石英	SiO$_2$（92.968%）		石英岩，符合就地取材原则
			白色毛石	石英	SiO$_2$（95.201%）		石英岩，符合就地取材原则
			基础石	石英	SiO$_2$（86.558%）		石英岩，符合就地取材原则
			野外石	石英	SiO$_2$（87.302%）		石英岩
			砖	石英、微斜长石、白云母、方解石、白云石	SiO$_2$（60.442%） CaO（10.629%） Fe$_2$O$_3$（9.658%） Al$_2$O$_3$（11.920%）	见文中详细内容	青砖，烧制温度约900℃~1150℃，烧制原料中可能混杂有石灰石
			瓦	石英、微斜长石、白云母	SiO$_2$（66.828%） Fe$_2$O$_3$（12.023%） Al$_2$O$_3$（14.395%）	见文中详细内容	青瓦，烧制温度约1100℃~1200℃
			勾缝灰	方解石、水菱镁矿	CaO（67.771%） MgO（18.009%）	见文中详细内容	白灰（主要成分为CaO和MgO）
			灰土	石英、钠长石、方解石、白云母	SiO$_2$（79.586%） CaO（0.275%）	见文中详细内容	灰土，将石灰粉和黏土按一定比例拌和均匀，在一定含水率条件下夯实

（续表）

区名	长城段	材料名称		主要化学成分	主要成分含量（以氧化物形式表示）	微观形貌信息	推测结果
密云	黄岩口	土	填芯土	石英、钠长石、微斜长石、白云母	SiO_2（60.185%） Fe_2O_3（11.005%） Al_2O_3（12.045%）	—	基本符合就地取材原则，野外土中混杂有石灰石或其他碳酸盐矿物石材
			野外土	石英、钠长石、微斜长石、白云母、方解石	SiO_2（57.689%） CaO（12.275%） Fe_2O_3（12.112%） Al_2O_3（10.595%）		
怀柔	撞道口	石	填芯碎石	石英、钠长石、微斜长石、白云母	SiO_2（68.480%） Al_2O_3（14.801%） K_2O（10.863%）	见文中详细内容	长石石英岩，符合就地取材原则
			基础石	石英、钠长石、钙长石、白云母	SiO_2（41.391%） Al_2O_3（12.675%） Na_2O（31.004%） K_2O（10.259%）		花岗岩
			野外石	石英、钠长石、微斜长石、白云母	SiO_2（75.409%） Al_2O_3（11.579%）		长石石英岩
		砖		石英、钠长石、微斜长石	SiO_2（68.286%） Fe_2O_3（10.684%） Al_2O_3（12.955%）	见文中详细内容	青砖，烧制温度约为1100℃～1150℃
		勾缝灰		方解石	CaO（90.750%）	见文中详细内容	白灰（主要成分为CaO和MgO）
		土	填芯土	石英、钠长石、绿泥石、白云母	SiO_2（63.493%） Fe_2O_3（12.405%） Al_2O_3（12.298%）	—	符合就地取材原则
			野外土	石英、钠长石、绿泥石、白云母	SiO_2（60.266%） Fe_2O_3（14.256%） Al_2O_3（13.667%）		

（续表）

区名	长城段	材料名称		主要化学成分	主要成分含量（以氧化物形式表示）	微观形貌信息	推测结果
怀柔	官地	石	基础石	石英、钠长石	SiO_2（62.135%）Na_2O（12.675%）Al_2O_3（14.836%）	见文中详细内容	花岗岩
			砖	石英、钠长石、堇青石、白云母	SiO_2（65.991%）Fe_2O_3（6.650%）Al_2O_3（11.239%）	见文中详细内容	青砖，烧制温度约为1100℃~1350℃
			勾缝灰	方解石、水菱镁矿、碳酸镁、微斜长石	CaO（79.814%）MgO（14.198%）	见文中详细内容	白灰（主要成分为CaO和MgO）
		土	填芯土	石英、钠长石、白云母	SiO_2（62.130%）Fe_2O_3（13.969%）Al_2O_3（13.659%）	—	符合就地取材原则
昌平	黄楼洼	石	填芯碎石	方解石	CaO（75.047%）MgO（12.142%）SiO_2（10.856%）	见文中详细内容	石灰岩或大理岩
			块状砌石	石英、微斜长石	SiO_2（75.921%）K_2O（7.173%）Al_2O_3（10.877%）		长石石英岩，符合就地取材原则
			片状砌石	方解石、石英、白云石	CaO（58.683%）SiO_2（31.455%）		石灰岩或大理岩
			野外石	石英、钠长石	SiO_2（73.792%）K_2O（7.219%）Al_2O_3（11.881%）		长石石英岩
			砖	石英、钠长石、白云母	SiO_2（47.180%）Fe_2O_3（10.120%）Al_2O_3（7.997%）MgO（10.244%）Na_2O（18.055%）	见文中详细内容	青砖，烧制温度约为1100℃~1200℃

（续表）

区名	长城段	材料名称		主要化学成分	主要成分含量（以氧化物形式表示）	微观形貌信息	推测结果
昌平	黄楼洼	勾缝灰		方解石、碳酸镁、钾石膏	CaO（84.080%）MgO（9.397%）	见文中详细内容	白灰（主要成分为CaO和MgO），受酸雨一定程度的影响
		灰土		石英、方解石、白云母	SiO_2（40.776%）Fe_2O_3（9.935%）Al_2O_3（7.572%）CaO（31.920%）MgO（6.186%）	—	灰土，将石灰粉和黏土按一定比例拌和均匀，在一定含水率条件下夯实
		土	填芯土	石英、白云母、钠长石、微斜长石、董青石	SiO_2（65.548%）Fe_2O_3（12.262%）Al_2O_3（13.924%）	—	符合就地取材原则
延庆	八达岭	石	填芯碎石	石英、微斜长石	SiO_2（71.145%）K_2O（5.982%）Al_2O_3（9.696%）CaO（7.703%）	见文中详细内容	长石石英岩，符合就地取材原则
			基础石	钠长石、石英、黑云母	SiO_2（57.565%）Fe_2O_3（6.841%）Al_2O_3（12.322%）K_2O（6.661%）Na_2O（10.711%）		花岗岩
			片状砌石	白云石	SiO_2（11.721%）CaO（75.003%）MgO（9.970%）		石灰岩或大理岩
			野外石	石英、微斜长石、钠长石	SiO_2（70.323%）K_2O（6.000%）Al_2O_3（10.819%）CaO（6.692%）		长石石英岩

（续表）

区名	长城段	材料名称		主要化学成分	主要成分含量（以氧化物形式表示）	微观形貌信息	推测结果
延庆	八达岭	砖	旧砖	石英、钠长石、金云母、堇青石	SiO$_2$（65.571%）Fe$_2$O$_3$（10.863%）Al$_2$O$_3$（13.350%）	见文中详细内容	两者都为青砖，烧制温度约为1200℃～1350℃
			新砖	石英、微斜长石、堇青石	SiO$_2$（68.076%）Fe$_2$O$_3$（10.310%）Al$_2$O$_3$（12.400%）		
		瓦		石英、钠长石、微斜长石	SiO$_2$（63.179%）Fe$_2$O$_3$（11.109%）Al$_2$O$_3$（12.176%）	见文中详细内容	青瓦，烧制温度约为1100℃～1150℃
		勾缝灰	旧灰	方解石、碳酸镁	CaO（79.535%）MgO（14.505%）	见文中详细内容	旧灰为白灰（主要成分为CaO和MgO），修缮新灰为青灰
			新灰	方解石、碳酸镁	CaO（80.598%）MgO（6.372%）		
		土	填芯土	石英、钠长石、高岭土	SiO$_2$（67.715%）Fe$_2$O$_3$（9.840%）Al$_2$O$_3$（11.237%）	—	符合就地取材原则
			酥粉	石英、钠长石、微斜长石、六水泻盐	SiO$_2$（26.617%）Fe$_2$O$_3$（7.335%）CaO（9.313%）SO$_3$（44.731%）	—	砖表面受酸雨影响，生成了硫酸盐
	西拨子	石	填芯碎石	石英、钠长石、微斜长石	SiO$_2$（75.201%）K$_2$O（9.509%）Al$_2$O$_3$（11.409%）	见文中详细内容	长石石英岩
			基础石	钠长石、石英、白云母	—		花岗岩
		砖		石英、钠长石、微斜长石、金云母	SiO$_2$（60.032%）Fe$_2$O$_3$（12.900%）Al$_2$O$_3$（11.972%）	见文中详细内容	青砖，烧制温度为1100℃～1150℃

（续表）

区名	长城段	材料名称		主要化学成分	主要成分含量（以氧化物形式表示）	微观形貌信息	推测结果
延庆	西拨子	瓦		石英、钠长石、微斜长石、金云母	SiO$_2$（67.900%） Fe$_2$O$_3$（10.391%） Al$_2$O$_3$（13.628%）	见文中详细内容	青瓦，烧制温度为1100℃～1150℃
		勾缝灰		方解石、碳酸镁、石英、水菱镁矿	CaO（84.171%） MgO（8.261%）	见文中详细内容	白灰（主要成分为CaO和MgO）
		灰土		石英、方解石、钠长石、金云母	SiO$_2$（50.478%） Fe$_2$O$_3$（9.209%） Al$_2$O$_3$（8.750%） CaO（22.542%）	—	灰土，将石灰粉和黏土按一定比例拌和均匀，在一定含水率条件下夯实
		土	夯土	石英、钠长石、白云母、绿泥石	SiO$_2$（67.866%） Fe$_2$O$_3$（10.719%） Al$_2$O$_3$（13.318%）	—	符合就地取材原则
	九眼楼	石	砌筑毛石	石英、微斜长石、白云母	SiO$_2$（65.028%） K$_2$O（15.807%） Al$_2$O$_3$（12.524%）	见文中详细内容	变粒岩
		砖	旧砖	石英、微斜长石、金云母	SiO$_2$（64.429%） Fe$_2$O$_3$（11.451%） Al$_2$O$_3$（12.088%）	见文中详细内容	两者都为青砖，烧制温度约为1100℃～1150℃
			新砖	石英、微斜长石、钠长石	SiO$_2$（67.334%） Fe$_2$O$_3$（9.469%） Al$_2$O$_3$（13.090%）		
		瓦		石英、微斜长石、金云母	SiO$_2$（66.292%） Fe$_2$O$_3$（10.652%） Al$_2$O$_3$（14.408%）	见文中详细内容	青瓦，烧制温度为900℃～1150℃

（续表）

区名	长城段	材料名称		主要化学成分	主要成分含量（以氧化物形式表示）	微观形貌信息	推测结果
延庆	九眼楼	勾缝灰	旧灰	方解石、碳酸镁	CaO（83.637%）MgO（8.529%）	见文中详细内容	两者均为白灰（主要成分为CaO和MgO）
			新灰	方解石、生石灰、微斜长石、钠长石	SiO₂（24.033%）CaO（62.734%）		
		酥粉		石英、六水泻盐、钠长石、白云母	SiO₂（19.675%）MgO（6.970%）Fe₂O₃（7.035%）SO₃（56.231%）	—	砖表面受酸雨影响，生成了硫酸盐
门头沟	洪水口	石	基础石	石英、钠长石、黑云母	SiO₂（55.405%）Na₂O（10.110%）Al₂O₃（14.117%）	见文中详细内容	花岗岩
		砖		石英、钠长石、金云母	SiO₂（54.240%）Fe₂O₃（11.234%）Al₂O₃（11.069%）CaO（18.150%）	见文中详细内容	青砖，烧制温度为1100℃~1200℃
		瓦		石英、微斜长石	SiO₂（65.791%）Fe₂O₃（11.419%）Al₂O₃（13.803%）	见文中详细内容	青瓦，烧制温度为900℃~1150℃
		勾缝灰	旧灰	方解石	CaO（93.113%）	见文中详细内容	旧灰为白灰（主要成分为CaO和MgO），新灰为青灰
			新灰	石英、方解石、钠长石、微斜长石	SiO₂（18.198%）Fe₂O₃（14.660%）CaO（57.770%）		
		灰土		石英、钠长石、方解石、堇青石	SiO₂（43.791%）Fe₂O₃（9.436%）Al₂O₃（8.215%）CaO（29.556%）	—	灰土，将石灰粉和黏土按一定比例拌和均匀，在一定含水率条件下夯实

（续表）

区名	长城段	材料名称		主要化学成分	主要成分含量（以氧化物形式表示）	微观形貌信息	推测结果
门头沟	梨园岭	石	白色毛石	白云石、石英	SiO₂（9.716%） CaO（76.264%） MgO（9.580%）	见文中详细内容	石灰岩或大理岩
			青色毛石	石英、钠长石、白云母	SiO₂（58.003%） Fe₂O₃（13.186%） Al₂O₃（14.378%）		花岗岩
			灰色毛石	石英	SiO₂（94.543%）		石英岩
		灰土		方解石、石英	SiO₂（12.904%） CaO（77.542%）	—	灰土，将石灰粉和黏土按一定比例拌和均匀，在一定含水率条件下夯实
		土		石英、微斜长石、白云母、白云石	SiO₂（62.551%） Fe₂O₃（10.890%） Al₂O₃（12.019%） CaO（7.290%）	—	符合就地取材原则

主要文献总目

历史文献及专著

［1］ ［明］刘效祖撰，彭勇、崔继来校注. 四镇三关志校注[M]. 郑州：中州古籍出版社，2018.

［2］ ［清］韩耀光，史梦兰. 迁安县志[M]. 同治十二年刻本.

［3］ ［明］明代官修. 明实录[M]. 上海：上海书店出版社，2015.

［4］ ［清］张廷玉 等. 明史[M]. 北京：中华书局出版社，1974.

［5］ ［明］宋应星. 天工开物[M]. 扬州：广陵书社，2009.

［6］ ［明］张问之. 造砖图说[M]. 扬州：广陵书社，2020.

［7］ 刘大可. 中国古建筑瓦石营法[M]. 北京：中国建筑工业出版社，1993.

期刊论文

［1］ 孙玲. 北京市长城保护调查报告[A]. 万里长城暨中国长城学会优秀文集[C]，2005.

［2］ 屈琳. 长城的历史文化价值与视觉艺术表现特征[J]. 西北大学学报，2013，43（2）：153—156.

［3］ 邸伟. 汉长城玉门关段遗址保护规划研究[D]. 西安：西安建筑科技大学，2007.

［4］ 李柯. 榆林明长城波罗堡保护区划研究[D]. 西安：西安建筑科技大学，2013.

［5］ 曹晓丽. 文物建筑维修传统材料标准化问题的探讨[C]. 中国紫禁城学会论文集. 2012，742—745.

［6］ 段清波，于春雷. 布纹瓦及在秦地的传播[J]. 考古与文物. 2013（3）：57—61.

［7］ 夏举佩，彭健，李国斌，苏毅，阳超琴. 钾长石在CaSO4及其分解产物下的焙烧反应研究[J]. 非金属矿，2014（5）：14—17.

［8］ 陆新华，周萍.渔业使用生石灰"六忌"[J].科学养鱼.2003（9）：23.

［9］ 张巍.堇青石合成的研究进展[J].岩石矿物学杂志.2014（33）：747—762.

［10］ 孟昭永.明长城敌台建筑形制分类[J].文物春秋，1998（2）：29—35.

［11］ 张虎元，赵天宇，王旭东.中国古代土工建造方法[J].敦煌研究，2008（5）：81—90.

［12］ 常军富.明长城大同镇段的墙体材料与构造研究[D].东南大学，2010.

［13］ 张鸥.北京明长城分布现状及其损毁保护的研究[D].首都师范大学，2007.

［14］ 田兴玲，周霄，高峰.无损检测及分析技术在文物保护领域中的应用[J].无损检测，2008，30（3）：178—182.

［15］ 薛程，段清波.长城墙体建筑工艺研究[C].遥感技术在长城保护中的应用国际研讨会，2014.

［16］ 周虎.传统糯米灰浆在砖石质文物保护中的应用[D].安徽大学，2016.

［17］ 郑齐，王灿.糯性植物用于北京古北口明长城建筑粘合剂的淀粉粒证据[J].第四纪研究，2013，5（33）：575—581.

［18］ 郑烨.中国传统建筑材料三合土的成分分析检测方法研究[D].浙江大学，2016.

规范标准

［1］ WW/T0002-2007石质文物病害分类与图示

［2］ WW/T 0029-2010长城资源要素分类、代码与图示

［3］ WW/T 0063-2015石质文物保护工程勘察规范

［4］ GB 50021岩土工程勘察规范

［5］ WW/T 0040-2012土遗址保护工程勘察规范

［6］ JC/T 796-2013回弹仪评定烧结普通砖强度等级的方法

［7］ GB/T 17394.1-2014金属材料里氏硬度试验第1部分：试验方法

［8］ GB/T 5101-2003烧结普通砖

［9］ GB/T 21149-2007烧结瓦

［10］ GB/T 2542-2012砌墙砖试验方法

［11］ GB/T 50082-2009普通混凝土长期性能和耐久性能试验方法标准

［12］ DB11T 889. 1-2012文物建筑修缮工程操作规程第1部分：瓦石作

［13］ GB 50203-2011砌体结构工程施工质量验收规范

［14］ JGJ159-2008古建筑修建工程施工及验收规范

法律文件

［1］ 《长城保护条例》（2006）

［2］ 《中国文物古迹保护准则》（2000）

［3］ 《中华人民共和国文物保护法》（1982）

［4］ 《北京市长城管理保护办法》（2003）

［5］ 《文物保护工程管理办法》（2003）

后 记

明长城是我国现存历代长城中文物本体遗存最多、走向基本清晰、形制大多可辨的不可移动文物。因其"斩山筑城，断谷起障"的建设原则，所选建筑材料多就地取材。由于长城经行地段地质特点多有不同，可选用的建筑材料也具有多样性。因此，不同地域长城边墙的建筑构造、形制，依据所用当地建筑材料的力学性能不同呈现出不同的样貌。

本次调查范围包括北京平谷、密云、怀柔、昌平、延庆、门头沟在内的六个区中的18段明长城，分别为彰作段、黄松峪段、北寨村段、黄岩口段、营房台段、石城镇段、撞道口段、官地段、大榛峪段、黄楼洼段、八达岭段、九眼楼段、西拨子段、花家窑段、大庄科段、洪水口段、梨园岭段及黄草梁段。调查点段的选择是希望尽量较全面地涵盖各区明代边墙的主要类型。通过对上述边墙进行相关实地勘测和实验室检测，得到了部分北京明长城形制、结构、材料及保存状况相关信息与结论，主要包括长城边墙的外观形制尺寸、构筑设施种类、砌筑材料基本性能、材料材质形貌、材料制作工艺、墙体砌筑工艺等相关内容，为北京明长城保护修缮方案的制定提供较为科学的依据，促进长城保护事业的发展，同时希望能够为其他长城段的勘查、保护提供一定的参考。

本次调查选取的长城边墙样本，相较于北京市域内全长600余公里明长城只占很少一部分，并且由于研究者经验与水平有限，不足之处在所难免，敬请文物保护工作同行批评指正。

本次长城野外调查特别感谢原北京市古代建筑研究所历史研究室主任梁

玉贵老师。梁老师为选择有代表性的、典型的边墙实例，在两年的边墙调查过程中，不辞辛劳险阻，带领调查组成员奔波于北京周边的崇山峻岭之间，为调查工作成功开展提供了基本的前提与保障，奠定了坚实的基础。梁老师严谨负责的工作精神时刻感染着调查组全体成员，是后辈文保工作者学习的榜样。